沂蒙山区特色农业产业发展模式与案例

李文刚　侯长明　孙家正 等　著

中国农业出版社
北　京

《沂蒙山区特色农业产业发展模式与案例》

著者名单

（以姓氏笔画为序）

王飞翔　王中堂　王甲威　王旭清　王宏伟　王剑非
王艳芹　石　璟　田慎重　白莉雅　兰成云　吕俊峰
任鹏飞　刘　蓬　刘公言　刘兆东　刘淑梅　许海峰
孙立涛　孙建磊　孙家正　苏　磊　李　彦　李　梅
李大鹏　李川皓　李文刚　李全法　李桂祥　李新国
杨　宁　沈玉文　张卫华　张庆田　张学鹏　张德学
武　彬　赵梦如　侯长明　姚　利　姚　强　秦卓明
高旭利　高英波　盛清凯　韩玉娟　解备涛

前 言

务农重本，国之大纲。党的十八大以来，以习近平同志为核心的党中央坚持把解决好“三农”问题作为全党工作的重中之重，推动“三农”工作重心发生历史性转移，中国已踏上加快建设农业强国、推进农业农村现代化的新征程。山东是传统农业大省，习近平总书记对山东农业农村发展一直关心关注、寄予厚望，打造乡村振兴齐鲁样板是习近平总书记赋予山东的重托和厚望。

农业现代化关键是农业科技现代化。强化科技创新的支撑引领作用，是打造乡村振兴齐鲁样板的必由之路。早在2013年，习近平总书记视察山东省农业科学院时就作出了“给农业插上科技的翅膀”的重要指示，2018年到山东视察时又提出了“让农业插上科技的翅膀腾飞起来”的重要指示。为贯彻落实习近平总书记系列重要指示精神，2020年6月，山东省农业科学院启动实施了“三个突破”战略，从全省东、中、西部分别选择三个有代表性的县（市），以“举院体制”整县域打造乡村振兴科技引领型齐鲁样板，临沂市费县是其中之一。

乡村振兴，关键在人、关键在干。三年来，山东省农业科学院共选派346名科研人员到费县挂职“第一乡镇长”“第一村主任”“科技副总”等，按照“解决问题是基础，探索模式是关键，提质增效是根本”总要求，把费县当作创新实践基地，当作科研的主战场、主阵地、主载体，不断践行沂蒙精神，与实践相结合、与工农群众相结合，通过实施“链长制”“包村制”“百名首席兴百村（企）”等行动，搭建起产业技术研究院、科企创新联合体、“专家＋农民”利益共同体、农科专家工作室等重要载体，大力推动新品种、新技术和乡村人才培训在费县实现“三个全覆盖”，探索打造出乡村振兴科技合伙人模式和系列特色农业产业发展的费县模式，为费县农业产业提质增效和农民增收致富作出重要贡献，费县荣创首批“全国农业科技现代化先行县”。

本书理论密切联系实际，内容新颖，图文并茂，全面系统总结了挂职专家与经营主体创新实践形成的沂蒙山区特色农业产业的发展模式，并提供了现实的案例支撑。本书适用于农业类相关技术人员、管理人员和新型经营主体相关人员阅读学习，也可以作为农业技术培训参考书。

本书在编写过程中引用和参考了大量相关书籍和资料，在此对所引用书籍和资料的原作者表示衷心的感谢。由于作者水平有限，书中难免有疏漏和不妥之处，恳请广大读者批评指正。

著者

2024年8月

目　录

前言

第 1 章

概　　述

费县地处沂蒙山腹地，总面积 1 660 千米^2，东临兰山，西接平邑，南依兰陵，北沿蒙山。费县是著名的革命老区，是全国首批“中国红色地标”，是中国板栗之乡、核桃之乡、山楂之乡、西瓜之乡，是全国生猪调出大县，荣获“全国农业科技现代化先行县”“全国乡村治理体系建设试点示范县”“全省乡村振兴科技引领型齐鲁样板示范县”“全省农业绿色发展先行县”等称号。

费县经济社会状况良好，辖 12 个乡镇（街道）、1 个省级经济开发区。全县总人口 92 万人，城镇化率 49.26%，农业人口 74.58 万人、22.05 万户，农村劳动力 29.8 万人，耕地面积 82.79 万亩*。2022 年底，全县地区生产总值突破 500 亿元，全体居民人均可支配收入 33 153 元，获评全市唯一的省级民营经济高质量发展先进县。费县农业经济持续增长。全县实现农业总产值 85.5 亿元，同比增长 4.9%。全县建成高标准农田 43.88 万亩，农作物播种面积 126.5 万亩，其中玉米 24.99 万亩、大豆 3.95 万亩、水稻 1.4 万亩、小杂粮 1.79 万亩、花生 24.85 万亩，总产 7.7 万吨。全县瓜菜种植面积 20.955 万亩，总产 86.886 万吨，产值 27.8 亿元；肉类总产 19.19 万吨，禽蛋总产 3.05 万吨。全县果园面积 75.2 万亩，总产 49.8 万吨，产值 17.6 亿元。

为深入贯彻习近平总书记关于打造乡村振兴齐鲁样板系列重要论述，自 2020 年以来，山东省农业科学院（以下简称“我院”）启动实施“三个突破”战略，立足乡村振兴科技引领型齐鲁样板费县示范县，坚持以“翅膀论”为总指引，统筹县域资源禀赋，聚合山东省农业科学院人才、技术、成果等科技资源优势，分三批选派了 340 余名科技特派员到费县挂职服务，成立链长制工作室和农科专家工作室 181 个、产业技术研究院 7 个、科企创新联合体 9 个、“专家+农民”利益共同体 12 个、“舜耕科技”服务团 23 个，破解

* 亩为非法定计量单位，15 亩=1 公顷。——编者注

产业关键难题 90 余项次，示范推广新品种 340 项次，示范应用新技术 130 余项次，实现费县农作物良种覆盖率 100%、新技术到位率 90%以上。

在山东省农业科学院的积极协助下，费县建设长三角优质农产品供应基地 17 个，生态农场园区 40 个，认证“三品一标”农产品 134 个，累计打造“费县山楂”“费县核桃”“蒙山板栗”“胡阳番茄”4 个过亿元农产品区域公用品牌，东蒙镇（山楂）、胡阳镇（番茄）入选 2022 年全国乡村特色产业超十亿元镇，上冶镇顺合村（金蛋）入选全国乡村特色产业超亿元村；成功创建核桃产品国家现代农业全产业链标准化示范基地、山东省区域性良种繁育基地（甘薯）；国家现代农业桃产业、枣产业技术体系示范县已正式授牌；上冶镇被成功创建为国家级产业强镇，马庄镇、新庄镇被确定为省级农业产业强镇；作为首批获批全国农业科技现代化先行县，2022 年被确定为山东省秸秆综合利用重点县、全省资源综合利用先进单位。费县农产品品质、农产品生产加工能力、农业绿色发展水平和农业经济效益得到全面提升，期间摸索形成了一大批适应费县特色、适于普及推广的新品种、新技术、新模式，编制了《费县产业链发展规划方案汇总》和《费县全产业链建设实践报告》，制定粮油作物、畜牧家禽、蔬菜、果树等产业技术规程 18 项，印发《费县农业生产技术规程》，探索形成了单体模式和内涵为“科技帮、合伙干、产业兴、农民富”的乡村振兴科技合伙人模式。

本书聚焦费县粮油、蔬菜、果树等县域农业主导特色产业，分粮油绿色高质高效发展模式、山区生态果茶发展模式、设施瓜菜高质量发展模式、畜禽工厂化生产发展模式与案例、特色高值食用菌栽培发展模式、现代农业大循环模式、乡村振兴农业特色产业发展思路与对策共 7 个章节，分析了沂蒙山区产业发展现状、存在的问题与挑战、发展路径与对策，紧密对接县域产业发展需求，凝练形成了适宜费县特色的主导品种、关键技术和配套设施，并总结形成典型案例，为费县产业的长远高效发展提供了可借鉴、可推广、能复制的发展模式。

第 2 章

粮油作物绿色高质高效发展模式

2.1 粮油产业概况

2.1.1 沂蒙山区地形气候概况

沂蒙山区位于山东省东南部，地近黄海，南邻苏北，主要包括临沂市的沂水、沂南、蒙阴、平邑、费县、莒南、临沭等县。地形地貌以山地、丘陵、冲积平原为主，其中山地平均海拔400米以上，丘陵主要分布在山地外围，海拔为200～400米，地势较高，同时多条山脉发育的水系冲积形成部分平原地区。山地植被茂密，适合发展林果业、畜牧业；丘陵地带土层稀薄，以沙性土为主，不利于保水保肥，但适宜种植花生、地瓜、黄烟等作物；平原地区土壤肥沃，土层深厚，为种植蔬菜和粮食的主要基地。沂蒙山区气候宜人，属暖温带大陆性季风气候，降水量、热量、日照充足，为农作物生长提供了良好的自然环境。

2.1.2 沂蒙山区粮油作物生产概况

沂蒙山区粮食作物主要以小麦、玉米和甘薯为主，油料作物主要以花生和棉花为主，是全国重要的粮油产区。以费县为例，《费县统计年鉴2022》数据显示，粮食作物种植面积75万亩，以小麦、玉米为主；经济作物种植面积52万亩，主要以花生、瓜菜、黄烟、棉花为主，其中油料作物花生的种植面积占到经济作物面积的一半，总产量达70多万吨，产值达30多亿元，有力保障并提高了沂蒙山区农民种植收入。

2.1.3 沂蒙山区粮油作物生产存在问题与挑战

国家统计局2021年公布的山东省粮食生产数据显示，小麦平均亩产440千克，而费县小麦平均亩产397千克，与全省的平均亩产水平还有近11%的差距。此外，国家发改委在费县设立的小麦生产成本与收益直报调查情况显示，2020年小麦生产的人均净利润仅有111.75元。小麦产量低和种植收益低的原因主要有以下几个方面：①缺乏优质小麦品种。小麦主导品种多为20世纪80年代的当家品种临麦4号，以及河南、江苏、安徽等地培育的品种，该类品种抗冻性较差，受低温、倒春寒影响易出现较大幅度减产，且近年来品种混杂现象比较突出，产量品质稳定性差，亟须引进一批高产稳产优质的新品种。②缺乏先进种植技术的更新应用。传统的生产技术，对光温水肥等资源利用率低，造成粮食产量较低、品质参差不齐，不利于提高产品附加值，亟须强化科技创新，推广先进、实用、轻简的粮食作物关键生产技术，促进农机农艺融合、良种良法配套，以实现粮食作物绿色高质高效生产。③生产成本高。多为小农户小面积种植，播种用量大，种子投入成本高，田块分散，导致田间作业使用机械难度大，粮食生产全程机械化水平仅30%左右，人工成本占亩收入的50%以上，亟须发展新的集约化生产模式，引进高效的农业生产技术，实现节本增效。④粮食产业链短。粮食多以出售原料和初级加工品为主，龙头企业少，带动能力弱，一二三产业融合度低，全产业链不通畅，粮食加工产业亟待突破产品种类单一、产业链条短、产业纵深发展不足的瓶颈，引领粮食产业健康可持续发展。与小麦生产一样，沂蒙山区的玉米、甘薯、花生等主要粮油作物的生产中也存在同样的问题与挑战。

2.1.4 沂蒙山区粮油作物发展路径与对策

面向粮食安全重大国家战略，以沂蒙山区粮食产业发展现状为基础，深入挖掘费县良好的自然资源环境优势，深化体制机制改革，营造良好发展环境，强化科技支撑，破解发展瓶颈，推动沂蒙山区粮食产业向规模化、标准化、绿色化、机械化、高端化、品牌化方向发展。

第一，推动土地流转，培育家庭农场、专业合作社等新型农业经营主体，尤其注重发挥村集体、党组织的作用，通过组织农民进行合作，规模经营土地，推动农业生产全程机械化，节约成本，提高粮油产业的整体效益。第二，推进农业科技现代化，结合农业科研院所的科研创新优势和农业局的示范推广能力，引进优质新品种，借助合作社等组织，加快绿色高产关键技术创新，推动全程规模机械化、管理精准信息化、作业标准规范化、生产高效轻简化，构建农机农艺深度融合的全程机械化生产技术体系，大幅度提高资源利用率和生产效率。第三，推动粮油作物加工产业发展，开发适应新型农业经营主体的烘储一体化装备，减少储粮能耗，并鼓励新型农业经营主体发展粮油初加工技术，培植壮大粮油加工企业，深度开发专用、特用粮油品种的产品种类，提高产品附加值。第四，加强农产品品牌建设，促进一二三产业融合发展，通过打造优质特色品牌和增值服务，提升沂蒙山区粮油产品的知名度和附加值。

因此，本章节主要从沂蒙山区主要粮油作物的产业发展出发，详细介绍通过试验证实的适宜费县的粮油作物种植新技术，以及通过实践探索出的费县粮油产业典型案例，为整个沂蒙山区粮油产业的发展提供思路与经验。

2.2 粮油作物主要技术模式

2.2.1 小麦条带深耕秸秆行间还田抗逆栽培技术

1. 技术背景

目前沂蒙山区小麦生产中耕作方式主要是旋耕和深翻，在玉米秸秆还田的背景下，导致大量秸秆堆积，连年旋耕会带来整地质量差、播种质量差、犁底层变浅、根系下扎受阻、苗期生长环境变差、抗逆能力下降等连锁反应，给后期麦田管理带来很大隐患；深翻虽然在一定程度上可以掩埋破碎的作物秸秆，减轻病虫害发生程度，但连年深翻，对耕层土壤微生物的生存环境会造成一定程度的不良影响，增加了土壤结构的不稳定性，同时加剧土壤失墒，增加作业成本，如果镇压不及时或不充分，还会对播种和麦苗安全越冬等造成不利影响。因此，生产上旋耕3～5年然后深耕或深翻一次的耕种方式已逐渐被认可和接受。

针对以上问题，基于“减少作业环节，优化生长环境，充分利用资源，促进个体健壮，培育合理群体，提高抗逆能力”的技术思路，山东省农业科学院作物研究所集成研发了小麦条带深耕秸秆行间还田抗逆栽培技术，来取代传统的旋耕播种作业。其核心技术：一是选用适宜晚播的抗逆稳产品种，保证个体发育健壮和冬前壮苗。二是适期晚播，延迟小穗发育的低温敏感期，提高抗冻害能力，保证冬前壮苗和安全越冬。三是把传统“播前整地、旋耕播种”改为“条带净茬深耕”，提高播种质量。玉米收获秸秆还田后直接进行“秸秆分流＋苗带深耕＋播前镇压＋精量播种＋种肥分施＋播后镇压”一体化作业，减少作业环节，提高播种质量，条带深耕打破犁底层，使土壤拥有更好的蓄水和水分下渗能力，土壤蓄水能力增加，促进小麦根系下扎，提高小麦个体抗逆能力。四是行间秸秆覆盖，提高地温，促进冬前壮苗。秸秆覆盖行地下10厘米地温较播种行和对照平均提高0.5～0.7摄氏度，播种至冬前有效积温可提高40～60摄氏度·日，小麦播种至冬前较对照多发育1片叶左右，明显促进冬前壮苗，同时秸秆集中覆盖于行间，可减少苗期裸露地表水分蒸发，提高水分利用效率。五是传统行距播种改为大小行精量播种，优化小麦群体结构和生长环境，培育合理群体，提高群体抗逆能力。六是关键时期适时增加外源调控，提高小麦对低温和高温等气象灾害的耐受能力，减轻气象灾害对小麦的不利影响，实现小麦抗逆稳产。

2. 技术要点

（1）播种前准备。

① 地块选择。小麦高产田应选择土层厚度在1米以上，耕层土质疏松、土壤肥沃、排灌方便的地块。提倡与花生、大豆轮作，

以提高小麦抗逆性。如前茬为玉米时，收获后玉米秸秆全部粉碎还田，还田时尽量打碎打细秸秆，长度不超过5厘米。配合秸秆还田，播前土壤每三年要深耕或深翻一次，耕后注意旋碎土坷垃，及时耙平镇压，紧实土壤，使种子与土壤紧密接触，促进根系生长和下扎，提高小麦出苗整齐度和苗期抗旱能力。

② 施足基肥。重施优质有机肥，稳定氮肥，配施磷肥，增施钾肥，补施微肥，重点调整好氮磷配比，以提高肥效，高产田要“控氮、稳磷、增钾”。肥料种类应考虑到土壤养分的亏缺，平衡施肥，以利于品种产量潜力的充分发挥。一般全生育期每公顷施用优质有机肥3 000～4 500千克、N 180～225千克、P_2O_5 120～150千克、K_2O 90～120千克。全部有机肥、磷肥、钾肥及50%氮肥于深耕播种前均匀撒施地面作底肥（也可选择种肥同播），其余50%氮肥在小麦拔节期追施。

③ 灭茬作业。玉米收获后秸秆全部粉碎还田，长度一般不超过5厘米，灭茬作业速度限定在8千米/小时以内，正常工作时拖拉机发动机转速不低于1 800转/分钟。利用后悬挂调整作业高度，使得灭茬机限深滚与地面紧密接触，起到真正的支撑作用；调整中央拉杆，使飞锤与作业地面保持1～2厘米的距离，不可入土作业。经常检查飞锤的磨损程度，根据飞锤的磨损程度调整飞锤与地面的高度，保证作业标准。飞锤磨损超过2厘米时要及时更换，保证作业质量。要保证拖拉机的轮距适合种植模式，使车轮在垄沟中行走，保证作业的平稳性。作业要到头到边，不留生格子。

④ 灌足底墒水。如果播种前0～50厘米土层土壤田间持水量高于70%，可抢墒播种；墒情饱和地块要及时开沟散墒，待满足播种要求后再行播种，切不可因抢播期而在土壤含水量过高时播种，以免造成烂种，影响小麦出苗。在干旱年份或土壤墒情较差时，必须造墒播种，一般年份在耕地前7～10天进行造墒，在适期内，掌握“宁可适当晚播，也要造足底墒”的原则，确保0～50厘米耕层土壤田间持水量达70%～80%，确保一播全苗。

⑤ 选择抗逆稳产品种。根据当地生态条件、生产条件、产量

水平、管理水平，选用品质优良、单株生产力高、抗倒伏、抗病抗逆性强、株型较紧凑、光合能力强、经济系数高、不早衰等综合性能突出的冬小麦品种，有利于其高产优质，所选品种应通过省或国家审定，如济麦 22、济麦 44、济麦 25 等。

⑥ 种子处理。针对当地病虫害发生和危害的实际情况，先进行试验，确定适宜的包衣剂。防治苗期根腐病、纹枯病及蚜虫等病虫害，可选用 23%吡虫啉·咯菌腈·苯醚甲环唑悬浮种衣剂，用量按种子重量的 0.6%～0.8%进行包衣；茎基腐病发生较重的地块可选用 2%戊唑醇悬浮种衣剂，用量按种子重量的 0.1%～0.15%进行包衣，或者用 32%戊唑·吡虫啉悬浮种衣剂，用量按种子重量的 0.5%～0.6%进行包衣；全蚀病常发区可选用 30 克/升苯醚甲环唑悬浮种衣剂，用量按种子重量的 0.5%～0.75%进行包衣。

没有包衣设备和条件的地方，应根据当地常年病虫害发生特点，统一选购包衣种子。根部病害和茎基腐病害发生较重的地块，可选用 32%吡虫啉·戊唑醇悬浮种衣剂，按种子重量的 0.5%～0.6%进行拌种；全蚀病常发区，可选用 125 克/升硅噻菌胺悬浮拌种剂，按种子重量的 0.16%～0.32%进行拌种；地下害虫发生较重的地块，可选用 40%辛硫磷乳油，按种子重量的 0.18%～0.24%进行拌种；病、虫混发地块用以上杀菌剂＋杀虫剂混合拌种。拌种后应注意增加 10%左右的播种量。同时，药剂拌种后，应在 4～8 小时内播完，不可隔夜再播，防止烧种或麦苗畸变。

(2) 播种。

① 适期播种。考虑到气候变化冬季变暖的趋势，小麦适播期应满足冬前 0 摄氏度以上有效积温达到 550～600 摄氏度·日，即平均气温 13～15 摄氏度时播种为宜，提倡适期晚播。适宜范围内，冬性品种早播，半冬性品种晚播。适播期应根据冬前小麦每长出一片叶需要积温 70～75 摄氏度·日和冬前 6 叶 1 心或 7 叶 1 心的壮苗标准推算，山东省大部分一年两熟区适宜播种时间为 10 月 8—18 日，鲁北区域靠近河北地段宜提前 7～10 天播种。山东省冬小

麦若保证高产稳产，应不晚于 10 月 25 日播种。

② 种植密度。确定种植密度（播量）的主要原则是要做到“以地定产，以产定穗，以穗定苗”。高产田适期播种，分蘖成穗率低的大穗型品种，每公顷适宜基本苗 225 万～270 万、播种量 120～150 千克；分蘖成穗率高的多穗型品种，每公顷适宜基本苗 195 万～240 万、播种量 105～120 千克。晚于适宜播种期播种，要注意适当加大播量，做到播期播量相吻合，一般每晚播 2 天，每公顷增加基本苗 15 万～30 万。

③ 播种机械。玉米收获灭茬后，可直接采用带秸秆分流装置的小麦条带深耕秸秆行间还田机械进行播种，一次性完成“秸秆分流＋条带深耕＋播前镇压＋精量播种＋种肥分施＋播后镇压”作业，提高作业质量和效率，耕深 20 厘米以上。播种机行进速度以 5 千米/小时为宜，以保证下种均匀、深浅一致、行距一致、不漏播、不重播。此外，要重视小麦播前、播后镇压效果，提高镇压质量，这是确保苗齐、苗匀、苗壮的关键。

④ 播种规格。深耕带后面带镇压轮进行播前整平镇压，小麦在整平镇压后的深耕带内播种，播种行内无秸秆，播种质量高，播深一致，可实现苗齐、苗匀、苗壮。改传统等行距条播为大小行精量播种，播种小行距 15 厘米，大行距 28 厘米。播种机在播幅范围内落籽要分散均匀，无漏播重播现象。技术示意图如图 2－1 所示。

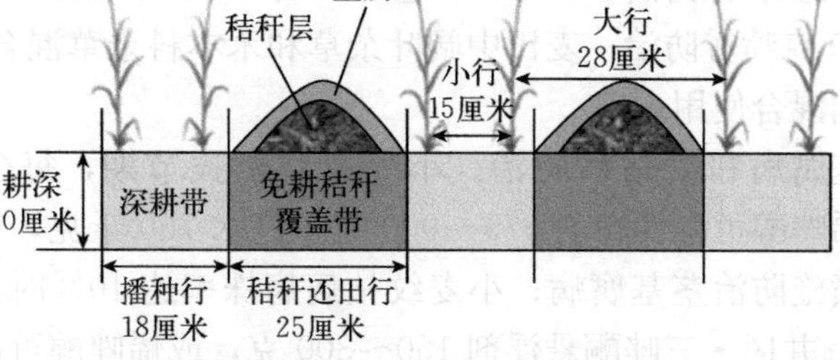

图 2－1　小麦条带深耕秸秆行间还田抗逆栽培技术示意图

(3) 田间管理。

① 冬前管理。

灌越冬水 “立冬”至“小雪”期间当日平均气温下降至3～5摄氏度时，及时足额灌溉越冬水，确保0～20厘米土层土壤田间持水量达80%以上。提倡小麦全生育期利用滴灌、微喷灌等水肥一体化灌溉方式，实行精准灌溉、高效灌溉。

冬前除草 11月中旬，当日平均气温5摄氏度以上、小麦3叶1心后用药。禾本科杂草可选用甲基二磺隆、氟唑磺隆等进行防治，阔叶杂草可选用苯磺隆、唑草酮等喷雾防治。喷药要选择晴朗无风或微风天气。

冬初镇压 可选择小麦浇完冬水后，在12月上旬至中旬，最高气温超过3摄氏度、中午前后、麦苗解冻变软、地表坷垃解冻变酥后进行镇压。镇压应掌握的原则是“压干不压湿，压虚不压实”。

② 春季管理。

春季镇压 在早春土壤化冻后进行镇压划锄，先压后锄，以达到上松下实、提墒、保墒、增温、抗旱、促早发的作用。降雨或浇水后，要及时划锄。

病虫草害防治

化学除草。小麦返青后，日平均气温在10摄氏度以上时进行化学除草。对麦田中的阔叶杂草，每公顷可用40%唑草酮可湿性粉剂60～90克，或20%氯氟吡氧乙酸乳油750～900毫升喷雾防治；对麦田中的节节麦等禾本科杂草，每公顷可用3%甲基二磺隆可分散油悬浮剂乳油375～450毫升，或15%炔草酸可湿性粉剂375～450克喷雾防治；麦田中阔叶杂草和禾本科杂草混合发生时，以上药剂混合使用。

茎基腐病和纹枯病防治。小麦起身至拔节期，每公顷可用12.5%烯唑醇可湿性粉剂675～900克，兑水750千克，对准麦苗茎基部喷施防治茎基腐病；小麦纹枯病病株率达10%时，每公顷可用15%井冈·三唑酮悬浮剂150～300克，或烯唑醇可湿性粉剂90～120克，兑水750千克，对准麦苗茎基部喷雾防治。

麦蜘蛛防治。当 33 厘米行长小麦上麦蜘蛛数量达 200 头时，每公顷可用 1.5%阿维菌素超低容量液剂 600～1 200 毫升，或 5%阿维菌素悬浮剂 60～120 毫升喷雾防治。

春季第 1 水　中产田、群体偏小或受旱较重的地块，可在起身期追肥浇水；高产田、群体适宜或偏大的地块，可在拔节期或拔节后期（旗叶露尖）追肥浇水。每公顷浇水量为 600 $米^3$ 左右，随灌水追施全生育期 50%的氮肥。缺少微量元素的地块，要注意补施锌、硼、硫、锰、钙等元素肥料。

抗倒春寒调控剂的施用时期与用量　起身至拔节前，叶面喷施调控剂和叶面肥（3 月 20—30 日期间，具体可根据当地小麦生育进程和天气预报确定喷施时间，如遇降温需提前 3～7 天喷施）。

方案 1：每公顷用 0.01%芸薹素内酯 150 克＋氨基酸水溶肥 450 毫升＋海藻酸 450 克，兑水 450 千克，叶面均匀喷施。

方案 2：每公顷用 0.01%芸薹素内酯 150 克＋海藻酸 450 克＋磷酸二氢钾 1 200 克，兑水 450 千克，叶面均匀喷施。

也可选用生产中常见的以芸薹素内酯、甜菜碱等植物生长调节剂为主成分的抗逆调控剂，配合叶面肥喷施，对于病虫害发生严重地块，每公顷配施 10%吡虫啉可湿性粉剂 150 克＋吡唑醚菌酯 300 克＋苯甲·丙环唑 300 克。

③ 后期管理。

灌浆水　开花至灌浆初期浇灌浆水，每公顷浇水量为 600 $米^3$ 左右，浇水不宜过晚，应在麦收前 15 天左右停止浇水，并注意避免在三级以上有风天气灌水。

病虫害防治

条锈病。当病叶普遍率达 2%～4%、严重度达 1%时，每公顷用 25%三唑酮可湿性粉剂 600～675 克，或 12.5%烯唑醇可湿性粉剂 480～960 克，兑水 750～900 千克，喷雾防治。

赤霉病。赤霉病的应对重在预防。小麦抽穗扬花期若遇持续 2 天以上阴雨、露水或大雾天气，应在齐穗至扬花初期，每公顷用 48%氰烯·戊唑醇悬浮剂 600～900 克，或 50%多菌灵可湿性粉剂

2 000～2 250 克，或 70%甲基硫菌灵可湿性粉剂 1 050～1 500 克，兑水 375 千克喷雾防治。在赤霉病多发区，第一次施药 5～7 天后进行第二次喷药，以提高防治效果。

白粉病。当病情指数达 1.8 以上，病叶率达 10%以上时，每公顷用 15%三唑酮可湿性粉剂 1 500 克或 20%三唑酮乳油 600 毫升或 12.5%烯唑醇可湿性粉剂 480～960 克，兑水 225～450 千克，叶面喷雾防治。

蚜虫。小麦开花至灌浆期间，百穗蚜量达到 500 头或蚜株率达 70%时，每公顷用 10%吡虫啉可湿性粉剂 300～450 克，或 2.5%高效氯氟氰菊酯水乳剂 300～450 毫升，兑水 750 千克，喷雾防治。

抗干热风调控剂的施用时期与用量 在扬花至灌浆期叶面喷施调控剂和叶面肥（5 月 10—20 日期间，具体可根据当地小麦生育进程和天气预报确定喷施时间，如遇干热风预警，可提前 3～7 天喷施）。

喷施方案：每公顷用磷酸二氢钾 1 200 克+0.01%芸薹素内酯 150 克，兑水 450 千克均匀喷雾。

注意叶面追肥，做好一喷三防 叶面追肥的最佳时期为小麦抽穗期至籽粒灌浆期，叶面喷施 0.2%～0.3%磷酸二氢钾+0.5%尿素，建议将杀菌剂、杀虫剂与叶面肥混合喷施，以实现防虫、防病、防干热风的效果。

④ 收获与储藏。小麦收获的最佳时期为蜡熟末期至完熟初期，小麦叶片黄亮、茎黄节绿，茎秆尚有弹性，籽粒变硬，颜色呈现本品种固有色泽，籽粒含水量在 20%以下时，应及时收获。收获后及时晾晒或烘干，籽粒含水量降至 13%以下时，入库储藏。

2.2.2 夏玉米苗带清茬种肥精准同播技术

1. 技术背景

山东省冬小麦-夏玉米一年两熟轮作是黄淮海地区主要的种

植制度，前茬小麦收获后夏玉米贴茬种肥直播是主要播种方式。但实际生产中，这种方式存在不少问题：一是普遍存在小麦留茬过高、秸秆处理不到位、秸秆抛洒不均匀，导致玉米播种质量不高、出苗率低和群体整齐度差等问题；二是由于播种机调控精准度不够导致播种精准度低、种肥隔离性差、后期脱肥易早衰等问题，不仅严重影响玉米高产高效生产，也不符合当前夏玉米生产轻简化、机械化、生态化和智能化的要求。鉴于此，山东省农业科学院玉米栽培生理与大田农机装备两个学科团队，围绕玉米精准播种环节联合攻关，明确了夏玉米苗带清洁和种肥精准同播的关键技术参数，创新出夏玉米苗带清茬种肥精准同播技术及其配套农机具。该技术通过采用“封闭苗带整理＋深松重辊镇压”的方式，完成苗带清理后的土壤压实及苗带外的地面秸秆覆盖，在高效制备种床的同时，可实现有效保墒；同时，采用“同位仿形＋气吸精播”技术和“苗带整理＋深松施肥”复式作业技术，辅以精准化信息调控，实现种子精准定位与均匀分布，有效发挥玉米品种、肥料产品、农机装备及栽培技术的精准凝聚效应，实现行株距、播种深度、施肥深度一致，保证苗全、苗齐、苗匀、苗壮。见图 2－2。

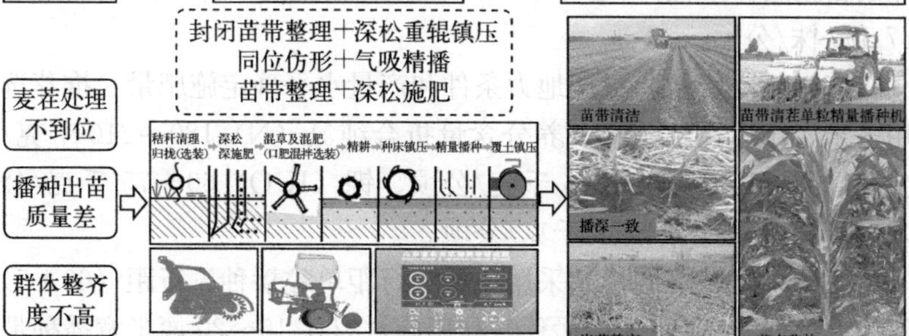

图 2－2　夏玉米苗带清茬种肥精准同播技术原理

相比传统免耕播种，该技术播种机械作业速度可达 6 千米/小时以上，作业效率提升 25%～30%，粒距合格指数≥98.1%，播深合格率≥95%，出苗率提高 6.5%，群体整齐度提高 9.2%，肥料利用率提高 10.27%，平均增产 8.34%，亩节本增效 189.48 元，实现了夏玉米轻简绿色节本增效生产。

2. 技术要点

（1）麦茬处理。小麦收获时，采用带秸秆切碎（粉碎）的联合收获机，留茬高度≤15 厘米，秸秆切碎（粉碎）长度≤10 厘米，秸秆切碎（粉碎）合格率≥90%，并均匀抛撒。

（2）播种机械选择。选择玉米苗带清茬单粒精量播种机或苗带旋耕施肥播种机，可实现清茬、开沟、播种、施肥、覆土和镇压等联合作业。土层板结情况下，最好选择深松多层施肥玉米苗带清茬精量播种机。

（3）品种选择。选用经过黄淮海区域国家或省级审定的株型紧凑耐密、抗病虫害、高产稳产的优良玉米杂交品种，播种前精选种子，种子的纯度和干净度要达到 98%以上，发芽率达到 90%以上，含水量低于 13%。

（4）合理密植。根据品种特性确定播种密度。耐密型玉米品种中低产田 63 000～67 500 株/公顷，高产田 67 500～75 000 株/公顷；非耐密型品种中低产田 57 000～60 000 株/公顷，高产田 60 000～67 500 株/公顷。

（5）精准定肥。根据地力条件和产量水平确定施肥量。推荐选用玉米专用缓控释肥料，养分含量折合纯氮（N）180～210 千克/公顷、磷（P_2O_5）45～65 千克/公顷、钾（K_2O）60～75 千克/公顷，基施硫酸锌 15～30 千克/公顷。

（6）种肥精准同播。采用免耕等行距单粒播种，行距（60±5）厘米，播深 3～5 厘米；播种时利用旋耕刀在 15～20 厘米宽播种带进行 5～10 厘米的浅旋耕作，非播种带秸秆覆盖的半休闲式耕作，利用播种机前置清茬刀将小麦秸秆移出播种行，实现播种行秸秆量低于 10%。选用玉米专用缓控释肥料或稳定性肥料，种肥一次性集中施入。做到深浅一致、行距一致、覆土一致、镇压一致，防止漏播、重播或镇压轮打滑。粒距合格指数≥80%，漏播指数≤8%，晾籽率≤3%，伤种率≤1.5%。种肥分离，播种行与施肥行间隔8厘米以上，施肥深度在种子下方5厘米以上。

(7) 化学除草。出苗前防治，在播种后喷施精异丙甲草胺，按登记用量每公顷兑水450～675升使用。出苗后防治，在玉米3～5叶期，喷施烟嘧磺隆和氯氟吡氧乙酸复配制剂或烟嘧磺隆和莠去津复配制剂等玉米苗后除草剂，按登记用量每公顷兑水450～675升使用。

(8) 病虫害防治。

① 生物防治。在7月至8月中旬，玉米螟第二代和第三代成虫盛发期，分两次释放赤眼蜂，每次10万头/公顷，间隔5天，可有效防治玉米螟和草地贪夜蛾。

② 物理防治。可在田间放置频振式杀虫灯，害虫成虫发生高峰期定时开灯，可有效防治鳞翅目害虫。或使用性诱剂（性诱剂水盆诱捕器60个/公顷）防治二点委夜蛾、玉米螟、桃蛀螟、棉铃虫、草地贪夜蛾等害虫。

③ 化学防治。玉米苗期和心叶末期可选用氯虫苯甲酰胺、甲氨基阿维菌素苯甲酸盐、苏云金杆菌、溴酰·噻虫嗪等防治二点委夜蛾、玉米螟、黏虫、甜菜夜蛾、棉铃虫及其他鳞翅目害虫。玉米5～8叶期，可选用三唑酮可湿性粉剂或多菌灵，预防和防治褐斑病；玉米心叶末期，可选用苯醚甲环唑、代森铵、吡唑醚菌酯、肟菌·戊唑醇等杀菌剂防治叶斑类病害。

(9) 抗逆调控。一是应用蓄水保墒耕作技术。小麦季宜进行深松改土，提高土壤蓄水保墒能力。玉米季采取保护性耕作措施，小麦秸秆粉碎还田覆盖，减少水分蒸发，提高土壤缓冲能力和抗旱能力。二是应用保水抗旱制剂。采用玉米拌种、沟施、穴施等方法施用保水剂，提高土壤保墒效果。干旱发生后，可采用黄腐酸、十六烷醇溶液等叶片蒸腾抑制剂，按照其要求配制后喷洒至叶片。三是苗期蹲苗进行抗旱锻炼，提高耐热性。在出苗后10～15天，进行

20 天左右的蹲苗，提高耐高温干旱能力。四是喷施外源植物生长调节物质，增强抗逆性。于玉米大喇叭口期（12 叶展）叶面喷施 50 毫克/升的甜菜碱、或 600 毫克/升的乙烯利、或 10 毫摩尔/升氯化钙溶液，或磷酸二氢钾 800～1 000 倍液、或尿素 600～800 倍液等外源调节物质，可直接补充水分，既增加植株营养物质积累，又可防止高温干旱对功能叶的伤害，延缓衰老，稳定结实率、保产。

（10）适时收获。根据玉米成熟度适时进行收获作业，其成熟标志为籽粒乳线基本消失，基部黑层出现。玉米籽粒含水量≤28%可采用籽粒收获，否则应采用摘穗收获。应选用割台行距与玉米种植行距相适应的收获机械。玉米收获后，秸秆应粉碎还田或回收处理。采用秸秆粉碎还田机直接粉碎还田时，秸秆粉碎长度≤10 厘米，切碎合格率≥90%，留茬高度≤8 厘米；回收玉米秸秆，宜使用打捆机打捆裹包后运出。

2.2.3 丘陵山地甘薯肥水精准供给轻简高效生产技术

1. 技术背景

甘薯是费县主要粮食作物和经济作物之一，全县甘薯总种植面积约 10 万亩，主要集中在南部山区的新庄（3 万亩）、梁邱（3 万亩）、石井（1 万亩）、朱田（1 万亩）、马庄（1 万亩）5 个乡镇，无灌溉条件，全生育期以自然降雨为主，平均产量 2 000～2 500 千克/亩。2019 年以前主栽的淀粉型品种有徐薯 18、济薯 21、商薯 19 等，主栽的鲜食型品种有苏薯 8 号、龙薯 9 号、紫罗兰等，新品种济薯 25、济薯 26、普薯 32、烟薯 25 占比较少。自 2020 年以来，济薯 25、济薯 26、普薯 32、烟薯 25 等新品种的种植占比迅速提高。这些地区由于地势不平、肥力较低、缺乏灌溉，产量一般不超过 3 000 千克/亩，加上生产中存在水肥利用率低、甘薯病虫害严重、标准化栽培技术缺乏等问题，导致甘薯单产水平难以提高。

水肥一体化高效栽培技术具有节水、节肥、省工、减药、高产、优质等优点，成为丘陵山地甘薯高产、高效种植的必然需求，但是由于地势、水源以及地块形状等的差别，丘陵山地甘薯肥水一体化栽培措施与平原旱地明显不同，推广比较困难。

2. 技术要点

(1) 田间整地。在丘陵山区选择同一块种植区内的、高度落差不高于3米、土壤耕层不低于50厘米的地块进行甘薯种植。

每年11～12月深耕，4月耙田整地，整地前每公顷施加腐熟农家肥22 500～30 000千克、腐植酸型复合肥（N∶P_2O_5∶K_2O=16∶9∶21，腐植酸≥3%）225～300千克。深耕前施入3%辛硫磷颗粒和3%毒死蜱颗粒各1.5千克，深耕土壤25厘米左右。

(2) 育苗。

① 苗床准备。苗床地址宜选在排水良好、土层深厚、土壤肥沃、土质为沙壤土、靠近水源、管理方便的生茬地或3年以上未种甘薯的地块。床土需每年更新或消毒，育苗床可用50%的多菌灵可湿性粉剂500倍液均匀喷洒消毒。

② 品种选择和消毒。选择优质、抗病性强，适宜北方薯区种植的优质甘薯品种，种薯标准应符合GB 4406标准规定。选取具有原品种特征的健康薯块，单块大小为150～250克；用50%多菌灵可湿性粉剂500～600倍液浸种3～5分钟或用70%甲基硫菌灵可湿性粉剂200～300倍液浸种10分钟，浸种后立即排种。农药的使用应符合GB 4285和GB/T 8321规定。

③ 苗床排种。根据甘薯品种萌芽性的差异和栽插时间确定适宜的排种时间，根据甘薯品种萌芽特性确定适宜的排种方式和密度。

④ 苗床管理和剪苗。育苗前期保温催芽，覆膜7～8天后可于中午定时通风换气30分钟；中期催炼结合，平稳长苗；后期重点进行通风晾晒以培育壮苗。苗床浇水应干湿交替进行，薯苗长到

25～30 厘米，再经过 3 天以上的炼苗处理即可剪苗。剪苗应采取高剪苗方式，在离地面 3～5 厘米，留取茎基部一节处剪苗，防止薯块病菌以及土传病菌通过薯苗带到田间。

（3）起垄、滴灌带铺设和覆膜。

① 起垄。春薯田一般在栽插前一周左右开始起垄，夏薯田要抢时起垄和栽插。采用单垄整地、施肥、起垄、覆膜、铺滴灌一体机，配套 70 或 80 马力拖拉机进行作业，也可选用田间管理机进行作业。起垄规格应根据不同的土壤和地形而定，起垄时要垄形高胖，垄面平整，垄土踏实，无大坷垃和硬心。丘陵山地一般采用窄垄，垄距 70～85 厘米，垄高 25～30 厘米。

② 滴灌带铺设。

滴灌设备。在起垄后，铺设滴灌系统，滴灌系统由水泵、连接头、过滤器、施肥器、输水管、滴灌带等组成。根据取水方式和灌溉面积选择适宜的水泵规格。施肥器一般选用比例式注肥泵或文丘里施肥器；一级输水管为直径 80～90 毫米的软管，二级输水管为直径 60～70 毫米的软管；滴灌带规格一般为直径 16 毫米、壁厚 0.2 毫米的单翼迷宫式或贴片式，滴水间距 14～16 厘米，出水孔一侧处在垄的中间位置，工作压力为 30～60 千帕，滴水量一般为 1.5～2.0 升/小时。

滴灌带。对于单垄单行种植模式，滴灌带的出水孔一侧紧挨薯苗进行铺设，对于大垄双行模式，滴灌带出水孔一侧铺设在垄中间。如果垄长不超过 50 米，滴灌系统从垄一端进入，采用三通接口；如垄长超过 60 米，滴灌系统应从畦中央进入，采用四通接口。滴灌带平放在垄面，若多次使用，在收获后或在下次铺设之前务必进行清洗。

③ 地膜覆盖。滴灌带铺设后进行覆膜，可覆透明膜、黑膜或双色膜，宽度以完全覆盖垄为宜，覆盖后要拉紧和平整，地膜要紧贴垄面。甘薯的起垄、滴灌带铺设和地膜覆盖可通过机械化操作一次性完成，丘陵山地小于 1 000 米^2 的地块推荐使用手扶拖拉机或小功率四轮拖拉机配单垄单行模式，先起垄再机械铺设滴灌带和

地膜。

(4) 栽插。10 厘米地温稳定在 15 摄氏度以上即可栽秧，移栽前用 50%多菌灵可湿性粉剂或 70%的甲基硫菌灵可湿性粉剂 800～1 000 倍药液浸泡苗根部 4～5 厘米，浸泡时间 5～10 分钟，用于防治甘薯黑斑病。采用破膜栽插的方式，以斜插和平栽为主，栽下的苗根部呈弧形，易于成活且结薯数目多、薯块大小均匀，土壤密封后，弧底距地表面 5 厘米为佳，栽插后利用垄沟的细土进行封穴。栽插密度 4 000～5 000 株/亩，长蔓品种宜稀，短蔓品种宜密。

(5) 田间管理。

肥水管理　在移栽后立即进行滴水，根据土壤墒情决定滴水量，土壤相对含水量≥80%，不需要进行田间滴水；60%≤土壤相对含水量<80%，滴水 5 $米^3$/亩；40%<土壤相对含水量<60%，滴水 10 $米^3$/亩；土壤相对含水量≤40%，滴水 15 $米^3$/亩，一般滴水 1～2 小时，同时滴入 1.8%阿维菌素 150～200 克/亩。在施肥时根据土壤肥力和墒情，一般先滴水 20～30 分钟，再滴肥，待肥料全部滴入后，再滴水 20～30 分钟。第一次肥水滴入时间为栽后 20 天，土壤速效氮含量：北方薯区≥60 毫克/千克，其他薯区≥80 毫克/千克，滴肥量为 10 千克/亩［腐植酸水溶肥（N：P_2O_5：K_2O＝8：12：35，腐植酸≥3%)］；土壤速效氮含量：北方薯区<60 毫克/千克，其他薯区<80 毫克/千克，滴肥量为 10 千克/亩［腐植酸水溶肥（N：P_2O_5：K_2O＝16：6：36，腐植酸≥3%)］。第二次和第三次肥水滴入时间分别为栽后 50 天和 80 天，滴肥量均为 10 千克/亩［腐植酸水溶肥（N：P_2O_5：K_2O＝8：12：35，腐植酸≥3%)］。视田间墒情，一般总滴水量不超过 10 $米^3$/亩。栽插 80 天以后，根据田间降雨情况，进行田间滴水，若持续无降雨，应在栽插后 80～120 天，进行 1～2 次田间滴水。

合理控旺　在肥力较高的地块以及多雨年份，对于生长势较强的品种，要视田间长势进行实时控旺，可用 5%烯效唑可湿性粉剂与 0.3%磷酸二氢钾溶液进行叶面喷施，连喷 2～3 次，中间间隔

7～10天。

病虫害防控 栽插期滴水后，随水滴入1.8%阿维菌素150～200克/亩；栽插后30～90天，视田间地下害虫危害情况，随水滴入辛硫磷乳油400～500毫升/亩，施用方式为先滴水，再滴药，滴药1～2次；栽后90天至收获期，田间不再施用农药。

（6）收获与贮藏。

收获 收获前一定要把滴灌带及主管道收好放好，防止鼠咬或折损。根据种植品种和市场行情适时、适期收获，最迟霜降前收获完毕，推荐采用配套收获机械进行收获。

贮藏 做好贮藏期间的病虫防治。贮藏前，贮藏窖应彻底清扫消毒。选择健康种薯贮藏，贮藏温度宜10～12摄氏度。根据品种特性确定适宜的贮藏湿度，一般湿度范围为80%～95%，贮藏时应根据实际情况进行通风增氧。

2.2.4 花生玉米复合种植技术

1. 技术背景

费县作为全国油料百强县，花生种植历史悠久，常年种植面积28万亩左右，播种面积约占全县耕种面积的37.6%，全县花生平均亩产约300千克，年产量约8.5万吨，年产值近4亿元。花生作为费县的重要经济作物之一，在不断地进行着品种改良和种植技术的创新。2019年之前，费县的花生种植户普遍选择海花1号，自2020年以来，丰花1号和花育25等高产优质新品种的占有率迅速提高，尤其是高油酸花生品种高油花育655，甜花生品种誉宇甜Ⅲ号等高附加值新品种的推广，为费县花生种质的革新带来了新的希望。花生种植方法通常采用双粒穴播技术，虽然这种方法有利于保证种植密度，提高土地及生长前期光热资源利用率，但是同穴双株往往造成个体间发育差异，单株增产潜力难以发挥，而且容易引起花生群体前期旺长，后期早衰倒伏，制约花生单产和品质的进一步提高。此外，双粒播种机的双粒率只有80%左右，3粒或1粒穴约占 20%，易造成种子浪费和田间分布不均。

花生单粒精播技术，可以减少种子用量，降低种子成本，一般可节省种子 8%～10%。它还可以提高播种精密度，经田间实际检测，播种株距合格率可达到 87%～94%，明显高于机械精密播种（58%～76%）。此外，单粒精播花生单叶光合速率、群体光合速率、茎叶荚果干物质积累量均高于双粒播种，因此更容易达到更高的产量。2021 年，利用单粒精播技术，费县春花生高产创建田海花 1 号取得亩产 668.60 千克，创费县花生单产历史最高纪录，2022 年春花生单产再创当地历史新高，高产创建田海花 1 号平均亩产 702.5 千克。

花生与玉米间作技术是另一项获得费县农民好评的种植技术，它通过提高土地利用率，增加了农民收入。适当放宽玉米的行距，缩小株距或双株留苗，每亩种植的玉米株数接近或等于单作玉米，在玉米行间适当间作花生，间作方式有每行玉米行间间作1～2行花生和玉米采用大小行在大行间间作 2～6 行花生等。采用花生玉米带状复合种植（玉米花生宽幅间作）技术，每亩可以收获普通玉米籽粒 500 千克以上＋花生荚果 150 千克左右，或鲜食玉米 3 000 穗左右＋鲜食花生 300 千克以上。此外，花生、玉米采收之后，每亩可产出 2.5 吨左右的玉米秸秆和花生秧。

2. 技术要点

（1）春花生单粒精播高产技术。

① 精选种子。品种选用海花 1 号（花育 25、花育 33、花育 36 等）。精选籽粒饱满、活力强、大小均匀一致、发芽率≥95%的种子播种。精选种子一定要包衣或者拌种。

② 平衡施肥。根据地力情况，配方施用化肥，确保养分全面供应。增施有机肥，精准施用缓控释肥，确保养分平衡供应。施肥要做到深施，全层匀施。

③ 深耕整地。选择土壤肥力中等及以上地块，适时深耕翻，及时旋耕整地，随耕随耙耢，清除地膜、石块等杂物，做到地平、

土细、肥匀。

④ 适期足墒播种。春花生 4 月下旬至 5 月中旬播种，5 厘米土层日平均地温稳定在 15 摄氏度以上，土壤含水量确保 65%～70%。夏直播花生应麦收后抢时早播。

⑤ 单粒精播。起垄覆膜栽培，垄距 80～85 厘米，垄面宽 50～55 厘米，垄沟宽 30 厘米，垄上 2 行，行距 25～30 厘米，穴距 10～12 厘米，单粒播种，亩播 13 000～16 000 粒，播深 2～3 厘米，播后酌情镇压。密度根据地力、品种、耕作方式和幼苗素质等情况来确定，如肥力高、中晚熟品种、春播覆膜、苗壮宜降低密度，反之则增加密度。覆膜栽培时，膜上筑土带 3 厘米，及时抠膜放苗。

注意事项："精选种子、精细包衣、精耕整地、精准播种"是单粒精播一播全苗壮苗的关键。密度要重点考虑幼苗素质，苗壮、单株生产力高，可降低播种密度，反之则增加播种密度。

⑥ 田间管理。出苗后及时清棵，确保侧枝出膜、子叶节出土。在盛花期花生封垄前进行中耕培土。在花生封垄前后，主茎高度达到 30 厘米左右时，及时喷施 5%烯效唑（多效唑）粉剂 40～50 克/亩，加水 40～50 千克。若仍有徒长趋势，可以连喷 2～3 次，收获时主茎高 40～45 厘米为宜。

及时预防病虫害及杂草。从结荚期开始每隔 10 天左右叶面喷施杀菌剂，连喷 3 次；从饱果期开始，每隔 7 天左右每亩叶面喷施 2%尿素+0.2%磷酸二氢钾水溶液 50 千克，连喷 2 次。

加强田间水分管理，防止旱涝。

（2）玉米花生宽幅间作高产技术。

① 选择适宜模式。采用 3∶6 模式种植。间作花生垄底宽 85 厘米，垄面宽 50 厘米，1 垄 2 行，花生单粒播种，穴距 10 厘米左右。间作玉米单粒精播，株距应控制在 10～12 厘米。确保亩播种花生 7 500～9 100 穴、玉米 3 700～4 000 株。

② 选择适宜品种。玉米花生品种要适应当地生态区域。玉米宜选用紧凑或半紧凑型的耐密、抗逆、高产良种；花生宜选用耐

阴、耐密、抗倒伏的高产良种，播前精选种子。

③ 选择适宜机械。播种机从目前生产推广应用的玉米播种机械和花生播种机械中选择，实行玉米带和花生带分机播种；也可采用玉米花生一机同播的一体化播种机。玉米收获选用现有的联合收获机，花生收获选用联合收获机或分段式收获机。

④ 抢墒播种保出苗。玉米采用包衣种子，花生选用种衣剂或药剂拌种的种子。根据种植规格和肥料用量调好玉米株行距及花生行穴距、施肥器流量及除草剂用量，利用标尺等工具控制好带宽，防止带宽走窄或加大。要适墒播种，确保一播全苗壮苗。分机播种要先播花生，夏播越早越好。

⑤ 科学施肥。要重视有机肥的施用，以高效生物有机肥为主，有机无机肥料统筹施用。底肥亩施纯 N 8～12 千克、P_2O_5 6～9千克、K_2O 10～12 千克、CaO 8～10 千克，适当施用硫、硼、锌、铁、钼等元素肥料。在玉米大喇叭口期亩追施纯氮 8～12 千克，施肥位点可选择靠近玉米行 10～15 厘米处。覆膜花生一般不追肥。

⑥ 控杂草、防病虫。重点采用播后苗前封闭除草，每亩用150～200 毫升50%乙草胺，或 75～100 毫升 96%精异丙甲草胺（金都尔），或100～125 毫升33%二甲戊灵乳油（施田补），兑水 30～35 千克均匀喷雾；苗后除草在玉米 3～5 叶期，苗高达 30 厘米时，每亩用 4%烟嘧磺隆胶悬剂（玉农乐）75 毫升兑水后定向喷雾，花生带喷施 5%精喹禾灵等花生苗后除草剂，采用适合间作的隔离分带喷施机械喷施，避免两种作物互相喷到。

玉米、花生病虫害按常规防治技术进行，主要加强地下害虫、蚜虫、红蜘蛛、玉米螟、棉铃虫、斜纹夜蛾、花生叶螨、叶斑病、锈病和根腐病的防治。

⑦田间管理控旺长。玉米一般不进行化学调控，但对生长较旺的半紧凑型玉米，在 10～12 展开叶时，每亩用 40%玉米健壮素水剂 25～30 克，兑水 15～20 千克，均匀喷施于玉米上部叶片。花生株高 25～30 厘米时，每亩用 5%的烯效唑可湿性粉剂 24～48 克，

兑水40～50千克，均匀喷施叶片上部（避免喷到玉米），施药后10～15天，如果主茎高度超过40厘米可再喷施1次。

2.3 粮油产业典型案例

2.3.1 费县小麦“三田合一”模式打造

1. 基本情况

费县东蒙镇位于400千米沂蒙腹地，地处费县城北12千米处，北依蒙山，南傍浚河，总面积71.5千米^2，其中，耕地面积4万亩，林地2.86万亩，果园1.5万亩。农业以小麦、玉米、花生等传统农作物种植为主，种植面积分别约占总面积的20%、35%、10%。小麦产业方面，长期以来由于土地的规模化、集约化、信息化程度低，以及生产成本高、品种更新换代慢、优质专用品种缺乏、品牌建设相对滞后、产业链不健全等一系列问题，导致一二三产业脱节，种植效益难以提升。因此，提高小麦种植规模化程度是提高种植效益的关键，新品种新技术的落地转化是提高效益的第一动力，发展订单化种植是实现专用小麦优质优价的保证，同时也是面粉加工企业和面制品加工企业稳定产品质量、提高产品市场竞争力的有效手段。基于上述思路，山东省农业科学院在东蒙镇巨庄村开展了三年的挂职帮扶工作，创新出一套新型的农业发展模式。

2. 建立“党组织＋专家＋合作社”模式，提高土地规模化经营程度

首先，山东省农业科学院在东蒙镇巨庄村成立了农科专家工作室来开展相关工作。针对农民土地规模小、集约化程度低、作业成本高、生产效益低等突出问题，2021年6月，挂职专家推动巨庄村成立党支部领办合作社，共托管土地150余亩，80余户村民自愿入股。同时，挂职专家与费县农技推广中心共同为合作社如何做大做强出谋划策，采取多条腿走路的方式，除农民土地作价入股外，也可以尝试直接以土地入股，共享收益、共担风险，通过此种方式实现土地规模化经营。经过两年来的实践，合作社社员已经亲身体验到了规模化种植给他们带来的喜悦，从而吸引了更多的农户主动加入合作社，目前合作社流转土地规模已扩大到400余亩。同时，农科专家团队加盟党组织领办合作社，提高合作社科学化、专业化、标准化水平。期间挂职专家多次邀请小麦栽培专家开展室内和田间相结合的技术培训会，通过讲解引进新品种、新技术的优点，以及新品种、新技术的应用成效，进一步提高农户加入合作社的积极性。

3. 打造“三田合一”样板，加快新品种新技术落地

2022年在挂职专家的协助下，费县农业农村局争取到《费县粮油绿色高质高效行动》项目，并落地巨庄村资金10万元。为进一步提升新品种新技术的展示力度，加快新品种新技术落地，挂职专家与费县农技推广中心合作，在巨庄村开展了新品种、新技术的展示，打造出“三田合一”样板。把试验田、展示田和老百姓的生产田摆在了一起，通过这种方式做给农民看，带着农民干，帮他们解决生产中的许多问题，比如碎土整平二次镇压播种技术、冬春镇压壮苗保墒技术等，结束了当地小麦不镇压的历史，提高了播种质量，做到了良种良法配套、农机农艺结合，让老百姓亲身体验到新品种、新技术给他们带来的新变化。

近年来，随着小麦审定品种数量的不断增加，品种类型越来越多，划分越来越细，为加工功能性食品提供了更多的品种选择空间。山东省农业科学院培育的济麦22、济麦23、济麦44、济麦55、济麦70、鲁原118、济紫麦系列等一大批小麦新品种，产量高、品质好、抗性强、适应性广，完全可以满足面包、面条、水饺、馒头等北方主流面食制品及营养特色食品对面粉品质的特定需求，这就为面粉加工企业量身打造功能面制品专用粉提供了坚实的品种支撑。

2022年在极端不利的气候条件下，巨庄村引进的济麦23、鲁

原118、济麦44、济麦55等小麦品种表现不俗，大面积示范田比当地品种增产10%以上。通过品质分析和企业认可，挂职专家帮助面制品加工企业确定了面包济麦44、面条济麦55、馒头济麦23三个专用小麦品种，初步实现了专用小麦生产专用面粉的目标。2022年秋种，挂职专家与费县农技推广中心合作开展了小麦高产攻关、品种展示和大面积示范活动，在巨庄村安排了2处各10亩高产攻关田、45个品种的展示田和1个百亩示范田，为品种的多元化布局提供了更大的选择空间。

同时，挂职专家及所在团队成员在秋种、春季管理、收获等关键时期召开现场观摩会和培训会，培训基层农技人员和种粮大户及农民等150余人次，把新品种送到农民的手中，把新技术带到田间地头。

4. 培植面粉加工企业，推动一二三产业融合发展

山东左三姐食品开发有限公司（以下简称“左三姐公司”）是当地的农业龙头企业，位于费县东蒙镇。该企业长期存在的主要问题是小麦品种混乱导致的产品品质不稳定，产品概念性不强导致的市场定位不准等。挂职专家针对该企业所面临的问题，提出了用专用品种加工专用面粉，一个品种打造一个品牌的思路，重点扶持并引入了高端全麦粉生产技术，将石磨粉的麦香和全麦粉的麦香相结合，提升了石磨粉的全麦特性，膳食纤维含量由3.5%提升到9%以上，这使得产品具有了技术领先优势。

新品种新技术的落地转化是提高效益的第一动力，发展订单化种植是实现专用小麦优质优价的保证。因此，围绕建设专用小麦生产基地，提高加工企业产品稳定性、巩固客户群体这一目标，挂职专家确定了在东蒙镇建设小麦专用粉原粮生产基地的工作思路，为面粉加工企业开展订单化种植提供技术支持。2021年秋种，在巨庄村建设了150余亩济麦23和鲁原118展示田，同时筛选了13个在山东省内表现良好的不同类型小麦新品种，在巨庄村进行集中展示，生产的优质原粮将由左三姐公司加价回收。2022年，左三姐公司与

巨庄村等村签订了1 500亩专用小麦订单种植协议，推动了小麦品种布局由自发、零星碎片化逐步向有组织、有计划的产业布局转变。

5. 形成的模式

通过三年的试验与实践，在山东省农业科学院的扶持和探索下，东蒙镇形成了一套全新的粮食产业发展模式——“党组织+专家+合作社”模式。通过促进土地规模化经营，提高合作社科学化、专业化、标准化水平，打造“三田合一”样板，开展试验与示范，加快优质新品种和新技术的落地。培植面粉加工企业，推动一二三产业融合发展，延伸产业链、提升价值链、完善利益链，让农民与二三产业的利益联结更加紧密，越来越多地分享到全产业链的增值收益，实现农业持续增效、农民持续增收。

2.3.2　费县“全程机械化+综合农事”社会化服务新模式

1. 基本情况

费县顺和农机化种植专业合作社（以下简称“合作社”）位于美丽的沂蒙山脚下的费县薛庄镇，于2009年12月注册成立，注册资金300万元。合作社占地面积3 400米^2，先后获得“全省农机安全示范合作社”“临沂市农民合作社示范社”“山东省农民专业合作社示范社”等荣誉称号。合作社自成立以来，从起初的几台农机具发展到现在的一百余套，从环节机械化服务不断向全程机械化推进。近年来，在山东省农业机械科学研究院（以下简称“农机院”）的扶持和帮助下，合作社加大发展力度，成立蒙阳农业社会化服务联盟，着力构建并推广费县“全程机械化+综合农事”社会化服务新模式。

2. 经验做法与成效

（1）协助合作社壮大自身实力，开展新型农业经营主体素质提升行动。2023年中央1号文件指出，要深入开展新型农业经营主体提升行动，支持家庭农场组建农民合作社，合作社根据发展需要办企业，带动小农户合作经营、共同增收。围绕合作社如何壮大自身实力，农机院借助自身人才、技术、平台优势，为合作社的提升和发展提供多方面的支持和帮助。①装备提升。如协助合作社增置激光平地机、无人植保机、粮食烘干机等短缺装备，补足其农机装备方面的短板。②技术应用、推广。如挂职专家帮助合作社推广小麦苗后镇压技术、无人植保技术、高效节能干燥技术以及智慧农业监测技术等，补足其农机装备技术普及面不足方面的短板。③基础设施规划和完善。如利用现有设施用地，帮助改造、提升和规范合作社的基础设施，建设农机库房、农机维修装配车间、粮食烘干车间、智能配肥车间等配套服务场所。④人才培育。如邀请相关专家对合作社社员开展专业且有效的培训或指导等。⑤项目申报。如帮助合作社申报各类补贴项目，为合作社发展提供一定的资金补贴支持。⑥奖项申报。如通过对合作社实力的壮大、提升，合作社获评为 2022 年山东省农业农村厅颁发的“山东省农民专业合作社”。同时，合作社负责人也被费县农业农村局评选为“鸿雁人才”。⑦宣传报道。组织社会化服务联盟举办签约、授牌活动，并在大众网等新闻媒体上进行报道，提高合作社的影响力。总之，在农机院与合作社的共同努力下，合作社在各方面得到了较大的提升，成为费县农业社会化服务的引领型主体。

（2）合力打造示范样板田，加强示范引领和宣传推广。2023 年中央 1 号文件指出，要引导土地经营权有序流转，发展农业适度规模经营。总结地方“小田并大田”经验，探索在农民自愿前提下，结合农田建设、土地整治逐步解决细碎化问题。近年来，合作社紧跟国家政策脚步，着力推进费县土地流转和托管，发展农业适度规模经营。合作社采取先示范后推广的方式，即先进行小范围试用，待取得成熟经验后再进行大范围推广，让小农户“眼见为实”，真正看到规模化、机械化、专业化的托管经营模式的优势。合作社以自身流转的成片土地，“小田并大田”作为示范样板田，并在田地上进行统一耕作、种植、管理和收获。机械化和专业化体现在，采用“良种”“良法”配套方法，引进农业院所的优质种子和先进智能农机装备，为农业发展注入科技力量，将样板田打造成可开展全程机械化作业、具备一定信息化和智慧化条件的示范基地。

通过对适度规模经营的示范样板田进行规模化、机械化和专业化的打造和示范，向农户宣传新的种植模式、推广新作物品种、展示新装备和新技术。特别是一些新品种、新装备和新技术的应用切实有效地提高了劳动效率、增加了粮食产量，让农民真正体会到了采用良种良法配套、开展土地适度规模经营的好处。比如，引进的济麦 22、济麦 23、泰科麦 33 等小麦品种，表现优异，抗逆稳产性能强，相比当地大面积种植的品种，增产幅度达 10%以上；引进的鲁单 9088、鲁单 510 等多个玉米品种，相比当地大面积种植的品种郑单 958，增产幅度达 15%以上。新增的激光平地机解决了流转土地高低不平的问题，既能节水灌溉又能排涝。一台激光平地机按年度作业 2 000 亩，如果夏季排涝做得好每亩最低增产 100 元，年度直接经济效益可达 20 万元。采用“种肥同播”技术，把施肥腿和播种腿调至间隔 10 厘米，用控释肥和种子同时播施，既不用二次追肥也不会造成烧种现象发生，每亩地可节省人工 50 元。采用小麦苗后镇压技术可以提温、增墒，对控制小麦旺长、增强小麦抗倒伏能力作用明显。经镇压的小麦保苗率可增加 5%以上，按照镇压 3 000 亩每亩小麦产值 1 500 元计算，直接经济效益 20 余万元。采用的“高效植保”技术，作业速度快，喷洒均匀，药物不会直接与人接触，安全可靠。其中，植保无人机飞防要比人工喷药成本节约几十倍，一台无人机年飞防 1 万亩，每亩节省人工 5 元，直接节省成本 5 万元。大型粮食烘干机年烘干量6 000 吨，按照每千克烘干加工费净利润 0.1 元计算，年度烘干作业服务收入约 60 万元。此外，智慧农业监测终端能提升合作社服务管理能力，有效监管农机手的作业质量和数量。“数字化种子监控系统”的应用，精准到每行每亩下多少粒种子都会在显示屏上显示出来，农机手可随时掌握播种的精准量，从而提高作业质量和效益。

在不增加生产投入的前提下，采用良种良法配套，开展土地适度规模化经营后，示范田小麦每亩产量可提高 100 千克、玉米每亩可提高 100 千克、花生每亩可提高 50 千克，化肥和农药用量每亩可减少 10%～20%，预计可实现核心服务主体年增收 65 万余元，社员人均年增收 1.1 万余元，从而有效地促进了农业的节本增效和农民的增产增收。

(3) 成立 1+1+N 农业社会化服务联盟，实现优势资源的整合和共享。合作社作为核心服务主体，农机院作为科技支撑单位，吸纳多个农机手或专业合作社作为下游服务主体，共同成立“1+1+N”农业社会化服务联盟。

核心服务主体通过自身的不断壮大和试验田的示范推广，吸引更多的下游合作伙伴加入联盟。在选择联盟成员时，核心服务主体采用择优筛选的办法，选择有责任感、有担当、有创新意识、有技术且有一定机械化服务基础的农机手或专业合作社负责人作为合作伙伴，并将他们发展为联盟下游服务主体。在各下游服务主体原有服务条件和能力的基础上，核心服务主体通过农机统筹、农资统供、农产品回购、信息共享、优势互补的合作模式调配资源为他们提供服务。目前，核心服务主体已经发展下游服务主体 4 个，并在各乡镇村居分别建立了 4 个 100～200 亩左右的示范方作为服务田，进行全托管和半托管服务，通过以点带面示范引领，逐步赢得农户的信任，推动他们的需求升级。未来，联盟还将不断扩充自己的成员数量和服务田的规模，为构建规模化、专业化和机械化的新型社会化服务组织打好基础。

联盟的成立，将在更大范围内整合存量资源，合理优化土地、资本、装备、技术、劳动力等各要素配置，实现核心服务主体与各下游成员之间的“农机统筹、农资统供、农技统管、资源共享”。即联盟将实行统一作业标准、统一服务价格、统一调度机具、统一培训管理的“四统一”服务模式，拓展农机服务领域，提高农机利用率和使用效率。此外，联盟通过择优筛选的办法，为农户提供质优价廉的种子、肥料等农资产品，将优势资源汇集一体，降低农业生产风险，保障农业增产增收，为全程托管和土地适度规模化经营打好基础。联盟各成员将汇集资源和智慧，共同打造区域性、综合性、全程化的农业社会化服务平台，进一步促进小农户与现代农业发展有机衔接，为保障粮食安全和建设农业强省作出贡献。

（4）延伸服务链条，创新服务模式，逐渐扩大联盟规模。联盟结合费县被确定为全省农业专业化社会化服务机制创新试点的契机，积极延伸服务链条、创新服务模式，发展多层次、多类型的专业化服务。①延伸服务链条。在开展托管服务的基础上，联盟围绕产前农机农资购销和产后粮食烘干、贮藏等服务，不断延伸自己的服务链条。如与山东农大肥业科技有限公司和北京金色农华种业公司合作，为农户提供质优价廉的农大黑松土功能肥和玉米小麦种子；投资120万元配备自动化粮食烘干设备，实现粮食年度烘干存储6 000吨，为农户解决粮食收获后的晾晒之忧。②创新服务模式。联盟在示范引领的基础上，聚焦农业生产短板和农户需求，逐步扩大服务需求规模，将农户和村集体干不了、干不好、干了不划算的生产环节进行专业化服务，围绕小麦种植、大豆玉米套种等关键环节，因地制宜地定制单环节、多环节、点单式、套餐式等多种服务模式。联盟还积极学习借鉴供应链金融服务模式，探索将供应链产业链金融服务引入到农业社会化服务产业链中。推进普惠金融，加强与金融机构服务数据间的共享对接，推广应用“强村贷”、无感授信全覆盖、供应链金融等金融服务模式，为托管服务村集体、经营主体和农户提供资金、农资供应及农业保险支持，积极探索“合作社＋下游服务主体＋农机院＋银行＋保险”的农业服务新模式，为农产品的“产、供、销”社会化服务长期健康发展夯实基础，为土地流转、托管两大服务模式的推进保驾护航。③打造服务品牌，扩大联盟规模。着眼于多元化可持续发展，以合作社为基础先后成立费县蒙阳农业机械有限公司和费县地康粮安农业发展有限公司，注册“蒙阳”“地康粮安”农机、农产品类的商标，为今后品牌运作和土地规模化、机械化、专业化管理经营奠定基础。同时，借助农机院技术平台，依托村集体党组织领办合作社，积极开展“双社联合”“村社共建”等合作项目，逐渐提高联盟的知名度和扩大联盟的规模，进一步提高土地规模化经营水平。

(5) 打造农业生产全程机械化一条龙服务和综合农事服务中心，加快农业服务转型。联盟依托优势服务资源，以农机农资一条龙，直供直施到田间的农业服务模式为切入点，从产中农机托管服务切入，逐步将服务向产前农资农机购销和产后农产品加工和销售延伸，实现产前、产中、产后服务链全程贯通，形成集耕、种、管、收、储于一体的农业产业服务新模式。

此外，联盟积极开展综合农事服务，"一站式"解决农户生产难题，如选派技术熟练、服务热情的科技人员下到基层，指导农民科学耕作、测土配肥、科学用肥、科学施药、科学管理，真正将科技力量注入到耕、种、管、收、储、烘干等环节的全产业链服务中。下一步，核心服务主体计划打造"联盟＋基地＋农户＋农产品加工厂＋农产品超市"的联合生产经营模式，进一步拓展和优化农资统购服务，为农产品从田间地头到餐桌的最后一公里助力。

3. 形成的模式

按照"壮大主体、打造样板、形成联盟"的发展思路，合作社和农机院合作开展农业科技社会化服务。在农机院的扶持和协助下，合作社通过壮大自身实力，以及对示范田规模化、机械化、专业化的打造和示范推广，吸纳下游服务主体加入，成立"1＋1＋N"农业社会化服务联盟。联盟以"农机统筹、农资统供、农技统管、资源共享"的合作机制，着力打造并推广"蒙阳农业"社会化服务品牌。联盟探索将供应链产业链金融服务引入到农业社会化服务产业链，不断创新服务模式，拓展服务范围，扩大品牌影响，促进农业增效和农民增收，从而形成在全省可复制、可推广的农业全产业链发展模式——"全程机械化＋综合农事"社会化服务新模式。新模式的形成，将充分聚合农机、农资优势资源，并以农资农机一条龙、直供直施到田间的服务模式为切入点，加快推进土地适度化规模经营，实现从耕、种、管、收、烘干及产后加工等"一条龙"农业产业化服务以及农资统购、技术示范、咨询培训、产品销售对接等"一站式"综合农事服务。

第 3 章

山区生态果茶发展模式

3.1 果茶产业概况

3.1.1 沂蒙山区果茶产业发展现状

沂蒙山区位于山东省东南部，地处北纬 34°22′～36°25′，东经 117°24′～119°39′，年平均温度 13 摄氏度，无霜期 189～230 天，年降水 848.4 毫米，属暖温带半湿润大陆性气候，四季分明，光照充足，降水丰富，土壤类型多，境内山清水秀，无污染，适宜多种果树栽培。其中临沂市是全国果品重点产区，据数据显示（2022 年），临沂市水果面积、产量分别为 139.2 万亩和 325.9 万吨，均居全省第二位，临沂市桃产量自 2000 年来一直为全国地级市第一位，2009 年被中国果品流通协会授予“中国桃业第一市”的称号。沂蒙山区果茶生产规模较大，产业基础较强，市场竞争优势明显，符合优势产区的基本条件，在农业总产值中的占比逐年增大，果茶产业已成为沂蒙人民的支柱产业和重要的收入来源。各县区也以提高果品产业综合生产能力、提升果品质量、增加农民收入为重点，积极推行标准化生产和产业化经营，使沂蒙山区果茶业生产取得了明显成效。

3.1.2 沂蒙山区果茶产业存在的问题与挑战

相较于发达地区，沂蒙山区果茶产业还存在如下问题：栽培基础建设投入不足，管理模式相对落后，大部分果园立地条件较差，土壤肥力较低，导致生产能力不强和果实品质不高；科技支撑能力薄弱，品种资源储备不足，结构不合理，自主创新能力需进一步加强；产业化水平不够高，果业仍以分散生产经营为主，合作化经营理念欠缺，组织化程度不高；农产品储运能力和深加工能力较弱，附加值不高；市场网络销售不健全，现代化的营销模式和手段尚未普及等。

当前在国家全面实施乡村振兴战略、扎实推进农业农村现代化之际，果茶产业作为农业高效产业应以科技为支撑，抢抓发展新机遇，因地制宜，精准施策，坚持“种植集约化、品种市场化、发展规模化、生产标准化、管理省工化、栽培设施化、资源节约化、果品安全化”的原则，以市场为导向，以节本为中心，以质量为目标，以科技为依托，规模化、标准化发展，提质增效，全面推进果茶生产由传统“数量型效益”向“质量型效益”转变，增强产品的市场竞争力，注重品牌发展，力争三产融合，加快构建现代果茶产业体系，努力实现沂蒙山区果茶产业高质量发展，真正实现农业增效、农民增收。

3.1.3 沂蒙山区果茶产业发展路径与对策

加快果茶产业结构调整步伐。以市场为导向，以科技为支撑，以发展优质、高效、生态的现代果茶产业为目标，以促进农民增收为核心，以提质增效为主攻方向，强化政策扶持、项目引导和示范带动，积极转变果茶产业发展方式，着力构建现代生产体系、科技支撑体系、质量安全保障体系和产业化经营体系，全面提升果茶产业的整体质量和效益，促进沂蒙山区果茶产业由大市向强市跨越。

加强整体规划，推动标准化种植技术，提高机械化管理水平。加强设施栽培技术，推行种养结合、果园生草、测土配方施肥和肥水一体化、高光效树形和简化修剪、病虫害绿色综合防控等综合技术，实施省力化高效栽培，完善和推广节本、优质、安全、高效的标准化生产技术，降低生产成本，提高品质，促进农民增收，进一步提升果茶产业的竞争力。

开拓多种销售渠道，大力发展电子商务＋冷链配送、基地＋宅配送等新型销售渠道和运输方式。尝试发展订单产业，将销售做在生产的前面。另外，要加强产业链延伸，抓住国家实施乡村振兴战略的机遇，充分利用果茶产业在休闲观光功能方面的优势，在城市郊区或交通方便的果园可发展集观赏、采摘、科普教育、体验、休闲等多功能于一体的观光果园，同时延伸产业链，促进一二三产业的融合发展，促进沂蒙山区果茶产业健康、和谐、稳定、可持续发展。

政府部门要大力扶持典型，对真正懂技术、肯钻研的种植户或种植基地，从政策、资金、市场等方面大力支持，以点带面，带动产业的发展。要积极做好“三品一标”认证工作，在现有商标的基础上，通过全方位、多层次的宣传推介，打造几个市场上叫得响的品牌，增强产品的竞争力。培植合作社、家庭农场、种植大户、龙头企业等新型经营主体，建立各种形式的利益联结机制，逐步实现由分散粗放的小农经营模式向集约化、规模化、企业化经营模式转变，促进果茶产业快速发展，形成更具特色的果茶优势产区，从而促进沂蒙山区果茶产业可持续发展。

3.2　果茶产业主要技术模式

3.2.1　葡萄设施避雨高效栽培技术

山东省是我国葡萄主产区之一，葡萄种植几乎遍布山东省的各个乡镇，是很多地方脱贫致富的支柱产业。特别是近几年，随着新品种阳光玫瑰葡萄的普及，因其风味馥郁、抗病性强、耐储运等特点深受消费者和种植户的认可，一级果市场售价高的达到 36～40 元/千克，甚至 40～50 元/千克及以上，使得果农种植葡萄的热情极为高涨。临沂地区栽培面积连年增长，阳光玫瑰已成为葡萄产区最受欢迎、效益最好的种植品种之一，但阳光玫瑰仍以露地栽培为主，大多数葡萄园管理模式粗放落后，品种单一，生产上果农将巨峰、藤稔等常规品种的栽培管理经验习惯性套用在阳光玫瑰葡萄种植管理中，造成树体花芽分化差、果穗果粒大小不规范、香味品质差等问题，优质果率较低，导致生产效益不高。设施栽培具有使葡萄发育提早或延迟、遮雨、防病、防雹、防霜、防药害等作用，具有调节市场供应期、预防自然灾害、提高葡萄品质等功能，已经成为当前葡萄生产的发展趋势之一。本技术根据沂蒙山区立地条件和阳光玫瑰的品种特性，以避雨栽培技术为核心，设计并组装低成本避雨棚和高光效树形，标准化花果管理技术、配套肥水一体化、病虫害绿色防控等技术，构建优质、高效、安全的葡萄标准化栽培体系。

1. 葡萄避雨棚搭建

采用规格 DN50 热镀锌钢管为立柱，跨度为 6 米，间距 4 米，地上高 2.0 米。立柱上部顺行向用 DN32 热镀锌钢管作为纵向拉杆连接固定，垂直行向用 DN25 热镀锌无缝钢管作为横向拉杆连接（横梁）。棚顶高 3.5 米，用 DN20 热镀锌钢管作为拱杆，跨度同葡萄行距，拱杆间距 1 米，每根横向拉杆中间加装一根 1.5 米的 DN20 钢管作为立柱，支撑拱杆。见图 3－1。

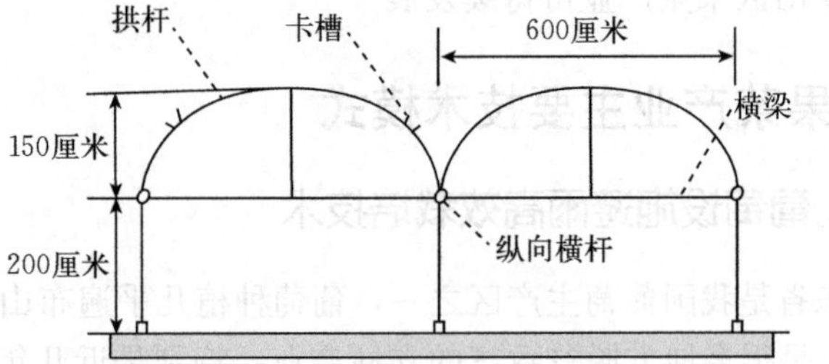

图 3－1　简易连栋避雨棚

2. 苗木选择

扦插苗：根系侧根数 6～8 条以上，侧根长度 20 厘米以上，侧根粗度 0.4 厘米以上，侧根分布均匀、不卷曲，须根多、分布均匀、不卷曲。枝蔓基部粗度 0.8～1.0 厘米以上，7～8 节，芽眼饱满健壮。

嫁接苗：砧木高度 15～20 厘米，接口完全愈合，无机械损伤，根、枝蔓与扦插苗相同，无检疫性病虫。

3. 苗木定植

定植时间在落叶后至封冻前或翌年萌芽前。行距 3 米，株距 2 米，每亩定植 110 株。定植前开 1.0 米宽、深 0.8～1.0 米的定植沟，亩施入腐熟有机肥 20～30 米^3，土、肥要充分混合后回填到定植沟，并浇足水，沉实后待栽。定植前将苗木的根系剪留 20 厘米长。定植前用 3～5 波美度石硫合剂或 3%～5%的硫酸铜溶液喷雾浸泡苗木 3 分钟进行苗木消毒。栽后浇足水，再封填踏实，平整后用黑色地膜覆盖。

4. 配套树形

单干单臂/双臂 V 形架：株行距 2 米×3 米，共由 2 个横梁，3 层 5 根镀锌钢丝组成。第一层 1 根镀锌钢丝距地面 120～150 厘米，固定在架柱上，第一根横梁距地面 150～170 厘米，长度 50～80 厘米；第二层 2 根镀锌钢丝固定在第一根横梁的两端，第二根横梁距地面 170～200 厘米，长度 80～120 厘米，第三层 2 根镀锌钢丝固定在第二根横梁的两端。

高宽垂 T 形架：株行距 2 米×3 米，干高 1.7～1.8 米，双臂垂直于行向呈 T 形绑扎，新梢顺行向垂直于双臂绑扎。

5. 整形修剪

在葡萄萌芽后 10～15 天分次进行抹芽，选留位置好的健壮芽，抹去无用芽、过密芽、弱芽和位置不当的芽。在新梢花序出现并能分辨花序大小时进行定枝。定枝后新梢间距 15～20 厘米，每亩留新梢量 2 000～2 500 条。新梢长度超过 40 厘米后，分批绑扎，使新梢在架面上均匀分布，注意控制绑缚位松紧度。开花前一周，花序以上留 4～6 片叶摘心。主梢摘心后，只留顶端一个副梢，其余副梢留基部 1 叶后去除，待顶端副梢长至 5～6 片叶时摘心，以后留 3 片叶反复摘心。至每条枝蔓有 15～20 片叶时，剪除此后所有新发副梢。

埋土防寒区秋季落叶后至埋土前先行初剪，翌年出土后再行复剪。不埋土地区从落叶后到翌年伤流期前一个月进行修剪。按主干和臂蔓呈 V 形和 T 形树形进行修剪。结果母枝采用短梢或超短梢修剪，选择芽眼饱满、木质化程度高、径粗 0.8～1.0 厘米的充实枝条，留1～2个饱满芽修剪，剪除短于0.8厘米的梢、未成熟梢、病虫梢。

6. 标准化花果管理技术

根据枝条健壮程度，可按照一个结果枝留1个花序、强壮枝留2个花序、弱枝不留花序的原则进行操作。

花前一周整穗，去除副穗和上部大穗，留穗尖，长度为4.5～6厘米，对于所留小穗进行修剪使果穗呈圆锥形。满花后24小时（花序末端花开满为满花标志），使用15毫克/升赤霉素+3毫克/升氯吡脲溶液均匀浸蘸或喷施果穗一次，使用时尽量避开阴雨或潮湿天气。坐果后（花后10天左右）疏果1～2次。疏掉果穗中的畸形果、小果、病虫果以及比较密的果粒。剪除开花晚、穗形不好、果粒呈淡黄色的果穗，每亩定穗不超过2 000穗。满花后12～15天，待果实长到花生粒大小时，使用25毫克/升赤霉素+5毫克/升氯吡脲溶液再处理第2次。

7. 肥水管理

苗木定植后要及时浇水，待苗高30～40厘米时开始施肥，首次施肥每株施尿素10～20克，以后每隔15天施一次，随着苗的长大，施肥量可适当加大至50克/株，直到8月中旬为止。每次施肥后都要及时浇水，从苗木定植到8月底，土壤要始终处于湿润状态，9月以后可适当控水，有助于苗木根系的发育。当年10月施基肥，每亩地施腐熟的有机肥5～10吨，施肥后浇一次透水。结果树目标产量为葡萄2 000千克/亩，一般在萌芽期、始花期至末花期、幼果发育期、转色期、采收后进行追肥，总施肥量为氮肥（N）25千克/亩，磷肥（P_2O_5）9千克/亩，钾肥（K_2O）40千克/亩，搭配施用中微量元素（硼锌钙镁）。在开花前结合防病喷药进行叶面施肥，叶面喷施0.2%～0.3%硼砂溶液+0.3%磷酸二氢钾溶液。在果实膨大和着色期间，喷药时可加0.3%磷酸二氢钾或微量元素肥料。一般成龄葡萄园要在葡萄生长的萌芽期、花期前后、浆果膨大期和采收后浇水5～7次，而在花期和浆果成熟期则要注意控水。前期（萌芽期至浆果生长期）田间持水量以70%～80%为宜，后期（浆果成熟期）保持60%～70%为宜。葡萄冬剪和埋土前是全年最后一次灌水的时期。

8. 病虫害绿色防控技术

贯彻“预防为主，综合防治”的植保工作方针，在提倡物理防治、生物防治的基础上，按照病虫害发生规律，科学合理地使用化学药剂，把握使用农药的关键时期。大部分害虫可用物理防治和生物防治的方法，休眠期结合冬季修剪，剪除各种带病组织，刮剥老皮，清扫枯枝落叶，并集中深埋或烧毁。人工清园后立即进行药剂消毒，全园喷布5波美度石硫合剂，以灭除越冬病原菌和虫卵。对重病葡萄园，于来年春季芽鳞片萌动绒球时再全园喷布3波美度石硫合剂加0.3%五氯酚钠灭除越冬病原菌和害虫。葡萄在生长季节要10～15天喷1次药，不同杀菌剂交替使用。

目前葡萄园生产最主要的物理防治措施包括套袋、悬挂黑光灯、频振灯，糖醋罐（糖：醋：酒：水比例为1：4：1：16）、性诱剂及配套诱捕器产品等，诱杀鳞翅目和鞘翅目等害虫；悬挂粘虫胶、诱虫板（黄板、蓝板、绿板等）防治刺吸式害虫及鞘翅目害虫。

主要生物防治措施是释放昆虫天敌，应用较多的是寄生蜂，如利用赤眼蜂可防治鳞翅目、双翅目、鞘翅目等昆虫；释放周氏啮小蜂能有效寄生美国白蛾及其他蛾类的蛹；化学防治害虫可选择的药剂有苦参碱、阿维菌素、吡虫啉及菊酯类。

3.2.2 核桃栽植管理与采收技术

核桃是重要的经济林树种，位居世界四大干果（核桃、扁桃、阿月浑子、榛子）之首，也是我国重要的木本粮油战略树种。近年来，党和国家把发展木本粮油作为提升粮油安全保障能力的重要战略举措，先后出台了一系列政策措施予以支持，核桃被列为重点优势发展树种之一，全国确定了288个重点基地县，明确了主攻方向、重点任务和保障措施，这对核桃产业发展产生了巨大的推动作用，种植面积迅速增加。2012年全国核桃栽培总面积555万公顷，占全国经济林总面积的14.96%，年产核桃201万吨，产值906亿元。

我国很多省份在核桃发展方面具有得天独厚的地理优势和自然条件，退耕还林政策更是极大地提高了农民种植核桃的积极性。编者在查阅参考资料的基础上，融合国内外核桃科研成果及丰产栽培新技术，本着通俗易懂、简单实用的原则，系统地介绍了核桃建园与种植技术、土肥水管理技术和核桃的采收与处理技术等。期望通过良种良法的示范栽培，达到核桃优质丰产高效的目的，保障核桃产业的健康可持续发展。

1. 建园与种植

(1) 园地选择与规划。

① 环境条件。

海拔。核桃的适应性较强，北方地区多栽培在海拔1 000米以下，秦岭以南多生长在海拔500～1 500米，云贵高原多生长在1 500～2 000米，辽宁西南部适宜生长在海拔500米以下的地方。

温度。核桃属于喜温树种。通常核桃苗木或大树适宜生长在年均温9～16摄氏度的地区，易受晚霜危害，从展叶到开花期间的温度低于−2摄氏度，持续时间在12小时以上，会造成当年坚果绝收；但生长温度超过38摄氏度时，果实易被灼伤，核仁发育不良，形成空苞。

排水和灌溉。建园地点要有灌溉水源，排灌系统畅通，特别是早实核桃的密植园应达到旱能灌、涝能排的要求。山地核桃园需设置水土保持工程，以涵养水分。平地则应解决排水问题，核桃园的地下水位应在地表2.0米以下。

光照。核桃是喜光树种，适于山地的阳坡或平地栽培，全年光照时数应大于2 000小时，如少于1 000小时，则结果不良，影响核壳、核仁发育，坚果品质降低，果园郁闭会造成坚果产量下降。

土壤。核桃为深根性树种，对土壤的适应性较强，无论在丘陵、山地还是平原都能生长。土层厚度在1.0米以上时，在含钙的微碱性土壤中生长良好，土壤pH适应范围为6.2～8.2，土壤含盐量宜在0.25%以下，含盐量过高会导致植株死亡，氯酸盐比硫酸盐危害更大。

② 基础设计与选择。

园地调查。为了掌握要建园地的概貌，规划前务必对建园地点的基本情况进行详细调查，调查内容包括社会情况、果园生产情况、气候、土壤条件等。

建园栽培方式。一种是集约化园片式栽培，无论幼树期是否间作，到成龄树时均成为纯核桃园。另一种是立体间作式栽培，即核桃与农作物、其他果树或药用植物等长期间作，此种栽培方式能充分利用空间和光能，有利于提高核桃的生长和结果，经济效益快而高。再一种栽培方式是利用沟边、路旁或庭院等闲散土地的零星栽植。在三种栽培方式中，零星栽培只要园地符合要求，进行适当的品种配置即可，其他两种栽培方式，均要根据具体情况进行周密的调查和规划设计。

作业区划分。作业区为核桃园的基本生产单位。形状、大小、方向均应与当地的地形、土壤条件及气候特点相适应，与园内道路系统、排灌系统及水土保持工程的规划设计相互配合协调。

防护林设置。核桃园建立防护林可以改善核桃的生态条件，提高坐果率、果实产量和品质，还能抵挡寒风的侵袭，控制土壤水分的蒸发量，调节核桃园的温度和湿度，常选用林冠上下均匀透风的疏透林带或上部林冠不透风、下部透风的透风林带。

排灌系统和道路设置。排灌系统是核桃园科学、高效、安全生产的重要组成部分。山地干旱地区核桃园可结合水土保持、修水库、开塘堰、挖涝池，尽量保蓄雨水，以满足核桃树生长发育的需求。平地核桃园，除了打井修渠满足灌溉以外，对于易于沥涝的低洼地带，要设置排水系统。道路应根据园区设置宽度不同的道路。各级道路应与作业区、防护林、排灌系统、输电线路、机械管理等互相结合。一般中大型核桃园由主路（或干路）、支路和小路三级道路组成；小型核桃园可不设主路和小路，只设支路；山地核桃园的道路应根据地形修建。

（2）种植技术。

① 改良挖穴。核桃树属于深根性植物。因此，要求土层深厚，土壤较肥沃。不论山地还是平地栽植，均应提前进行土壤熟化和增加肥力，此外还要进行深翻熟化、改良土壤、定点挖穴、增加有机质等各项工作。

② 苗木种植。

苗木选择。苗木质量直接关系到建园的成败，要求品种准确、主根及侧根完整、无病虫害，在长途运输时应注意保湿，避免风吹、日晒、冻害及霉烂。

授粉树配置。选择栽植的授粉树品种，应具有良好的商品性状和较强的适应能力。核桃具有雌雄异熟、风媒传粉、传粉距离短及坐果率差异较大等特性，为了提供良好的授粉条件，最好选用2～3个主栽品种，而且能互相授粉。专门配置授粉树时，可按每4～5行主栽品种，配置1行授粉品种。

种植密度。核桃树喜光，栽植密度过大，果园郁闭，影响产量；密度过小，土地利用率低。因此，核桃栽植密度，应根据立地条件、栽培品种和管理水平不同而异，以单位面积能够获得高产、稳产、便于管理为原则，栽培在土层深厚、肥力较高的条件下，树冠较大，株行距配置也应大些，晚实核桃可采用6米×8米或8米×9米，早实核桃采用4米×6米。

定植。核桃的栽植时期分为春栽和秋栽。北方冬季气温低，以春栽为宜，栽后不需防寒，春栽一般在土壤化冻后至发芽前；在干旱、冷凉地区，以秋栽为好。冬季寒冷多风，秋季栽植幼树容易受冻害或抽条，应注意幼树防寒，可栽后埋土防寒。秋栽一般在落叶后至土壤封冻前。

2. 土肥水管理技术

（1）土壤管理。

① 土壤深翻。核桃园四季均可深翻，但应根据具体情况和要求因地制宜、适时进行，并采用相适应的措施，才能收到良好效果。

秋季深翻。一般在果实采收后结合秋施基肥进行。深翻后正值根系秋季生长高峰，伤口容易愈合，并可长出新根，如结合灌水，可使土粒与根系迅速密接，有利于根系生长。

春季深翻。应在解冻后尽早进行，此时地上部尚处于休眠期，根系刚开始活动，生长较缓慢，从土壤水分季节变化规律看，春季土壤化冻后，土质疏松，操作省工。风大干旱缺水和寒冷地区，不宜春翻。

夏季深翻。最好在根系前期生长高峰过后，北方雨季来临前后进行。雨后深翻，可减少灌水，土壤松软，操作省工。但夏季深翻如果伤根过多，易引起落果，故一般结果多的大树不宜在夏季深翻。

冬季深翻。入冬后至土壤上冻前进行，操作时间较长，但要及时盖土以免冻根。北方寒冷地区一般不进行冬翻。

② 培土与掺沙。这种改良土壤的方法在我国南北普遍采用，具有增厚土层、保护根系、增加营养、改良土壤结构等作用。

培土。把土块均匀分布全园，经晾晒打碎，通过耕作把所培的土壤与原来的土壤逐步混合起来；培土量视植株大小、土源、劳力等条件而定，但一次培土不宜太厚，以免影响根系生长。

压土掺沙。北方寒冷地区一般在晚秋初冬进行，可起保温防冻、积雪保墒的作用；压土掺沙后，土壤熟化、沉实，有利于核桃的生长发育。

压土厚度。压土厚度要适宜，过薄起不到压土作用，过厚对核桃生育不利，“沙压黏”或“黏压沙”时一定要薄一些，一般厚度为5～10厘米；压半风化石块可厚些，但不要超过15厘米。

（2）施肥与灌水技术。

① 常用肥料及施肥时期。施肥种类有基肥和追肥两种。基肥一般为经过腐熟的有机肥料，能够在较长时间内持续供给树体生长发育所需要的养分，并能在一定程度上改良土壤性质。追肥以速效性无机肥料为主，根据树体需要，在生长期中施入，以补充基肥的不足。

基肥可在春、秋两季进行，最好在采收后到落叶前施入基肥，此时土温较高，不仅有利于伤根愈合和新根形成与生长，还有利于有机肥料的分解和吸收。追肥一般每年进行2～3次，第1次在核桃开花前或展叶初期进行，以速效氮为主，主要作用是促进开花坐果和新梢生长，追肥量应占全年追肥量的50%。第2次在幼果发育期（6月），仍以速效氮为主，盛果期也可追施氮、磷、钾复合肥料，此期主要作用是促进果实发育，减少落果，促进新梢的生长，提高木质化程度，以及花芽分化，追肥量占全年追肥量的30%。第3次在坚果硬核期（7月），以氮、磷、钾复合肥为主，主要作用是供给核桃仁发育所需的养分，保证坚果充实饱满，此期追肥量占全年追肥量的20%。

② 灌水。

灌水时期。果园的灌溉时期，一要根据土壤含水量，二要根据核桃物候期及需水特点。依物候期的灌溉时期，主要是春季萌芽前后、坐果后及采收后共3次。除物候指标外，还应参考土壤实际含水量来确定灌溉期。一般生长期要求土壤含水量低于60%时灌溉；当超过80%时，则需及时中耕散湿或开沟排水。

常用灌水方法。根据输水方式，果园灌溉可分为地面灌溉、地下灌溉、喷灌和滴灌。目前大部分果园仍采用地面灌溉，干旱山区多数为穴灌或沟灌，少数果园用喷灌、滴灌。

3. 核桃的采收与处理技术

果实采收和采收后处理是实现优质、高效益的重要环节，也是产品增值和进入商品市场的最后一道管理程序。核桃果实采收时期因品种不同、地域不同、用途不同，采收时期有所差别。采收后果实脱青皮，之后的坚果干燥、贮藏、分级、包装等环节处理，是提高坚果商品性状、产品价值和市场竞争力的重要措施。

（1）采收时期。

① 不同产地和品种的采收时期。核桃果实成熟的外部特征：青果皮由绿变黄，部分顶部出现裂纹，或青果皮容易剥离。内部成熟特征：种仁饱满、幼胚成熟、子叶变硬、风味浓香。不同品种的采收期不同，一般认为80%的坚果果柄处已经形成离层，且其中部分果实顶部出现裂缝、青果皮容易剥离时为适宜采收期。

② 核桃果实的成熟期，因品种和产地气候条件不同而异。早熟和晚熟品种之间果实成熟时间可相差10～25天；我国北方地区核桃的成熟期多在8月下旬至9月上旬，南方地区相对早些；同一地区，平原区较山区成熟早，阳坡较阴坡成熟早，干旱年份较多雨年份成熟早。

③ 不同用途品种的采收期。

干制核桃。根据不同采收期种仁内含物变化的测定结果，应在青皮变黄、部分果实出现裂纹、种仁硬化时采收。

鲜食核桃。鲜食核桃是指果实采收后保持青鲜状态时，食用鲜嫩果仁；鲜食核桃应早于干制核桃采收，应在果实青皮开始变黄、种仁含水量较高、口感脆甜时采收。

油用核桃。油用核桃的种仁含油量、坚果出仁率与成熟度密切相关；应选种适宜油用品种，采果期应在果实充分成熟、种仁脂肪含量最高时采收。

（2）采收方法。

① 人工采收法。核桃果实采收方法有人工采收法和机械震动采收法2种。目前，我国普遍采用人工采收法。人工采收法是在核桃成熟时，用带弹性的长木杆或竹竿敲击果实。敲打时应该自上而下，由内向外顺枝进行。如由外向内敲打，容易损伤枝芽，影响来年产量。

② 机械震动采收法。在采收前10～15天喷施500～2 000毫克/

千克的乙烯利溶液催熟，然后，用机械环抱震动树干，将果实震落于地面，可有效促使果实脱除青果皮，大大节省采果及脱青皮的劳动力，也提高了坚果品质。使用乙烯利会引起轻度叶子变黄或少量落叶，属正常反应，但树势衰弱的树会发生大量落叶，故不宜采用。

③ 脱青皮与坚果干燥处理。人工打落采收的核桃，70%以上的坚果带青果皮，故一旦开始采收，务必随采收、随脱青皮、随干燥，这是保证坚果品质优良的重要措施。

果实脱青皮方法有 5 种：一是人工脱皮法。核桃果实采收后，及时用刀或剪刀将青皮剥离，削净果皮。此法人工需求量大，效率低，目前基本不采用此法。二是堆沤脱皮法。收回的青果应及时放到阴凉、通风处，青皮未离皮时，可在阴凉处堆放（切忌在阳光下暴晒），然后按 50 厘米左右的厚度堆成堆。一般堆沤 4～6 天，当青果皮离壳或开裂达到 50%以上时，可用脚轻踩、用棍敲击或用手搓脱皮。三是乙烯利脱皮法。此方法是我国核桃主产区广泛采用的脱青皮方法。果实采收后，在浓度为 3 000～5 000 毫克/千克乙烯利溶液中浸蘸约 30 秒，再按 50 厘米左右的厚度堆在阴凉处或室内，温度维持在 30 摄氏度左右、相对湿度 80%～90%的条件下，经 2～3 天，离皮率达 95%以上。此法不仅时间短、工效高，而且还能显著提高果品质量。四是冻融脱青皮法。采收的核桃剔除病、虫害果后，在－5～－25 摄氏度进行低温冷冻，至青皮冻透，然后升温至 0 摄氏度以上融化，采用机械或人工去除青皮。冻融法快速高效，脱皮率高，壳干净且色浅亮，绿色无污染。五是机械脱青皮法。用机械脱青皮可加一定量的清水，配合清洗工序一并进行。该方法脱青皮快，脱皮率高，没有污染，剥离青皮后的坚果可用清水去除壳表面的青皮残渣。

脱掉青果皮和洗净表面的坚果，应尽快进行干燥处理，以提高坚果的质量和耐贮运能力。坚果干燥方法主要有 3 种：一是晾干法。北方地区秋季天气晴朗、凉爽，多采用此法。漂洗干净的坚果，不能立即放在阳光下暴晒，应先摊放在竹箔或高粱箔上，在避光通风处晾半天左右，待大部分水分蒸发后再摊开晾晒；晾晒过程中要经常翻动，以达到干燥均匀、色泽一致，一般经过10天左右即可晾干。二是烘干法。在多雨潮湿地区，可在干燥室内将核桃摊在架子上，然后在屋内用火炉子烘干，干燥室要通风，炉火不宜过旺，室内温度不宜超过40摄氏度。三是热风干燥法。用鼓风机将干热风吹入干燥箱内，使箱内堆放的核桃快速干燥，鼓入热风的温度应在40摄氏度为宜，温度过高会使核仁内脂肪变质，当时不易发现，贮藏几周后即腐败不能食用。

3.2.3　山楂新建园高效栽培技术

山楂属于蔷薇科，山楂属，广泛分布于亚洲、欧洲、北美洲及南美洲北部。我国是山楂属植物的起源中心之一，分布有18个种1个变种，也叫山里红、红果等，主要分布在我国山西、河南、山东、河北、安徽、陕西、甘肃、内蒙古、黑龙江、吉林、辽宁等地。山楂营养丰富，既可鲜食，又可作为加工原料，还有很高的药用价值，耐低温、耐干旱瘠薄，是一种很好的山区经济树种。山楂树形优美，也可作为园林绿化树种。从20世纪70年代以来，我国山楂生产得到迅速发展，80年代后出现了发展高潮，由过去不被重视的小果类一跃成为我国栽培面积第四位的果树。但随后由于缺乏宏观调控，各地无序发展，导致山楂价格陡降，山楂面积也随之迅速减少。当前我国山楂集中产地为山东、河北、辽宁、河南和山西；2019年，山东山楂面积1.86万公顷，年产量30万吨，其中费县面积0.7公顷，年产量12.4万吨，居山东省第一位。

1. 规划与建园

空气。山楂园址的空气质量，必须符合《中华人民共和国农业行业标准（NY/T391—2000）绿色食品·产地环境条件》中空气环境质量标准要求。

土壤。山楂对土壤要求不严格，山地沙质壤土、平原黏壤土、沙壤土以及冲积、风积和河滩等土壤均可，但以沙壤土为最好，在黏重土壤中生长较差。

水。山楂有较强的抗旱性和一定的耐涝性。年降水量为600～900毫米的地区，一般都可满足山楂生长发育的需要。

光照。山楂是喜光性植物，但也较耐阴。据观察，夏季晴天树冠外围日照5～7小时，树冠内能获得3小时以上的直射光，山楂就可内、外结果良好。

山楂的生命周期长，为了获取最大而稳定的效益，必须在建园之初进行详细规划。规划原则是省工高效，充分利用土地，便于生产管理。园地规划主要包括水利灌溉系统的配置、作业小区的划分、防护林的设置以及道路、房屋的建设等。

作业小区。作业小区的合理划分，应根据地形、方位、面积大小和便于科学管理的原则，灵活掌握。划分一般应满足以下要求：一个作业小区内的土壤、光照等基本条件大体一致。这样不仅有利于防止土壤侵蚀、风害，而且有利于运输和实行机械化作业。一个作业小区不宜跨过分水岭和沟谷。

道路及建筑物。山楂园的道路系统，由主路、干路和支路组成。主路要位置适中，能贯穿全园，便于运送果品和肥料。

防护林。防护林具有降低风速、调节温湿度、减轻风害与冻害、促进山楂树正常生长发育和保持水土的作用。

灌溉系统。山楂园的水利灌溉系统，主要包括灌溉和排水两个方面。

2. 培育壮苗

山楂属植物在我国各地都有分布，各地应采用“就地取材，就地利用”的选砧方法。山楂砧木苗的选用一般应具备以下条件：一是砧木与接穗的亲和力要强。二是砧木必须适应当地的生态条件。

种子苗砧。山楂种子经一个冬季的沙藏，一般并不萌芽，反而出现发芽困难的现象。破壳处理的方法有机械法、硫酸处理法、牛粪石灰堆积法、沤种法、水浸暴晒法、碱水处理暴晒法和早采沙藏法等。最为有效的方法是将早采沙藏法和水浸暴晒法结合起来。

根插育苗。利用山楂根系不定芽易长成苗木的特点，取一定长度的根段，埋于土下，促其生根发芽，即可形成砧木苗。

枝插和沙盘育苗。山楂的有些品种，采用半木质化新梢扦插，生根率较高。与大果型良种亲和力强。与实生砧相比，砧穗嫁接部位愈合好，生长旺盛，结果早。

用于嫁接育苗山楂接穗，应采自于有典型良种特征，且生长发育健壮的中、幼龄树上外围发育充实、芽子饱满、无病虫害的发育枝。嫁接常用的芽接方法，有“T”字形芽接和带木质部芽接。枝接方法，有劈接法、插皮接法和根接法等。山楂枝接最适宜的时期在山东南部大致是清明节前后，日平均气温达到10摄氏度时。芽接最适宜的时间，是砧木和接穗都离皮，而接芽充实又饱满时。一般春、夏、秋均可进行，但最适期为7～8月。选用山楂良种树上的半木质化绿枝，采用特殊的催根、保湿和调温技术嫁接，也可以直接培育出扦插良种苗。

3. 建园

山楂密植栽培，已成为山楂生产发展的趋势。实践证明，山楂合理密植栽培，可以充分利用土地和光能，结果早，进入盛果期所需年限短，高产高效。山楂的密植栽培，习惯将其分为低密度（株行距为4米×5米，亩栽33棵）、中等密度（株行距为3.5米×4米，3米×4米，2.5米×3米，亩栽48～89棵）、高密度（株行距为2米×3米，1.5米×3米，亩栽111～148棵）和超高密度（亩栽150棵以上）。

在绝对低温－25摄氏度以下的地区，山楂苗木定植以春栽为宜。其他地区春栽、秋栽均可，但以秋栽为较好。

先将分级后的苗木，放到清水中浸泡12～24小时，使其充分吸水。栽植前，按照预定的株行距，用石灰标好栽植点。在已整好的土地上，于定植点挖掘宽、长各0.5米、深30厘米左右的穴，将苗木垂直放在中心点上，并注意与各点成行，然后培土。

缺少灌溉条件的地区，栽植山楂树往往成活率低。在这种条件下，对新栽山楂及1～3年生幼树进行地膜覆盖，有助于提高成活率、促进生长发育。

4. 树体结构与整形修剪

合理的山楂园宏观层次应尽量提高光能的利用率，可提高果实品质。光照状况直接影响果实品质，它不但影响果实着色，而且通过对碳水化合物的合成、运输和积累作用的影响，进而影响果实单果重和多项品质指标。因此近20年来，为了提早结果，提高土地和光热资源的利用率，果树栽培由大冠稀植逐步向小冠密植型发展，树形由适合稀植的自然圆头形、扁圆形等向适合密植的小冠疏层形、自然纺锤形、细长纺锤形、壁篱形和开心形等转变。

小冠疏层形：干高一般为50～70厘米，有中心领导干，全树有主枝5～6个，分2～3层。第一层3个主枝邻接或邻近，相距20～40厘米，并在1～2年内选定。主枝基角为60～70度。第二层2个主枝，插第一层主枝的空当。第三层1个主枝。

开心形：开心形树高3米左右，冠径3.5米左右，干高40～50厘米。树干以上分成3～4个势力均衡、与主干延伸线呈30度斜伸的中干。三主枝的基角为30～35度，每主枝上，从基部起培养背后或背斜侧枝1个，作为第一层侧枝，每个主枝上有侧枝6～7个，成层排列，共4～5层，侧枝上着生结果枝组，以中、小枝组为主。该树形骨架牢固，通风透光，适用于生长旺盛直立的品种，但幼树整形期间修剪较重，结果较晚。

纺锤形：纺锤形干高60厘米，有中心干，树高3米左右，冠径2～2.5米。中心干上呈螺旋状直接着生结果枝组（即主枝）8～10个。主枝角度70～80度，枝轴粗度不超过中干的1/2。主枝上不留侧枝，直接着生结果枝组。

小冠疏层形树体发育快，结果早，对土地和光热资源利用高。不同时期的修剪应区别对待各有侧重。

幼树修剪。山楂苗栽植后1～2年内生长量较小，生长势弱，为缓苗期。山楂幼树整形时，定干高度要合理，骨干枝开张角度要大，使树冠内有良好的通风透光条件，以充分利用光热资源和空间，合理利用辅养枝，保持树势中庸健壮。幼树生长前3年以整形为主，目标是尽快形成合理树体结构。一般采用轻短截各级骨干枝的延长枝，疏除竞争枝和背上旺枝，其他枝条缓放不剪。4～5年生树，各级骨干枝除了长势弱和未达到树形结构标准者进行短截外，其他骨干枝缓放不剪。疏除过密枝、竞争枝、背上旺枝，回缩冗长枝，培养结果枝组。

初果树修剪。这一时期的修剪除建造好树形外，还要培养好各种类型的结果枝组，使树体由有一定产量逐渐向盛果期过渡。一般采用以冬季修剪为主，充分利用夏季修剪的方法，调整和培养合理的树体结构，保持结果和树体均衡生长。短截各级骨干枝的延长枝，以保持从属关系和平衡树势。疏剪过密枝、拥挤枝，或回缩改造成大型结果枝，疏剪过密的枝。应用先放后缩和先截后放相结合的方法培养健壮结果枝组。充分利用辅养枝结果，及时疏除无利用价值的辅养枝。

盛果树修剪。此时的修剪主要是继续培养和修整树形，改善叶幕组合，调整露光叶幕表面状况，培养更新结果枝组，力争高产、稳产和优质，延长盛果期年限。应注意改善通风透光条件，对树冠外围新枝进行短剪，加强营养枝生长。回缩修剪复壮结果枝组。剪除过密枝、重叠枝、交叉枝、病虫枝。大枝先端下垂，可轻度回缩，选留侧向或斜上分枝为带头枝。结果枝修剪应剪弱、留强，去细、留壮，以调整枝组密度。短截枝组内的强壮枝，作预备枝，以防出现大小年现象。注意合理利用徒长枝，可通过短截及夏季摘心，将徒长枝培养成结果枝组。对结果枝组，去上留下，去弱留强，去中心留左右。对扁平枝组见弱回缩。保持枝组有高有低，波浪延伸。防止内膛光秃的措施应依据疏、缩、截相结合的原则进行改造和更新复壮，疏去轮生骨干枝和外围密生大枝及竞争枝、徒长枝、病虫枝、缩剪衰弱的主侧枝，选留适当部位的芽进行小更新，培养健壮枝组。利用弱枝重截复壮和在光秃部位芽上刻伤增枝的方法进行改造。

衰老树修剪。这个时期首先对于外围枝生长势减弱、小枝干枯严重、外围枝条下垂、出现自然更新现象、产量显著下降的衰老树，及时疏除病虫枯枝、密集无效枝，回缩外围枯梢枝（回缩至有生长能力的部位），促其萌发新枝。其次，充分利用一切可利用的徒长枝，尽快恢复树势。

5. 土肥水管理

土壤可采取覆盖或生草技术，降低管理成本，提高土壤含水量，节省灌溉开支，增加产量，改善土壤结构，提高土壤肥力，促进土壤微生物活动。覆盖以覆草和覆膜为主，覆草前，应先浇足水，按10～15千克/亩的数量施用尿素，以满足微生物分解有机质时对氮的需要。覆草一年四季均可，以春、夏季最好。覆膜前必须先追足肥料，地面必须先整细、整平。覆膜时期，在干旱、寒冷、多风地区以早春（3月中下旬至4月上旬）土壤解冻后覆盖为宜。

河滩、海滩或池塘、水坝旁的果园最好在麦收后覆草。在覆盖前要用杀虫剂、杀菌剂喷洒地面和覆盖物。注意及时排水，排水不良的地块不宜覆草，以免加重涝害。覆草应连年进行，以保持表层土壤稳定的生态环境，有利于保护和充分利用表层功能根群。覆草或秸秆的果园应在其上面压土，能有效地预防火灾、防止覆草和秸秆被大风吹跑。覆草或秸秆的果园鼠害相对较重，应于春天和初秋在果园中均匀定点放置灭鼠药灭鼠。聚丙烯、聚乙烯地膜在田间残留几十年不降解，会造成土壤板结、通透性变差、地力下降，严重影响作物的生长发育和产量，因此，应优先选用可降解地膜，残破地膜一定要拣拾干净集中处理。

山楂园生草的草种以鼠茅草、黑麦草、白三叶草、紫花苜蓿等为好。播前应细致整地，清除园内杂草，每亩撒施磷肥50千克，翻耕土壤，深度20～25厘米，翻后整平地面，灌水补墒。为减少杂草的干扰，最好在播种前半月灌水1次，诱发杂草种子萌发出土，除去杂草后再播种。播种时间春、夏、秋季均可，出苗后应及时清除杂草，查苗补苗。生草初期应注意加强水肥管理，干旱时及时灌水补墒，并可结合灌水补施少量氮肥。果园生草成坪后可保持3～6年，生草应适时刈割，既可以缓和春季和果树争肥水的矛盾，又可增加年内草的产量，增加土壤有机质的含量。

6. 病虫害综合防治

果园病虫害防控要积极贯彻“预防为主，综合防治”的植保方针。综合防治方法包括植物检疫、农业措施防治、物理防治、生物防治、化学防治等。正确选用农药，禁止使用剧毒、高毒、高残留农药和致畸、致癌、致突变农药，适时用药。化学防治应在病虫害初发阶段或尚未蔓延流行之前进行。

7. 采收和贮藏加工

人工采收前应准备好采果篮、果筐（箱）、蒲包、塑料袋及必要的人力、采果器械等。确定采收时期主要依据果实成熟度、果品用途和市场供求等情况。各地具体的采收时期，因品种、气候等差异而不同。采收后进行分级。①一级果。果个较大，每千克不超过120个，果形整齐、果面全红、无锈斑、无虫孔、无机械伤。可用作较长时间的运输、贮藏或加工制罐头、果脯、糖葫芦等。②二级果。果个较大，每千克不超过120个，果面有少量锈斑，果面全红、果形整齐、无虫孔，可有轻微机械伤，但不超过10%。可用作一般加工或及时进入市场鲜销。③三级果。果个稍小，每千克不超过160个，果面基本全红，果形及锈斑不限，无虫孔，虽有机械损伤，但不变形，无破碎和腐烂果，可用于立即加工取汁、制酱或干制，不能久存和贮运。

当前山楂果品的贮藏保鲜方法主要为简易半地下或地下窖贮藏、冷库贮藏和气调贮藏。

3.2.4　桃现代省力化栽培技术

该技术的要点为宽行密植、起垄覆盖、高光效树形、轻简化修剪、果实套袋、果园生草、病虫害综合防控。

1. 园地选择

我国桃树适宜种植地区以冬季绝对低温不低于－25 摄氏度的地带为北界，冬季平均温度低于 7.2 摄氏度天数在 1 个月以上的地带为南界，且日照时数≥1 200 小时。山东省所有地市均适宜种植桃树。平原地应选择地势平坦、土层深厚肥沃、供水充足、地下水位低于 1 米的地块为宜。山坡地坡度不超过 20 度角，有土层覆盖的南向山坡为宜。河道两边的地块易遭受冻害，不适合露天栽培，可发展保护地桃园。桃树耐旱忌涝，根系好氧，适宜在土壤质地疏松、透气性良好、排水畅通的壤土建园。地下水位高的地块不宜栽桃，如确实需要栽植，应起 50 厘米以上的高垄，并开挖排水沟。桃树对重茬反应敏感，往往表现出生长势弱、结果后树体流胶、寿命短、产量低，或生长几年后突然死亡等，因而尽可能避免在重茬地建园，如确实需要栽植，应选用抗重茬砧木建园，避开原定植点，在行间错位种植。

2. 定植建园

高光效果园应选择主干形、Y 形、小角度开心形整形修剪方式，依照宽行密植原则，主干形种植密度可选择（1.5～2.0）米×（4～4.5）米，Y 形种植密度可选择（2.0～2.5）米×（4.5～5）米，小角度开心形种植密度可选择（3.5～4.0）米×（4.5～6）米。由于桃树不耐涝，应选择起垄栽培的方式，根据地形和地下水位情况，起垄高度 30～50 厘米，垄面宽 1.5～2 米，呈梯形。一般要求深度和直径为 50～60 厘米，水浇条件好的地方可以秋挖春栽，干旱缺水地区边挖边栽。栽植桃树前，先将挖出的土与基肥混合后填入，边填边踏实。填土离地面约 30 厘米时，将填土堆成馒头形，踏实，覆一层底土，使根系不直接与肥料接触受到伤害。填土后有条件者可在栽树前先浇一遍水。选择健壮苗木建园，剔除弱苗、病苗，剪除根蘖及折伤的枝、根、死枝枯桩等。定植前苗木根部用 K84 生物菌剂蘸根预防根瘤病。苗木应分级栽植，便于管理。定植的深度通常以苗木上的土壤痕迹与地面相平为准，并以此标准调整填土深浅。栽植深浅调整好以后，苗木放入穴内，将根系舒展，向四周均匀分布，不使根系相互交叉盘结，并将苗木扶直，左右对准，使其纵横成行，嫁接口朝南，然后填土，边填边踏边提苗，以使根系与土接触紧实。填土至地平，做畦，浇水。每周浇水一次，连续浇三次，盖上地膜保湿防草，确保苗木成活。

3. 土壤管理

桃树秋施基肥比春施基肥有很多优点。秋施基肥后，当时土温还较高，因而肥料分解快，加之秋季正是桃树根系进入第三次生长高峰时期，吸收根数量多，且伤根容易愈合，肥料施用后，容易被根系吸收利用，从而提高秋季叶片的光合效能，制造大量的有机物贮藏于树体内，对来年桃树生长及开花结果十分有利。秋施基肥的时间以 8 月下旬至 9 月下旬为宜，肥料的种类以有机肥为主，包括农家肥、微生物有机肥、豆饼等，配合部分化肥（全年化肥用量的 1/3），一般农家肥的施肥量每亩用 3 吨以上。施用方法一般为条沟法，在行间或株间开沟，沟的深度与宽度一般为 40～50 厘米，长度根据肥料数量确定。需要注意的是，有机肥一定要腐熟好。可使用开沟机施肥以提高效率，节省人工。一年中施肥次数、施肥种类、施肥时期应根据桃品种差异、树势、产量等情况灵活掌握。一般中早熟品种硬核期和果实膨大期分 2 次施入，施用量分别占全年总施用量的 40%和 60%；中晚熟品种可在硬核期、花芽生理分化期、果实膨大期分 3 次施入，分配比例分别为 40%、20%和 40%。追肥可采用放射沟法或全树盘撒施后浅刨覆盖法、喷施法。袋控缓释肥是根据果树个体较大的特点，改变一般控释肥颗粒包膜的设计思路，利用微孔控释袋包装达到控制肥料释放目的的新型肥料。秋季结合施基肥或春季桃萌芽前后进行，一年只需要施用一次。采用放射沟法施用，即距树干 30 厘米向外挖宽 20～30 厘米、深 20～30 厘米、长 100～150 厘米的放射沟，10 年生以下树挖 3～4 条，10 年生以上树挖 5～6 条，放射沟的位置每年交替进行。亩产量水平在1 500千克以下的，每亩（1亩）施450包（每包95克，20%含氮量，N∶P_2O_5∶K_2O=2∶1∶2，下同）；亩产量水平在1 500～2 500千克的，每亩施500～700包；亩产量水平在2 500～4 500千克的，每亩施700～1 200包；产量水平在4 500千克以上的，每亩施1 000～1 500包。沙滩地果园适当多施20%左右，土壤肥沃的果园适当减少20%施肥量。提倡在放射沟内同时施用有机肥，包括农家肥、生物有机肥（每亩300千克左右），施肥时首先在沟底撒入部分有机肥，然后放入袋控肥，在袋控肥上面再撒上一层有机肥，最后覆土。

桃园生草能够抑制桃园杂草生长、保持桃园水土、增加土壤有机质和肥力、有利于果树病虫害的综合防治、促进果树生长发育、提高果实品质和产量，是改善桃树生长环境的有效措施。适宜在桃园种植的草有毛叶苕子、鼠茅草、黑麦、早熟禾、三叶草等。桃园生草的最佳播种时间为春、秋两季。春播为4月初至5月中旬，秋播为8月中旬至9月中旬。根据草种的生长特点合理选择播种时间。播种时间根据自然条件、土壤条件、播种方式、利用目的及种子本身的纯净度和发芽率的高低略有差异。土壤贫瘠、降雨量少的地方，播种量宜大；条播时小，撒播时宜大；盐碱地应适当增加播种量。播种量的简便计算公式为：实际播种量（千克/公顷）=种子用价为100%的播量/种子用价；种子用价=种子发芽率（%）×种子净度（%）。播种前要晒种2～3天，以打破休眠，提高发芽率和幼苗整齐度。在从未种过豆科草种的土地上播种时，最好接种根瘤菌以提高发芽率，方法为：每千克种子用8～10克菌剂制成菌液洒在种子上，充分搅拌，随拌随播。经根瘤菌拌种的种子应避免阳光直射；避免与农药、化肥、生石灰等接触；接种后的种子如不马上播种，3个月后应重新接种。对于硬实度较高的种子（如白三叶），播种前要用机械方法擦伤种皮，或用浓硫酸浸泡腐蚀种皮等方法，种子进行处理后再播。浓硫酸浸泡方法为：浸泡20～30分钟，捞出用清水冲洗干净，晾干播种。播种前将土壤深翻25～30厘米，再将地块整平整细，使土壤颗粒细匀，孔隙度适宜。当前生产上，桃园生草的播种方式主要有条播与撒播。作为浅丘地区这两种方式都可采用。条播时行距以15～30厘米为宜，播带宽3厘米。撒播时，最好先按细沙∶种子＝1∶1混匀后再进行撒播，然后轻耙覆土镇压。草种播种深度以0.5～1.5厘米为宜，既要保证种子接触到潮湿土壤，又要保证子叶能破土出苗。沙质土壤宜深，黏土宜浅；土壤墒情差的宜深，墒情好的宜浅；春季宜深，夏、秋季宜浅。浅丘季节性干旱地区可以采取深开沟、浅覆土的办法播种。

牧草出苗时和刈割后，合理施肥有利于促进生长发育，使其尽早成坪。施肥时，以磷、钾肥为主，氮肥为辅。一年施1～2次，全年每亩肥料用量：过磷酸钙20～25千克、氯化钾10～15千克、尿素5～8千克。适时刈割，可增加年内草的产量，增加桃园土壤有机质含量。生草最初几个月，不要刈割，生草当年最多刈割1～2次，以后每年刈割2～4次。刈割要注意留茬高度，原则是不影响桃树生长，有利于再生，切记不要齐地面平切，一般以5～10厘米为宜，刈割下的草覆盖于树盘上。对全园生草的桃园，刈割时较麻烦，且费工费力，可采用割草机刈割，或每亩喷洒克无踪20%水剂100毫升（600～1 000倍液）代替刈割。克无踪属触杀性除草剂，遇土钝化失效，无残留，耐雨水冲刷，用后半小时内无雨即可达到良好效果。生草5～7年后，牧草会逐渐老化，应及时翻压，使地空闲1～2年后，重新播种。

4. 水分管理

桃树在以下几个生育期对水分供应比较敏感，若墒情不够，应及时灌溉。萌芽期至花前期。此时缺水易引起花芽分化不正常，开花不整齐，坐果率降低，直接影响当年产量。此期可灌一次足水，水量以能渗透地面深度达80厘米左右为宜，尤其是北方，由于经常出现春旱天气，所以必须灌足水，以促进萌芽开花、提高坐果率。硬核期是新梢快速生长期及果实的第一次迅速生长期，需水量多且对缺水极为敏感，因此必须保证水供给，灌水量以湿润土层50厘米为宜，而南方地区正值雨季，可根据实际情况确定。果实膨大期正值果实生长的第二次高峰期，果实体积的2/3是在此期生长的，如果此时不能满足桃树对水分的需求，会严重影响果实的生长，导致果个变小，品质下降；如果水分供应充足，有利于果实的生长，增大果个又提高品质。在果实发育中后期应注意均匀灌水，特别是油桃园，应保持土壤良好、稳定的墒情，如在久旱后突灌大水易引起裂果。果实采收后应根据土壤墒情适当灌一次水，可延缓叶片脱落，利于花芽分化和树势恢复。结合晚秋施基肥后灌一次透水，以促进根系生长。北方地区一般在封冻前灌一次封冻水，以保持严冬季节蓄积充足水分；若冬季（封冻前）雨雪多时可以不冬灌。灌溉可沟灌、树盘浇水、喷灌、滴灌、微喷灌等，具体方法可根据当地的经济条件、水源情况、水利设施条件以及地形等综合考虑。推荐使用滴灌或微喷灌等管道灌溉法，这种方法节约用水，对地形地貌要求不高，方便控制灌溉区域行间杂草滋生，降低局部空气湿度，减轻病虫害发生，灌溉区域大，方便控制，省工省水。

5. 整形修剪

高光效桃园推荐采用Y形、主干形、小角度开心形。Y形一般树高3.5米，干高60～80厘米，全树只有两个主枝，向行间伸展，配置在相反的位置上。在距地面60～80厘米处留第一个主枝，在第一主枝上部20～40厘米处培养第二个主枝，方向与第一个主枝相反。山东地区两主枝的夹角应定为60度，随着生长逐渐增加到70度，不要超过75度，在主枝的左右两侧每隔20～30厘米交替分布结果枝组，不留对生枝组。主干形树高2.5～3.5米，干高60厘米。留一个直立中心干，在中心干上螺旋分布结果枝组。结果枝组之间的距离是20～30厘米，不留对生枝组。小角度开心形树高3.0～4.0米，干高60厘米。留3～4个主枝，主枝与树中央的角度即开张角度为20度，在主枝上分布结果枝组，结果枝组之间的距离是20～30厘米，不留对生枝组。

果树夏季修剪以整形为主，结果期树以调整树势为主，全年2～3次。第一次夏季修剪主要是抹芽，在4月下旬至5月上旬，可与疏果同时进行。抹除剪锯口附近、主干上发出的无用枝芽、背上芽、抹双芽、留单芽。第二次夏季修剪在 6～7 月，在新梢迅速生长期进行，此次调整主、侧枝的生长势，控制过旺生长，根据需要进行摘心，促发二次枝和三次枝形成较中庸的中短果枝，疏除背上竞争枝和旺枝。第三次夏季修剪在 7 月底至 8 月上旬，疏除过密的二、三次梢，剪去未停止生长的长枝的不成熟部分，对于角度小的骨干枝进行拉枝。幼年期树体上除骨干枝外不留多余大枝，避免后期修剪造成大伤口。结果期树体以长梢修剪为主，不短截或根据需要进行短截，以缓和树体生长势。

主干形桃树冬季实行长枝修剪。首先疏除病虫枝、竞争枝和背上旺枝。对中央领导干不短截，夏剪时已选留的主枝，如果生长势适宜，缓放不动。疏除或重截（留基部 2 芽）无花枝和衰老枝，对于结果枝一律甩放不剪，留其结果。主枝上不留侧枝和大型枝组，让其单轴延伸，结果枝及结果枝组直接着生在主枝上，枝组间距 15～20 厘米，两侧多，背后少，背上小，互不干扰。结果枝不超过 50 厘米一般长放不截，果实多结在果枝的中下部。结果后枝条下垂，背上冒出壮枝，冬剪时回缩更新。

6. 花果管理

疏花一般在蕾期和初花期进行，越早越好。主要针对坐果率高的品种，人工疏去畸形花、弱小花、朝天花、无叶花、丛花，留双花或者单花。疏除基部花，留中部花。一般长果枝留 5～6 朵花，中果枝留 3～4 朵花，短果枝和花束状果枝留 2～3 朵花。疏花量约为总花量的 1/3。

在幼果生理落果期后进行疏果。疏除畸形果、萎黄果、病虫果、无叶果以及并生果等。根据产量目标合理安排留果量，一般长果枝留 3～4 个果，中果枝留 2～3 个果，短果枝留 1 个果。

套袋在疏果后进行，主要在蛀果害虫进果以前完成。套袋前对全园喷一次杀虫杀菌剂，杀死果实上的虫卵和病菌。一般在 5 月中下旬套袋。套袋应在早上露水干后进行。应按照由上而下、由内向外的原则进行，不可将叶片套入袋内。着色品种可以选用白色或浅黄色的单层纸袋，采前不需撕袋，果实采收时将果袋一并摘下；对着色较深的品种以及晚熟品种，可以套用深色的单层或者双层纸袋，果实成熟前7～10天撕袋促进果实着色，采前将果袋去掉；可使用套黑色果袋生产纯白色或纯黄色果品。

7. 病虫防控

冬季全园清园消毒。刮粗皮、剪除病虫枝叶果集中烧毁，树体主干全部用石灰水涂白。深秋季节土壤翻耕，越冬季节晾晒有利于杀灭地下越冬病菌和害虫。萌芽前喷施3～5波美度石硫合剂药剂消毒。有少量流胶现象发生时刮除胶体后涂抹石硫合剂或生石灰等进行保护。避免多效唑使用不当或过量。

3.2.5 脆枣高效栽培技术

1. 枣标准化建园

根据枣园立地条件、规模等将枣园划分为多个功能区域，包括不同生产区、生活区等，便于果园管理、机械化作业和运输。费县多为山地丘陵，建园时面积可小一些，据地形水平划分小区，长边与等高线平行，以利保持水土。依托地形，因地制宜，设置供工作人员和小型车辆进行田间作业的通道，宽度1～4米不等，同时还要考虑能够连接枣园库房和各个作业小区的通道，以方便运输肥料、农药、产品、器材等物资。费县年降雨量800毫米左右，主要集中在七、八月，山地枣园多为梯田，因此中间要设置泄洪沟，防止雨水过大冲毁枣园。而春天经常发生干旱，因而也需注意蓄水灌溉或者覆膜防旱。

一般株距1～3米，行距2～4米，依地势走向，栽后4～6年，进入盛果期。密植园枣树树高一般控制在1.6～2.4米，略小于行距。密植园要注意以下事项：通过冬季整形修剪控制树体大小，枝叶密度，生长期间适时地疏芽、摘心控长，达到有枝就有果。株行距（1～1.5）米×2.0米的高密栽种方式，采用纺锤形，树高控制在1.8米左右，枝系密度依靠严格的整形修剪、疏芽、摘心控长进行调控。

设施避雨栽培搭建比较简单，不必在园区建设之初就进行建设，可在枣树开始形成产量之初，通过竹木、塑钢、水泥等搭建防雨棚，目的是防雨、防裂果，是设施栽培中最简单实用的方法。促成栽培可使果实成熟提前1～2个月，近年在费县已有小规模生产，有双膜冷棚、单膜棉被棚。

2. 苗木定植技术

苗木定植前，首先要对园内的土壤进行改良。园内施用有机肥，平均每亩施用1 000千克，深翻，提高园区整体土壤有机质含量。有条件的地方，还可用粉碎或铡碎的玉米秸、稻草、杂草作为土壤改良剂。栽培的品种要纯正，不能品种混杂。苗体粗壮，株高1.0米以上，距地面10厘米的苗干直径大于1.0厘米，定干剪口以下2.0厘米的整形带内有4～5条粗壮的二次枝，芽体大而完整。根系发达，有直径3毫米以上的粗根4条以上，直径2毫米以上木质化根的长度，多数在20～30厘米或以上。形体完好，苗干、苗根没有破皮、折裂伤口，枝皮不干皱，浅层木质部呈浅绿色，质地柔软不僵硬，剪口削面色泽呈亮白色，没有灰褐色或黑色腐死症状。无携带枣疯病、桃小食心虫、龟甲蚧、梨圆蚧等检疫病虫。

苗木如若不能马上栽植，需先进行假植处理。苗木起苗后接着栽种，或者保湿包装良好，苗根和地上部失水较少，保持鲜活状态，栽前无须作格外处理，即可栽种。如运输时间长，包装不够严格，苗根和地上部有轻度失水现象，为提高栽种成活率，应将苗根用水浸泡1天后，再在百万分之五十浓度的ABT生根粉1号水溶液中浸渍1小时，然后栽种。

秋栽限于11月上中旬至12月初，土壤封冻前的短暂时间。秋栽后枣苗长时间处于冬季严寒、干燥、多风的环境中，由于苗根弱小，土壤封冻，吸水能力差，供不上地上部蒸发，容易引起枝干失水抽干，因而要注意培土防寒保墒。春季土壤开冻后至枣苗发芽前，此时只要注意填实穴土，灌足穴水，盖膜保墒，则枣苗易成活。

栽苗时，将苗置于穴（沟）中心，扶正，然后将剩余的表土填放在根际，将苗轻微上提，调整栽植深度后，再将填土仔细踏实，务必使填土与苗根密接，不留孔洞，使苗根处在较肥沃的表土中，容易恢复生长，最后将剩余的心土填在表土的上面和周边。栽种过深，缓苗期长，生长不旺；栽种过浅，枣苗容易歪倒、受旱。

3. 高效栽培技术

（1）枣树整形技术。整形是把枣树修剪成一定的形状。修剪是在整形的基础上，根据枝条生长特点进行短截、回缩、疏枝等园艺措施来调节枣树生长与结果、衰老与更新、树体与器官之间的关系。整形在树体结构形成之前进行，修建则贯穿枣树的生长始终。

根据枣树喜光性强的特点，目前生产中主要采用自由纺锤形。该树形树冠细小，整形容易，成形较快，受光好，前期产量上升快，便于管理。树高 2 米左右，主干直立，干高 30 厘米，相邻两主枝之间的距离为 30 厘米左右。主枝的基角为 80～90 度，主枝上不再培养侧枝，而是直接着生小型结果枝组。

（2）花果管理技术。

花期管理。枣树的花期管理是根据枣树花期生长特点，及时采取必要的措施，提高坐果率，促进枣树的丰产稳产。

花芽分化。枣树花芽分化不同于一般的果树，其主要特点是当年分化当年开放，分化速度快，单花分化期短，而全树分化期长。枣树的一个单花分化期仅 8 天左右，一个花序分化期 6～20 天，一条结果枝的分化期持续 1 个月左右，一株树的花芽分化期长达 2～3 个月之久。但成龄结果大树的结果枝绝大部分由多年生的结果母枝抽生，这类枝的花芽分化期比较整齐集中，从发芽展叶后开始，到盛花期末前结束，历时 40 多天。

枣花开放，以幼树最早，衰老树最晚，二者相差达 8～10 天。

同一株树上，树冠外围开放最早，渐及树冠内部。多年生枣股上的花最早开放，当年生枣股上的花最迟开放。枣花开放，受光照影响较小，受气温影响大，并且要求较高的温度，日平均温度达到 18～20 摄氏度时开始开花，达到 20 摄氏度以上进入盛花期，连日高温会加快开放，缩短花期。短时间的降雨，会延缓花朵开放，引起花量骤然下降，开花进程不整齐。高温对枣花开放和坐果没有直接的不良影响，日平均温度 33 摄氏度以上，最高气温达 37～40 摄氏度时开放的花朵还能坐果，但高温时干旱会抑制花粉发芽，影响坐果。花朵开放后 5～6 天，受精坐果期要求日平均温度 21～25 摄氏度或以上，枣花单花寿命短，有效授粉期也短，在开花当天授粉的坐果率最高，随开花时间延长坐果率大幅度下降。低温、干旱、多风及阴雨连绵的天气均不利于授粉。

枣花坐果需要 3 个条件，缺一不可。一是树体良好的营养状况；二是授粉受精，产生内源激素或人工喷施外源激素，刺激子房生长发育；三是有良好的气候、土壤等环境条件。为提高坐果率，需要对发育枝摘心、短截。一般只进行 1 次摘心，对不作骨干枝延长枝和大枝组延长枝的发育枝，按照所在部位空间大小，留 2～4 条基枝摘心或短截。在气温能满足所栽品种花朵坐果要求的前提下，环剥时间尽可能掌握在盛花初期，以获得个大质优的产品。如果盛花初期的气温较低，达不到所栽品种花朵坐果要求的温度，则需要把环剥时间推迟到温度升高的时间，放弃高质量的头蓬果，以稳定产量。环剥部位：枣树环剥都在树干上进行。一是树干是维持树冠和树根有机营养运输的唯一通道，环剥一处，效应遍及全树各个部位；二是树干部位低，干径粗，韧皮厚，操作方便，而且伤口容易愈合。幼树环剥可距地面 25 厘米左右，以后每年上移 3～5 厘米，直到接近第一主枝时，再从下而上重复进行。环剥宽度以环剥后 25～40 天环剥口能完全愈合为宜，应根据树龄、树势灵活掌握。一般树势中等的成龄树剥宽 5～7 毫米，偏强的树剥宽 7～8 毫米，幼龄树和树势偏弱的成龄树剥宽 3～4 毫米为宜。环剥口不宜过窄或过宽。过窄愈合过早，幼果尚未进入硬核期，会发生严重落果；

过宽愈合过迟或不能完全愈合，会过重地削弱树势，造成树体衰弱，果小质劣，引起叶片早落甚至死树。如出现伤口逾期没有完全愈合，应用湿泥将伤口抹平，并包裹地膜保湿，促进愈合。

花期喷赤霉素是促进枣花稳定坐果的重要措施。自然条件下，枣花授粉受精后，胚胎组织细胞能产生内源赤霉素，刺激子房、蜜盘细胞分裂发育，形成幼果。在环境条件不利于枣花粉发芽，不能完成授粉受精过程时，对枣花涂抹或喷施赤霉素，同样可以刺激子房、蜜盘发育成幼果，起到促进枣花坐果的作用。喷赤霉素能使枣品种花朵坐果适应的温度底限下降2摄氏度左右，对温度的适应性提高，促使枣花更加稳定地坐果。赤霉素使用时间以盛花初期最为有利，一般在全树多数结果枝开花5～8朵时，喷布1次便能使坐果量达到丰产要求。

枣树花期对土壤水分十分敏感，费县枣花期正值炎热的旱季，遇到旱情，会出现卷叶、焦花、焦蕾等现象，严重影响坐果。花期干旱即使进行环剥，喷施赤霉素，也不能稳定地坐果。枣花期喷水的目的是提高空气湿度，缓解低湿干燥对枣花粉发芽的抑制作用。枣花粉发芽需要高湿的环境条件，空气湿度以70%～100%为好。

在一般情况下，枣花需要授粉才能结果，很多品种对授粉品种不仅没有严格要求，甚至品种内授粉也能良好坐果，而且在花期饲放蜜蜂，增加授粉媒介，可以提高坐果率。蜂箱应均匀分布在枣园或枣行中间，间距以小于300米为宜，最大不宜超过700～1 000米。

枣树花量非常大，应科学地确定合理负载量，及时疏花疏果。留果标准一般是强壮树平均每枣吊留1～2个果，中庸树平均每枣吊留1个果，弱树平均每2个枣吊留1个果。保持枣树强健的树势，防止因过量消耗养分，造成树体衰弱、抗病虫能力下降。

（3）地下管理技术。枣树虽然耐旱、耐瘠薄、适应性强，但要使枣树优质、丰产、稳产，就必须进行科学的地下管理，根据枣树根系生长发育特点，进行土壤深翻改良、科学施肥、适时灌溉等。

基肥是全年施肥的主体，必须重视，以使整个生长期有良好的供肥状态。一般可在秋季落叶后或在春季化冻后至发芽前施用。

基肥的施用量一般根据树龄的大小来确定。1～3年生树，每年每株用圈肥10～20千克；4～8年生的幼龄结果树，每年每株用圈肥20～50千克；8～15年生的结果树，施肥量标准为每100千克鲜果产量，全年施用纯氮1.6～2.0千克、磷0.9～1.2千克、钾1.3～1.6千克。其中，有机肥应占1/5～1/3。用此肥量，树体抽生的发育枝量不足或过多，树势有变弱或过旺的趋势，可在第二年适当增加或减少20%～30%。盛果期树的基肥施用量为全年氮肥、钾肥用量的1/2，磷肥用量的全部。施肥方法与4～8年生幼龄结果树相同。

使用袋控缓释肥作为基肥使用。肥料经袋控缓释处理的土壤有效养分浓度稳定，而经散施处理的土壤养分浓度波动大。山东农业大学彭福田教授研究表明：在冬枣上施用10袋/株（1 615克/米^2）纯氮时，袋控缓释处理氮素利用率约为一次性散施处理的218倍，约为分次散施处理的115倍；养分稳定供应，冬枣植株生长健壮，能有效克服肥料散施导致短期内土壤有效氮水平过高，刺激枣头大量萌发造成营养竞争的问题；同一施肥水平，袋控缓释处理植株的叶片叶绿素含量与净光合速率值高且稳定，产量与果实品质均显著提高。袋控缓释肥的生产成本低，利于大面积推广应用。

幼龄结果期和盛果期的枣树全年追肥2～3次。第一次追肥在5月上、中旬结果枝开始旺盛生长、分化花芽的时候进行，可促进结果枝延长和加粗生产，增加叶数，促进叶片增大且肥厚，花量多，花蕾大，花质高。幼龄结果树每株施尿素0.15～0.25千克，盛果期树每株施全年氮肥用量的1/4。第二次追肥在盛花期后（南方在6月上、中旬，北方在6月下旬至7月上旬）施用，可提高叶片光合性能，促进幼果和根系生长，减轻果实生长前期（花后至硬核前）生理落果。

叶面喷肥对提高枣树叶片光合作用和结果能力有明显效果，还可避免磷、硼等矿质元素在土壤施肥时易被土壤固定而缺乏的问题，是简便有效地弥补土壤施肥不足的追肥方法。叶面喷肥肥效快捷，喷后2～4小时，即开始被叶吸收产生肥效。但是，叶片喷肥的肥效期较短，仅在几天内有效。因而，只能作为树体关键生长发育期增补施肥的方法，而不能替代土壤施肥。

（4）灌溉。灌溉是保证枣树高产稳产不可缺少的栽培管理措施，必须重视枣树重要生长时期的灌溉和排水工作。枣树生长结果最佳的土壤含水量为田间最大持水量的60%～70%，相当于黏壤土含水量的16%～20%，沙壤土含水量的14%～18%。土壤水分不足，营养生长减弱，坐果不良。在壤质土上多数品种花期土壤含水量低于12%则很少坐果，土壤含水量降到3.1%～4.2%，全树叶片就会萎蔫。灌溉一般配合施肥进行，遇到旱情再单独灌溉。枣树是比较耐涝的果树，但也要注意及时排水，以免因根部长期供氧不足而死亡。

3.2.6 甜樱桃矮化丛枝形栽培技术

甜樱桃矮化丛枝形栽培技术是在西班牙丛枝形和KGB树形的基础上，根据山东省的气候条件，采用矮化砧木、起垄栽培，利用矮化砧木易成花、耐肥水的特点，通过多个直立分枝分散树势、降低树高等措施改良而来，具有省工、省力、技术简单、丰产优质的优点，在山东临沂地区可实现三年成形，四年丰产，具有较大的推广应用价值。甜樱桃矮化丛枝形栽培技术旨在控制甜樱桃树的生长，使其适应性更强，并提高果树产量和品质。甜樱桃矮化丛枝形修剪技术适用于各种甜樱桃品种，尤其是高产品种。也可以应用于不同的栽培形式，包括露地栽培和温室栽培。此外，该技术在不同的土壤和气候条件下都具有良好的适应性。

1. 甜樱桃矮化丛枝形栽培技术的主要优点

（1）提高果实产量。甜樱桃矮化丛枝形修剪技术能够有效控制树的生长力，促进花芽分化和花芽的形成。通过合理修剪和调整枝条的分布，增加樱桃树上花芽的数量，从而提高果实的产量。

（2）改善果实品质。丛枝形修剪可以提高果实的透光性和空气流通性，有利于果实的生长和发育。果实在阳光充足的环境下生长，色泽更鲜艳，口感更好。此外，丛枝形修剪还可以减少果实间的竞争，改善果实的大小和均匀度。

（3）方便管理和采摘。由于甜樱桃树的高度得到有效控制，使得树上的枝条较短，方便管理和采摘。修剪后的树形紧凑，便于管理人员进一步进行病虫害防治和施肥管理。

（4）延长果树寿命。甜樱桃树通过丛枝形修剪得到合理的分枝，能够提高树体的强度和抗风能力，减少树势的争夺。同时，丛枝形修剪也有利于树体和主干的均匀生长，减小树木老化和死亡的可能性。

2. 甜樱桃矮化丛枝形栽培技术的主要缺点

（1）修剪技术要求高。甜樱桃矮化丛枝形修剪技术需要对果树生长规律和修剪技术有一定的了解和掌握，如果修剪不当，可能会影响果树的生长和果实的产量。

（2）需要定期修剪。为了保持甜樱桃树的丛枝形态，需要定期进行修剪和调整。一旦停止修剪，树体容易过于茂盛，影响果实的产量和品质。

（3）枝条密集。丛枝形修剪会导致甜樱桃树的枝条较为密集，容易影响枝条之间的光照和通风条件，增加果实之间的竞争。

3. 甜樱桃矮化丛枝形栽培技术管理要点

定植及第一年管理。选择优质壮苗建园，苗木应选择40厘米以下具有饱满芽点的矮化砧木苗，忌用徒长苗，砧木品种可选用吉塞拉5号、吉塞拉6号、Y1砧木，但品种搭配需注意，强旺品种如红灯、美早等应选择吉塞拉5号砧木，弱势品种如桑提娜、红蜜等应选择Y1砧木，其他品种选择吉塞拉6号即可。起垄栽培，垄宽0.8～1.2米，垄高20～30厘米，株行距为2米×（4～4.5）米，如采用设施栽培行距可缩短到3.5米，但宽行距利于机械操作。

第一年定干40厘米，抹除20厘米以下芽点，定干部位抹封口胶，防止抽干顶部芽点和夏季流胶。第一年可抽生 3～6 个新枝，加强肥水管理，如 6 月雨季来临前新枝长度达到 60 厘米以上，可对新枝进行短截处理，留 10 厘米促生新枝，同时抹除背上芽，防止生成徒长枝；如不能达到 60 厘米，则不进行夏剪。肥水管理应以复合肥和氮肥为主，促进树体生长。

第二年管理。第二年管理的主要目的是开张角度、促生新枝、强壮树体，应加强肥水。第二年春萌芽前应进行整形修剪，如第一年进行夏剪，此时应有 8～12 个新枝，对所有新枝进行短截处理，旺枝留 10 厘米，弱枝留 20 厘米，同时抹除背上芽；如第一年没有进行夏剪，此时应有 3～6 个分枝，根据强弱进行短截处理，旺枝留 10 厘米，弱枝留 15 厘米，抹除背上芽，待新枝长到 40～50 厘米时，进行夏剪，促生新枝。肥水管理应以复合肥和氮肥为主，促进树体生长。

第三年管理。第三年管理的主要目的是促生花芽、强壮树体，为树体进入丰产期进行营养储备。通过第二年的管理，此时树体应有 15～25 个新枝，新枝长度 60～150 厘米。第三年春萌芽前进行整形修剪，对于过旺枝（长度大于 100 厘米，基部粗度大于 2 厘米，直立生长），需重新进行短截，留 10～15 厘米，促生新枝；对于细弱枝（长度小于 60 厘米，粗度小于 1 厘米，平行或下垂生长），需进行轻短截，留 40 厘米左右，保留背上芽；对于中庸枝条（长度介于 60～100 厘米之间，粗度大于 1 厘米，角度开张），需进行轻截处理，只对新枝顶端剪除弱芽，确保新枝单轴延伸，促进花芽形成。对于直立生长的枝条，此时可进行开角处理，用树枝支开角度即可，使树冠扩大。肥水管理应以复合肥和有机肥为主，不可单独施用氮肥或高氮肥料。

第四年及以后管理。经过前三年的管理，此时树体应有 15～25 个分枝，角度开张，树冠直径达到 3～3.5 米，树高不超过 2.5 米，花芽较多（结果枝 10 个以上），单株产量 10～20 千克。第四年的树体管理以强壮树体、增强营养为主，修剪主要以夏剪为主（采果后），对旺长枝进行短截，对于过于细弱的枝条可以进行疏除，确保树体通风透光，防止内膛光秃。肥水管理应以复合肥和有机肥为主，果期增施磷钾肥，确保树体健壮。第四年及以后每年对树体进行更新，疏除细弱枝，对旺长枝进行短截，促生新枝，使树体合理负载，提高果实品质。

4. 总结

甜樱桃矮化丛枝形栽培技术具有提高果实产量和品质、方便管理和采摘、延长寿命等优点。然而，由于修剪技术要求高、需定期修剪和枝条密集等缺点，使用该技术时需要科学合理地进行修剪和管理，以保证甜樱桃树的健康生长和高产优质。在进行甜樱桃矮化丛枝形修剪时，建议种植者根据实际情况参考农业专业人士的指导，并结合具体的树龄、品种和栽培环境等因素进行操作。

3.2.7 茶树优质抗逆提质增效关键技术

山东省茶区属于我国高纬度茶区，自1966年实施“南茶北引”工程以来，经过50年创新研究和成果转化，茶叶产业已成为山东省重要的农业高效优势产业，种茶区域已涉及10个地级市40多个区县，面积达40万亩，产值50余亿，山东省政府已把茶业列为本省五大特色产业之一进行重点扶持。

1. 山东省茶产业情况

区域优势明显。山东茶区位于北纬34°22′54″～38°24′6″、东经114°47′30″～122°42′18″之间，属暖温带季风气候类型。境内降水集中，雨热同季，春秋短暂，冬夏较长，年平均气温11～14摄氏度，年降水量平均在800毫米左右，降水主要集中在茶叶生产季节的4～10月，该时期对茶树的生长发育十分有利。山东茶区属高纬度茶区，茶树越冬期长，采摘期较短，昼夜温差较大，所产茶叶具有“叶片厚、耐冲泡、板栗香、黄绿汤”等突出特点，“日照绿茶”“崂山绿茶”和“泰山女儿茶”等产品已成为市场知名度较高的地方名茶。“雪青”“日照绿茶”“万里江”“崂池”和“怡明”等5个茶叶品牌荣获中国驰名商标。“浮来青”“御青”“灵岩”“五岳独尊”等16个茶叶品牌荣获山东省著名商标。“崂山绿茶”“日照绿茶”“泰山绿茶”“诸城绿茶”“长清茶”等12个主产茶区通过国家农产品地理标志认证。茶园面积的扩大和产量的提高，带动了茶叶加工业的发展。

文化优势突出。山东省是礼仪之邦，文化大省。近年来，省委省政府加强文化建设，由文化大省向文化强省迈进，而茶文化是建设文化强省的重要组成部分。各种茶博会、绿茶节、文化节的举办，茶文化推广中心、茶文化体验中心的建设，以及全民饮茶日等茶事活动的举行，不仅弘扬茶文化，增强了茶文化内涵，而且提升了山东省茶叶品牌的影响力和市场竞争力，促进山东省茶业发展，逐渐形成具有山东特色文化内涵的茶文化。

科技支撑能力显著提高。近年来，在各项惠农政策以及茶业科研推广部门技术支撑下，对茶叶积极进行科研攻关，先后取得了多项科研成果，并建立了一批茶叶优质安全、高产高效生态示范基地，推广了名优茶叶综合生产技术、高效绿色栽培技术、先进越冬防护科学技术，茶园效益连年提高，茶叶越来越成为适种茶区的特色产业。

市场潜力巨大。山东省不仅是全国纬度最高的北方优质茶叶产区，也是全国最大的茶叶批发、消费市场。据概算，全省每年茶叶消费量在8万吨左右，而茶叶年产量仅为2万多吨，仅占消费需求的25%，远远满足不了省内消费者的需求。同时，随着山东省经济发展水平和消费者对茶叶认识的提高，高纬度绿茶滋味浓厚，更适合北方人的口味，因此，茶叶消费必将呈刚性增长态势，市场潜力巨大。在茶叶主产区，茶叶产业已成为当地政府促进农业产业结构调整、推动农村经济发展和增加农民收入的重要途径。

2. 费县茶产业情况

目前，费县茶种植面积1 550亩，年产量约0.8吨，产值240万元。主要分布在朱田、梁邱两个乡镇，其中朱田镇450亩，梁邱镇1 100亩。全县共有3家茶业生产加工企业。一是朱田镇明石塘村的明石绿茶，生产基地100亩，主要加工绿茶、龙井茶，现有茶加工设备3套，年加工茶叶5吨，成立了明石山茶叶种植专业合作社，注册了“明石山”茶商标。二是费县春曦茶业有限公司，2016年在朱田镇崔家沟村建立基地，种植面积500亩，注册了“春曦”牌商标，其发展的方向是建成集生态茶叶种植、清洁茶叶加工、茶旅体验观光、农牧、生态循环于一体的生态循环茶叶产业园。三是山东雪尖茶业有限公司，2013年在费县梁邱镇开始栽植茶树，共计种植有机茶1 100余亩，公司建成高标准有机茶叶生产流水线2条，有5 000 米^3 的生产车间，年产10吨茶叶，注册了“沂蒙雪尖”茶商标。

其中费县春曦茶业有限公司坐落于费县西南，海拔相对较高，茶园地形为梯田山地，又属暖温带季风区大陆性气候，四季分明，气候温和，雨量充沛，光照充足，常年平均降水量800毫米左右，年平均日照时数2 400～2 600小时，无霜期200多天，越冬期比南方长1～2个月，为茶叶生长和营养积累提供了有利的自然条件。“高山云雾出好茶”，春曦茶业正是利用了独特的地理条件，加上选择了适宜北方的茶叶品种“鸠坑”“福鼎大白”“无性系金萱”“金牡丹”和“中茶108”，保证了茶业品质。

3. 费县茶产业发展存在的问题

近年来，尽管费县的茶产业取得了较快发展，但是在生产中依然存在着一些问题。

（1）茶园无性系良种化程度低。发展无性系良种茶园是茶叶发展的必然趋势。目前国外茶叶主产国和我国重要茶产区已基本淘汰有性群体品种，但在沂蒙山区良种应用推广的比例太低，直接制约茶叶产量的提高，影响着品质提高和品牌打造。

（2）茶园生态条件差，生物多样性低。茶园结构单一，分层简单，层次较少，土壤微生物多样性低，土壤结构不合理，造成茶树抗逆性差、品质低、茶园土壤养分匮乏。

（3）茶园管理粗放，水肥利用率低。多数茶园仍以传统水肥管理为主，高浓度养分施用，超量水分漫灌，水肥利用率低，肥料选用不合理，肥料效果差，难以保障茶叶生产安全和绿色发展的协同实现。

（4）茶叶生产机械化、智能化水平较低。区域内的规模茶园虽配备相对完善的水电路渠、越冬防护、排水灌溉、生产装备等基础设施，但仍以传统的管理方式为主，存在用人工多，用工量大，效率低，效果差等问题，不足以支撑企业的高质量发展。

（5）茶企产品结构多元化程度低，市场竞争力差。区域内企业多以绿茶生产为主，红茶、白茶等加工技术不到位，生产能力弱，造成产品多元化程度低，茶叶加工标准化程度低，企业竞争能力差，不利于区域茶叶品牌的打造。

（6）产业链延展度不够，产品溢价能力低。茶企多以传统作业为主，茶文化渗透不足，未能充分利用周边自然环境优势和茶叶的文化属性与第三产业融合，产业链延展度低，造成产品的溢价能力低，难以满足企业的长远发展。

4. 技术要点

针对以上费县茶产业现状，从破解产业发展难题出发，从茶树良种引繁、茶园生态修复与构建、茶园机械的引进、智能化、数字化装备的升级等方面，进一步明确费县茶产业发展的技术路径，为费县茶产业发展指明方向。

（1）引进无性系良种。引进高产、优质、高效的无性系良种。在同等生长环境条件和管理水平下，无性系茶树良种要比一般品种增产10%以上；无性系茶树良种的芽叶性状一致，有利于标准化加工技术的推广和茶叶品质的一致性和稳定性；无性系茶树良种具有新梢生长旺盛而整齐、芽叶粗壮、密度大、采茶工效高并适合机械化作业的特点，可降低采摘和其他生产成本；无性系茶树良种产量高、品质优，生产成本低，因而经济效益显著。在良种选择方面，一般选用国家级或省级审（认、鉴）定的品种，种苗要求应符合DB37/T 1677的规定，优选省内自主选育的、当地适应性强、抗寒性高的品种。

山东省茶区常见的主要茶树栽培品种：国内选育品种有中茶108、龙井43、福鼎大白、龙井长叶、鸠坑早、农抗早、白毫早、鄂茶1号、平阳特早、御金香、迎霜、碧香早等。省内选育品种有瑞雪、寒梅、青农38、北茶1号、北茶36、鲁茶1号、鲁茶2号、鲁茶4号、鲁茶5号、鲁茶6号、鲁茶7号、鲁茶17等。具体可参照《山东省生态茶园建设技术规程》(T/SDTS 001—2022)。

(2) 茶园生态修复和构建。茶叶品质与生态环境密切相关。从两个方面着手修复和构建生态茶园。在区域小气候方面，构建立体复合式茶园，乔木、灌木、植被混搭，增加茶园的生物多样性和系统稳定性，使茶树生长与茶园生态系统和谐统一，增加天敌对有害生物的自然调控，进而促进茶叶品质的提升；在茶园土壤修复方面，针对不同茶树品种、树龄、物候期，选择性地使用有机肥，重施碳肥，增加茶园土壤有机质含量，构建丰度状况良好的根际微生态环境。再就是推广立体种植，发展生态循环农业。探索茶、林、果、草间作种植模式，制定生态茶园技术操作规程；立足秸秆、野草资源丰富优势，建设沼气处理中心，发展生态循环养殖业，促进茶树产量和品质的提升。

(3) 加大茶园机械化使用力度。指在茶叶生产过程中采用更多的机械化设备和技术，以提高茶园管理的效率和质量。茶园机械化的使用力度可以带来多方面的好处，包括减轻人工劳动强度、提高生产效率、降低生产成本、保证产品的一致性、提高茶叶品质等。具体内容包括：

茶叶采摘机：采用茶叶采摘机可以取代传统的手工采摘，提高采摘效率，减轻人工劳动强度，并减少对茶叶的损伤。

茶树修剪机：茶树修剪机可以自动完成修剪作业，使茶树保持良好的形态和通风，促进光合作用，提高产量和品质。

施肥机械化：在秋季基肥的施用过程中，使用茶园耕地机械可以快速、均匀地开沟，可大量节省人工，提高效率。

自动灌溉系统：引入智能化的自动灌溉系统，可以根据茶树的需水量和生长情况，合理安排灌溉，提高水分利用效率。

水肥一体化设备：采用水肥一体化的机械化设备，可以将水与肥料混合供应给茶树，实现精准施肥，提高养分利用效率。

茶园机械化的使用，将茶叶生产中重复、繁琐和耗时的工作交给机械设备完成，从而提高了茶叶生产的效率和品质，减少了人工成本和劳动强度，促进茶叶产业的现代化和可持续发展。但同时也需要注意合理选择机械设备，保持生态平衡，确保机械化生产与茶叶品质的协调。

具体参照山东省茶叶产业技术体系2023年编制的《山东省北方茶园栽培通用机械与装备》。

（4）突破管理效率，推进生产智慧化。生产智慧化是指在茶园管理过程中，运用信息技术和智能化手段，通过数据收集、分析和应用，提高茶叶生产过程中的管理效率和决策水平，从而实现茶叶生产的智能化和现代化。具体内容包括：

物联网技术：在茶园中布置传感器和设备，实现对环境、土壤、气候等数据的实时监测和采集。

无人机和遥感技术：利用无人机和遥感技术，对茶园进行高空影像拍摄和数据采集，快速了解茶树生长情况和茶园的整体状态。对采集到的茶园数据进行大数据分析，挖掘潜在规律和趋势，为茶园管理提供科学依据。

云平台技术：通过云平台技术，实现茶园数据的集中存储和管理，方便茶农随时随地进行远程监控和管理；开发移动应用程序，使茶农可以通过手机或平板电脑实时了解茶园情况，并进行管理决策。

通过推进茶叶生产智慧化，可以实现茶叶生产的智能化管理，优化农业生产模式，提高农业生产效率和质量，同时降低资源消耗，推动茶叶产业的可持续发展。

（5）链条化发展，持续扩大品牌影响力。以“生态＋”为引领，将农业产业的“加法”向三产融合的“乘法”演变，由“链状经济”

向“网状经济”转化，创新茶产业的供应链和产业链。做精“一产”，做优“二产”，做大“三产”，借助费县文化底蕴和当下回归自然的旅游热潮，如天蒙旅游，推行“茶业＋旅游业＋文化体验”生态观光茶园模式，通过一片叶子，走上更宽广领域的“卖生态”路子，提高品牌的市场占有率和竞争力，实现茶生态产品的有效溢价。

3.3 果茶产业典型案例

3.3.1 费县葡萄全产业建设实践报告

乡村振兴的经济基础和物质保障在于农业产业的兴旺，在于提高农业质量效益和竞争力，而科技创新是引领农业产业发展的动力之源。山东省葡萄研究院是国家葡萄产业技术体系济南试验站建设单位，自2010年临沂市被列为济南试验站示范试验基地以来，费县葡萄产业得到长足发展，先后引进夏黑、阳光玫瑰、摩尔多瓦、巨玫瑰、金手指等葡萄优新品种，2020年“三个突破”实施以来，山东省葡萄研究院先后派出5名专家到费县进行产业帮扶，又引进妮娜皇后、玉波2号、黑阳光等10余个品种。针对当地葡萄园管理水平参差不齐，且存在重栽轻管、重产量轻质量、重采前轻采后，缺乏优质高档果的现象，专家组以构建费县葡萄全产业链高质量发展技术体系为目标，针对产业现状立足实际、科学谋划，制定了《费县葡萄产业发展三年规划》，坚持规划引领和问题导向相统一，密切结合费县乡村振兴规划和生态资源环境、农业发展实际等，突出产业振兴在乡村振兴的基础和关键作用，因地制宜，精准施策，把坚持问题导向和全产业链系统性思维作为规划的出发点，着力解决制约费县葡萄产业发展的关键问题，强基础、补短板，助力费县葡萄产业提质增效、健康可持续发展，为乡村振兴、科技引领型齐鲁样板的打造贡献农科力量。

1. 进一步调整优化葡萄产业结构

引进优良新品种15个，丰富了当地葡萄品种资源。积极引导葡萄果农进行品种结构优化改造和栽培方式提升，合理选择和搭配品种，集成应用一批先进实用技术，如葡萄避雨栽培、化肥农药减施、病虫害防控、产品加工等。新发展葡萄产业以早熟和晚熟品种为主，使早、中、晚熟品种搭配，注重品种的多元化。适度发展早熟大棚葡萄，提前一个月上市，最大限度地获取价格优势，成功破解费县葡萄品种单一、效益不高等技术难题。

2. 加强培训，推广应用标准化种植技术

在费县开办乡村夜校培训 4 期，培训人员 200 余人，让农民白天干活，晚上充电“两不误”，在家门口就能学到知识。开展 3 次舜耕科技葡萄高质量发展研讨会，培训人员 60 余人。先后 6 次带领基层村两委班子外出学习先进经验做法，不断增强基层党组织的凝聚力、战斗力。加强与省派驻村第一书记的合作，凝聚工作合力，既发挥了驻村第一书记在加强农村基层的工作能力，又将山东省农业科学院科技元素注入到产业发展过程中，打造葡萄特色村。以点带面，加快良种良法推广力度，建设核心示范基地，引进避雨栽培新模式，推广高光效树形、标准化花果管理、肥水一体化、病虫害绿色防控、轻简化修剪、果园机械化、简易埋土防寒等技术。

3. 扶持典型，以点带面，真正发展合作化经营

政府部门要大力扶持典型，对真正懂技术，肯钻研的葡萄种植户或种植基地，从政策、资金、市场等方面大力支持，培植合作社、家庭农场、种植大户、龙头企业等新型经营主体，建立各种形式的利益联结机制，逐步实现由分散粗放的小农经营模式向集约化、规模化、企业化经营模式转变，促进葡萄产业快速发展，形成更具特色的葡萄产区，从而促进鲜食葡萄可持续发展。成立农科专家工作室 3 个，签约利益共同体 2 个，有力解决费县葡萄产业分散、管理技术标准参差不齐的现状，探索形成“师傅带徒弟”的以点带面模式，把新品种、新技术在家庭农场里进行示范推广，培养家庭农场主为乡土人才，进而带动周边种植户发展。培养乡土人才

3名，农民高级农艺师1名，沂蒙乡村之星2名。费县桢翊家庭农场示范应用避雨栽培标准化生产技术体系，优质果率提高到90%以上，化肥农药减施30%，连续两年阳光玫瑰示范园亩产值10万元。建立县乡一体化推广服务体系，成立费县葡萄产业技术服务队，培养当地疏果工人80余人，带动周边100余名妇女实现就业创业。探索形成“专家+党支部+合作社”科教兴村模式，3年来带动费县3个村成立党支部领办合作社，发展阳光玫瑰葡萄1 000亩，推广避雨栽培6 000多亩，实现年新增产值7 000多万元。培育省级家庭农场1个，省级示范社1个，省级乡土产业名村2个。

4. 加强科技支撑，注重品牌打造，推动产业融合

要切实拓展多种销售渠道，大力发展电子商务+冷链配送、基地+宅配送等新型销售渠道和运输方式。尝试发展订单产业，将销售做在生产的前面。做农业产业要具有全产业链思维，探索打造三产融合模式，由卖农产品到卖品牌、卖服务转变。重视充分发挥基层党组织引领农村改革发展的作用，加强葡萄产业化延伸，积极配合统筹协调，推动山东紫锦葡萄生态农业科技有限公司建设了1 700米^{2}果酒加工厂，注册“紫锦”“鄪国贡”“桢翊阳光”品牌。抓住国家实施助力乡村振兴的机遇，充分利用葡萄产业在休闲观光功能方面的优势，在城市郊区或交通方便的果园发展集观赏、采摘、科普教育、体验、休闲等多功能于一体的观光葡萄园。通过筹划举办葡萄摄影大赛、葡萄擂台赛等一系列活动，推动农业与旅游、教育、文化等产业深度融合。在各级党委的指导和帮助下，经过三年的努力，费县葡萄全产业链高质量发展技术体系构建初步完成。

3.3.2 费县核桃全产业链建设模式

针对费县核桃产业面临的品种混杂、技术落后、产业链缺失、附加值低、品牌效益不明显等问题，按照山东省农业科学院“三个突破”战略部署安排，山东省果树研究所核桃创新团队秉持“绿水

青山就是金山银山”的绿色发展理念，坚持以“两山论”“翅膀论”为行动指引，牢固树立全产业链思维，采取“强链、补链、固链、延链”方式，以产业链布局创新链、以创新链提升价值链，推进“三链”协同并进，打造了一条“育繁推-产加销-游购娱”一体化、一条龙、一盘棋的核桃产业发展模式，实现了“一产提档升级、二产培育培强、三产创建创优”总体要求，推动费县核桃产业高质量发展，助力打造乡村振兴科技引领型齐鲁样板。

1. 积极培育第一产业

（1）加快核桃良种化进程。积极开展核桃低产园改造和抚育管理，示范推广自育短枝型新品种“秋香”和“野香”，显著提升核桃抗病及抗晚霜能力，实现亩产增收 150 千克。积极选育自有知识产权品种，联合费县绿缘核桃专业合作社共同选育的，具有大果、皮薄、早熟等特点的“鲁康 1 号”“鲁康 9 号”和“香丰”等 3 个核桃新品种，通过国家林草局植物新品种办公室组织的专家现场实地审查。

（2）严控良种繁育苗木质量。建成流苏核韵示范区核桃产业振兴孵化园 40 亩，采取“核桃快速容器育苗”技术，缩短育苗周期，提高成活率，彻底解决了核桃移栽缓苗期长、不容易成活、栽后生长不旺盛等技术瓶颈问题，实现了四季移栽，年出圃优质“秋香”“鲁康 1 号”等优质抗病新品种苗木 30 万株，孵化园辐射覆盖马庄镇 13 个行政村，受益群众达 16 万人。

（3）强化核桃生产标准化建设。将核农核桃园流转给党支部领办的合作社，合作社聘请创新团队负责核桃施肥、病虫害防治、除草、采收等全程技术指导，推动了核桃生产的标准化、产业化、规模化发展，探索出“党支部＋专家＋合作社”的合作模式。已建成核桃标准化种植基地 300 亩，引进优异核桃新品种接穗，完成了 1 000 亩核桃低产园改造。2021 年，费县绿缘核桃专业合作社实现核桃产值 150 万元，科技引领“两收入”显著提升。2022 年马庄镇核桃被评为国家级现代农业全产业链标准化示范基地。

2. 做大做强第二产业

（1）做足核桃加工文章。借助山东省农业科学院果树研究所、农产品加工与营养研究所优势，联合沂蒙小调公司、绿缘核桃专业合作社等龙头企业开展新产品研发和技术攻关，着力攻克核桃破壳、涩皮脱除和鲜核桃保藏等核桃加工重点关键技术，研发核桃仁黄衣物理脱涩专利技术，开发出海苔味、榴莲味和芒果味等“多味核桃”产品，最终实现了从原有单一的“烤核桃”到“琥珀核桃、巧克力核桃”和“多味核桃”等产品多样化的转变，延长了核桃产业链、提高了核桃附加值、增加了就业岗位。建成核桃深加工车间 1 000 米^2，可实现年产风味核桃 5 万吨。

（2）加快品牌体系打造。借助费县核桃“优质、生态、安全、绿色”优势，做好“特色”文章，着力打造一批具有地方特色的区域性核桃公用品牌，提升费县核桃地方特色品牌的知名度。加大“三品一标”认证力度，加快费县核桃基地绿色认证和有机认证。马庄镇已经成功打造“金芍药”“核桃山谷”“沂蒙马庄”等核桃品牌，获准使用“国家级无公害农产品”标志，通过了“国家级有机食品质量认证”。2021 年，绿缘核桃专业合作社获“国家农民合作社示范社”称号。

3. 不断延伸第三产业

（1）促进一二三产业融合发展。团队协助搭建直播平台激发活力，通过“电商＋合作社＋农户”模式，统一提供种苗、统一技术、保护价回收，帮助农户年均销售核桃 10 万千克，销售额 200 万元。打造“后备箱经济”，把高质量的核桃产品、工艺品等装满游客的小小“后备箱”，让文化与农业相结合，做好游乐购的后半篇章。引导企业、合作社及农户从“卖核桃”转向“卖生态”“卖风光”，依托万亩核桃林资源打造春赏百花、夏乐垂玩、秋摘百果、冬品养生“四季游”特色景观，放大生态旅游效应。

（2）秉持绿色生态发展理念。突出原生态优势，规划优质核桃产业带，严禁工矿类污染企业在产业带开工建设，为核桃生长创造最佳条件；实施山区综合开发治理，开展核桃产品基地流域综合治理，改造低产田，形成山水林田路为一体的综合生态网络；控制农药化肥使用，大力推广使用生物、植物和矿物源农药，采用水肥一体化、减少化肥使用量，保障核桃产业绿色生态可持续发展。

以陈新为代表的山东省农业科学院专家在费县青石岗上践行绿色发展理念，将科技元素注入到费县核桃全产业链建设进程中，如从优良品种选育到标准化基地建设、从加工工艺提升到加工产品多样、从品牌培育到市场营销，实现了科技与产业、科研与科普的深度融合，做足核桃产业链强链、补链工作，推动费县核桃从“单一农产品种植”向“产品加工、品牌打造、文旅结合”的三产融合发展跨越，探索出一条核桃全产业链建设新模式。

3.3.3 沂蒙山区茶产业典型案例——《“四突破三提升”破解春曦茶叶提质增效难题》

自2020年6月，山东省农业科学院实施“三个突破”战略以来，茶叶研究所先后派遣数名专家和1名脱产挂职专家入驻山东春曦茶业有限公司，打造乡村振兴科技引领型齐鲁样板。针对春曦茶业面临的良种化程度低、生态多样性差、机械化、智能化水平低等问题，提出了“四个突破”与“三个提升”的发展重点与目标，着力突破“良种化、生态化、机械化与智能化”，努力提升“优质化、标准化与品牌化”，进一步明确了费县茶产业发展的技术路径，为费县茶产业发展指明了方向。

1. 主要工作

(1) 引进自育茶树品种3个，并开展气候适应型育种工作，奠定企业高端茶品种基础。采集了原有茶园种子，建立茶叶母本园，筛选适应当地“风土”品种，建立种质资源圃；引种了自主选育的鲁茶2号、鲁茶4号、鲁茶5号系列品种，并对茶园优势品种进行了大量的地上部及地下部的调查和取样工作，为春曦生态适应型品种的筛选培育奠定了数据基础；引进自建的“空天地”监测系统，通过无人机搭载的系列传感器，如地基多光谱仪、地表传感器的应用，定期收集数据，追踪、监测、分析茶园中各种生态类型的气候环境和茶树表型数据，持续监测茶园生态环境，建立茶树生长动态模型，为重要农艺性状的高效监测和“生态适应型”品种的筛选，积累茶园尺度数据。优质高产抗逆茶树品种筛选技术的实施，破解了茶园茶树品种单一、抗逆性差、良种率低的问题，奠定了春曦高端茶品质的品种基础。

（2）推进人工复合生态茶园模式，补齐生态短板。解决了茶园生态结构单一、系统稳定性差、病虫害防控难等问题，提高了茶园生物的多样性和生态的稳定性，使茶园病虫害得到有效防控。为提升春曦茶园的生态化建设水平，改善茶树生长环境，提升茶园的植物多样性，茶叶研究所先后举办“北方茶园植物多样性与生态稳定性评价试验基地建设现场会”与“茶园间作大豆现场会”，系统谋划春曦茶园的生态环境建设。茶叶研究所不仅为春曦茶园无偿提供墨西哥玉米草、甜高粱、高丹草、紫花苜蓿等 120 余千克，黑松 2 000株，还与山东省茶叶产业技术体系临沂综合试验站一起提供大豆、玉米、苕子等良种，最大限度地满足春曦茶园的种植需求，增加茶园的植物多样性，提高茶园土地利用率以及茶园越夏、越冬抗逆能力，增强茶园的生态系统稳定性。

为进一步探索适于北方气候及生态特点的茶园发展模式，茶叶研究所还将春曦生态茶园模式升级为生态农场模式，构建了春曦生态农场“1+7 模式”，内容涵盖茶园决策与管控智能化模式、牧草-养殖种养循环模式、绿肥-养分生态高效利用模式、大豆种植-酶解发酵高端茶生产模式等方面，融合了生态循环发展、科技创新、高效立体种养等多种生态系统服务功能，该模式的推广有助于破解北方茶园管理成本过高的产业发展难题。茶叶研究所还将与山东省茶叶产业技术体系、临沂市农业科学院、临沂市农技中心开展联合攻关，合力打造费县生态农场（茶园）示范点。

（3）茶园土壤改良，茶树专用堆肥技术研发与引进，水肥一体化技术的升级，奠定了企业高端茶土壤基础。通过研究堆肥产品-技术-应用环境-堆肥施用效应的作用机制，探索出适合茶园品种和生态的茶树专用肥 5 种，对实现茶园水肥低耗低排、全量利用、精准配伍、供需协同具有重大科学意义；升级原有的水肥一体化系统，使其满足远程控制、区块化管理、智慧化水肥施用，提升园区整体智能化水平，当前辐射面积 300 亩，节省劳动力 20%以上，节约水肥 15%以上。解决了茶树养分失衡、水肥管理效率低、智能化水平低等问题，实现了水肥低耗低排、精准配伍、供需协同、智能管控，精准提升茶叶品质。

（4）为企业配置茶园管理机械，提高生产机械化水平，降低生产成本。专门购置水雾炮、施肥机、修剪机等，以解决茶树栽培与施肥过程中劳动强度大、工效低的突出问题。针对茶园复杂的地形和生态结构，提出了定点、定时、定量及多年、多季节、多点、多品种“三定四多”的思路，并专门成立了病虫害预防与防治研究小组，重点在病虫预防预报、抗虫茶树品种与抗虫机理、茶树栽培管理、生态环境调控、化防与生防五个方面实现技术突破，筹建“无人机＋茶园解决方案”全流程管理体系，可实现节省用水 60%、减少化药使用 20%以上，每年节省劳动力 20%以上。

（5）为企业引进“空天地一体化感知技术”“茶园智慧杆管理系统”，增强企业智慧化管理水平，提升管理效率。开发建设空天地一体化感知技术与监测手段。通过采用无人机遥感、移动式激光雷达、气象遥感仪和土壤检测仪等，建立多层次茶树表型平台，完成从空中—近地面—茶园等不同空间尺度下茶园土壤水分与养分状态、茶树营养状况、茶树生长过程的信息监测与可视化，构建茶树营养诊断与水肥精准管控技术体系，建立茶园霜冻及病虫害预测系统；建设自主研发的“茶园智慧杆”，收集区域气象和病虫害数据，利用大数据和机器学习手段，实现茶园气象条件的监测，实现病虫害、气象灾害的监测预警。

（6）多茶类研发与高效加工增值技术。为弥补加工方面的短板，茶叶研究所为春曦茶业规划设计了“春绿—夏红—秋白”的加工增值模式，购买了价值 17 万元白茶压制与包装设备，用于支持春曦茶业开发白茶，还安排有关博士及研究员，加大白茶品种筛选、配套栽培技术及加工工艺研发力度，制定春曦白露茶生产技术体系，力促春曦白茶向高端发展。

（7）开拓茶旅体验项目，扩充企业三产张力。通过对园区的科学规划、功能区划分、网红地打造等，打造集观光采摘、茶旅休闲、露营垂钓、茶文化培训于一体的多功能园区，拓展三产端的张力，提升企业高端品牌的广誉度和知名度。

（8）提升企业茶园管理和茶叶加工的标准化建设。制定企业标准 7 项，申报发明专利 1 项，获得实用新型专利 1 项，开展各项科学试验项目 10 余项，试验 50 余次。开展"冬季越冬防护""绿色生态病虫害防控试验""茶园生态监测体系搭建""空天地一体化感知技术与监测""水肥气生一体化""茶园气象数据实时监测""茶园监控系统"等技术试验。

（9）邀请国家级、省级专家 10 余人次，汇集各方智力，为企业精准献策。积极邀请专家举办专题活动、对接新项目。曾邀请中国农业科学院茶叶研究所肖强研究员、周孝贵研究员，山东省农技推广中心孙作文研究员，山东省茶产业体系首席丁兆堂以及体系岗位专家坐诊春曦茶业，现场解决茶园管理中遇到的实际问题。

2. 取得成效

（1）技术赋能破企业发展瓶颈。借助技术赋能春曦茶业在良种化、生态化、机械化、数字化、优质化、标准化与品牌化方面得以提升，力促"春曦"品牌向高端发展。多措并举促效益实现跨越式增长：①企业经济效益跨越式增长。2022 年产值 2 200 余万元，较 2020 年提升 30%。②品牌影响力得以提升。品牌估值由 2020 年的 1.44 亿元提升到 2023 年的 1.88 亿元，位列全国第 74 强。③荣誉多多。获得省、市（县）数十项荣誉称号：沂青优品、临沂市绿色优质农产品十佳品牌、沂蒙特产放心品牌、临沂市沂蒙茶业十佳品牌、临沂市茶叶数字化技术应用重点实验室、农业产业化市级重点龙头企业、山东省首批“智慧农业应用基地称号”等。

(2) 技术培训护企业持久续航。开展培训班20余次，培训技术人员900余人次，大大提升了从业人员职业技术水平和实操技能。企业骨干获“齐鲁乡村之星”“山东省乡村好青年”“沂蒙乡村之星”“临沂好人”“农民高级农艺师”“费县十大杰出青年”“绿茶炒制大师”“临沂市首届乡村振兴创业大赛优秀奖”等省、市（县）荣誉称号。

“能以一叶之轻，牵众生之口者，唯茶是也。”在如今的春曦，茶叶的魅力已经远远不止于“牵众生之口”，它更是以“一叶之轻”舞起了种茶、制茶、卖茶、茶旅产业一条龙，为一方经济的发展繁荣、为一方百姓的幸福安康绽放着希望之叶。而春曦作为沂蒙绿茶本地代表茶企，也将始终坚持高山、生态，做好茶旅融合发展这篇锦绣文章，让茶旅融合发展成为助推乡村振兴、奔向富裕幸福新生活的绿色之路。

3.3.4 深挖产业潜力 实现产业振兴——费县柱子村脆枣产业“亿元村”模式探索

乡村振兴战略的总要求是实现产业兴旺、生态宜居、乡风文明、治理有效、生活富裕。其中，产业兴旺是基础。乡村振兴，关键是产业要振兴。为深入贯彻落实习近平总书记“给农业插上科技的翅膀”“打造乡村振兴齐鲁样板”重要指示精神。2020年6月以来，山东省农业科学院实施“三个突破”战略，与招远市、费县、郓城县合作，举全院之力，抽硬人、硬抽人，聚力打造乡村振兴科技引领型齐鲁样板示范县。

1.“亿元村”模式的探索

(1) 重视产业调研，摸清家底很关键。“没有调查，没有发言权”，这是中国共产党科学的方法论与群众路线原则，是开展任何工作的基础。调研发现，“绿水青山”是新庄镇具备的天然生态属性，催生了新庄镇的脆枣、脆藕、金银花、甘薯、林下养殖等特色产业。费县脆枣不仅临沂市独有，在山东省也是独一份。狭长的许家崖水库，为脆藕生产创造了得天独厚的条件。金银花是临沂市特色农产品，在新庄镇也有一定规模。甘薯种植在费县历史悠久，优质甘薯种苗是供不应求。柱子山林果遍地，具备林下养殖的先天条件。同时发现制约发展的技术瓶颈问题，以备制定解决方案。

（2）因地派人，精准对接，做好产业布局。柱子村依山傍水，生态优美，全村 1 900 人，脆枣面积 2 000 亩，林下养殖 500 亩，企业 2 家，合作社 5 家。新庄镇派驻 6 人，5 人精准对接柱子村以上特色产业。以“解决问题是基础、形成模式是关键、农民增收是根本”为原则，开展技术帮扶工作。根据调研发现的问题，评估各产业的发展趋势，对接县镇两级，制定发展规划，做好产业布局。要做到人无我有，人有我优。利用选派人员掌握的知识，结合各自产业，让科技给产业赋能，给产品赋值。同时体现生态属性，实现农业产业的高质、高效发展。

（3）积极联合相关部门，争取政策，助力产业发展。集聚费县人民政府、新庄镇人民政府、山东省农业科学院果树研究所、西北农林科技大学、山东农业大学、费县农业农村局、费县果茶服务中心、中科曙光临沂大数据中心、费县柱子山新盛果蔬种植专业合作社、费县鸡宝山家庭农场、山东柱子山农业科技发展有限公司等“政产研服用”创新创业要素，共同围绕脆枣产业发展瓶颈问题，各司其职，共同实现脆枣产业的提质增效。

（4）加大招商引资，共建利益共同体，共担风险。根据农业产业发展现状，招商引进临沂市三家食品加工企业，成立果蔬种植专业合作社，与当地镇政府和挂职人员派出单位签订协议，在柱子村共建柱子山现代生态农业产业园。培植各类经营主体，挂职人员与合作社签订利益共同体协议，风险共担。揭榜企业项目，捆绑式发展。

通过“广调研、准派人、促联结、强基地、育主体、调结构、防风险”等举措，形成“产业＋新型经营主体＋科研院所＋基地”模式，辐射带动产业整体发展。

2. 产业发展的建设成效

深挖脆枣产业潜力，设施栽培从0到1，从无到有，逐步扩大，果品从有到优。试点区域枣疯病发病率明显下降，发病率由原来的20%降低至2%。品种结构调整效果初显，经济效益明显提高，双膜冷棚脆枣价格为露地栽培的5倍。脆枣货架期由原来的3天延长至10天，可满足长距离销售，进行网上销售。根据脆枣产业发展现状及市场前景，开展费县脆枣设施栽培熟期前移技术攻关，从露地栽培9月成熟，提前至5月成熟，经济效益争取提高10倍。同时发展景观脆枣盆栽苗木产业，2022年价格由普通苗木的6元提升到30元，仍供不应求。

2021年费县脆枣被农业农村部纳入“全国名特优新农产品”名录。新庄镇获“山东省农业产业强镇”荣誉称号。新庄镇柱子村获“山东省乡土产业名品村”荣誉称号。山东柱子山农业科技发展有限公司基地被国家林草局认定为“国家林下经济示范基地”。整体经济效益明显提升，各类经营主体重拾发展脆枣的信心。

科技引领很关键，增收引领最明显。总结柱子村农业产业的发展，主要是紧紧围绕脆枣这一个产业，死死盯住柱子村发展1 000亩设施大棚这一个目标，结合其他产业，牢牢把握增收这一方向，全方位挖掘生产潜力，力争实现设施脆枣亩产值过10万元，总产值过亿的最终目标。为乡村振兴提供样板打造经验。

第 4 章

设施瓜菜高质量发展模式

4.1 设施瓜菜产业概况

4.1.1 沂蒙山区设施瓜菜产业发展现状

2018年6月14日，习近平总书记视察山东时发表重要讲话："要发挥农业大省优势，打起农业大省责任，全力做好"三农"工作，打造乡村振兴的齐鲁样板"。沂蒙山区地处山东省南部，是上海、珠三角、大湾区等地蔬菜供应的重要基地。临沂市常年蔬菜播种面积23万公顷，总产量1 700万吨，分别占到沂蒙山区的75%以上，"产自临沂"是知名的蔬菜农产品区域公用品牌，其中费县获得"三品一标"农产品认证136个、绿色蔬菜食品认证22个，市级以上名优农产品47个，"胡阳番茄生产基地"被确定为首批上海市外延蔬菜基地。全县瓜菜种植面积20.955万亩，其中，以日光温室、塑料大拱棚为主的设施蔬菜播种面积13.56万亩，露地瓜菜种植面积7.53万亩，全县蔬菜总产值常年50亿元以上。

4.1.2 沂蒙山区设施瓜菜存在的问题与挑战

近年来，随着蔬菜产业的快速发展，种子质量参差不齐、设施结构不标准、季节性产能过剩或短缺、蔬菜生产机械化率低等问题严重制约了当地蔬菜产业的高质量发展。

1. 种子质量参差不齐

第一，蔬菜在种植业内属于小作物品种，蔬菜种子经营市场与小麦、玉米等大宗作物相比存在用量小、利润大、门槛低、风险大等特点，且品种审定缺少特定环境区域试验和明确的适宜推广区域；第二，同类蔬菜品种多，生产中多依赖种子经销商推荐和销售的品种；第三，由于优质品种的种植需要结合特定的自然、设施环境及栽培管理技术，因此难以形成稳定的主导品种，更难以形成以高品质蔬菜品种为主导品种的产业，从而制约了产业的高质量发展。

2. 设施结构不标准

日光温室、塑料大中拱棚是沂蒙山区蔬菜产业的重要支撑设施，其中跨度10米以下的日光温室约占40%，无立柱温室或中间单立柱拱棚不足10%，严重制约了农机、农艺和设施相结合；同时沂蒙山区地跨北纬34°22′～36°13′，日光温室建造的标准采光角应在26度以上，而目前已建温室约有90%的标准采光角在24度以下，设施内环境及蔬菜采光无法达到最优，影响了蔬菜的产量和品质，进而制约了产业的高质量发展。

3. 季节性产能过剩或短缺

随着农业种植结构调整，沂蒙山区蔬菜产业取得了一定的成绩，但受菜农观念落后、市场信息滞后、产品品质不高、深加工产业链短等因素制约，生产中盲目跟风，季节性、品种性过剩或短缺等问题严重，高、精、尖蔬菜产品或品牌少且面积小，产品市场竞争力弱，在目前全国“大流通”“大市场”的格局下，蔬菜滞销现象时有发生，严重制约了产业的高质量发展。

4. 蔬菜生产机械化率低

受品种、栽培模式、种植习惯等影响，蔬菜生产整体机械化率低，地域间、种类间、作业环节间很不均衡，综合机械化率不到35%，且作业质量不高。如在耕、种、管、收、储等作业环节中机械化率最高的土壤整理方面，虽然机械化率达到了75%，但翻耕土壤深度不足30厘米、翻耕机械易损坏、翻耕土壤不够精细等问题仍然突出，成为了标准化、精准化蔬菜生产的主要制约因素，同时在生产环境调控方面，也缺少实用型调控机械和设备，制约了产业标准化高质量发展。

4.1.3　沂蒙山区设施瓜菜发展路径与对策

针对以上问题，沂蒙山区蔬菜产业发展要解决的关键问题是，围绕标准设施建造，蔬菜优质品种选育、品质提升、绿色防控、农业资源高效利用、农产品质量安全、农业大数据整合、省力化栽培、人工智能、智能装备研发等核心技术，加强研发并推广应用，进一步提升农业装备水平，因地制宜完善农业产业链、价值链、供应链“三链重构”，抢占科技支撑乡村振兴发展制高点。

1. 加快关键核心技术应用推广与集成示范，补齐、延伸产业链，配套创新链，加快建立高效立体的乡村人才支撑体系

深入推进供给侧结构性改革，实施农业产业链、价值链、供应链“三链重构”，立足地方特色，打造战略性支柱产业、主导产业和特色品牌，围绕“一镇一业”“一村一品”，培优瓜菜、食用菌等优势特色产业，实现县域优势特色产业全覆盖。按照“一产提档升级、二产培育培强、三产创建创优”要求和“推广一批品种技术、建设一处应用场景、扶持一批经营主体、培育一个产品品牌、拓展一条销售渠道”五个一标准，着力做实做强优势特色产业链。通过推动主导产业在加工和品牌营销环节的发展，提高特色农产品精深加工水平，延伸产业链条；通过培育新产业新业态，把休闲农业和乡村旅游、农产品电商作为农业“接二连三”的联结点，将产业融合串起来，推动农业区域化、规模化、集约化发展，培育一批省市级“新六产”示范主体、现代农业产业化联合体和产业集群，促进产业链条整合和价值链提升，增强产业发展新动能。

如费县可重点围绕胡阳镇 2.7 万亩番茄核心种植区、6 000 亩大棚西甜瓜基地、6 000 亩辣椒种植区，薛庄镇 5 万亩甜瓜种植区、6 万亩设施农业大棚，东蒙镇 5 000 亩蔬菜种植基地，上冶镇 5 000 亩西葫芦种植基地等设施瓜菜，引进适合费县越冬种植的高品质新品种，特别是高品质越冬茬口番茄、高抗病毒的越夏番茄新品种；种植茬口由单一的越冬一大茬栽培向晚秋延、秋延迟、越夏等栽培模式转变，实现周年供应；引进针对重茬土壤质量提升、病虫害绿色防控、生物有机基质栽培、熊蜂授粉、棚室蔬菜秸秧肥料化处理等设备与技术。

通过“走出去，请进来”，有计划、分梯次、分层面对县乡村的干部、技术人员、涉农企业、合作社、家庭农场和种植大户等进行按需培训，解放思想，更新观念，改变传统的种植模式，逐步提高其示范带动能力，加快专业技术人员知识更新换代和乡土人才科技素质提升，初步构建贯穿县乡村的专家、农技人员和乡土人才共同推进乡村振兴的高效立体人才支撑体系，实现优质科技资源向基层下沉，打通科技人才培育的“最后一公里”。

2. 理顺农业产业结构，健全产业化体系，延长消费链条，促进园区产业转型升级，提升产品市场形象和增加市场竞争能力

加强产前服务，充分挖掘和发挥费县产业优势，加快蔬菜新品种选育和繁育，进一步提高蔬菜种苗质量，优化园区内产业品种结构，提升品质。重点在胡阳镇、薛庄镇建立集约化育苗中心，进一步提高蔬菜种苗质量，保障品质。深化农资供应体系建设，科学规划，合理布局，加快建设直营店、整合村级加盟店，健全乡村营销网络，创新发展新型农资营销队伍，全面融入农业经营服务体系。鼓励并引导向合作社、涉农企业、农业生产基地、种田大户等各种规模用户开展农资直供服务，将农资经营纳入农业生产的产业链中。

巩固产中利益链接，着力培育和壮大一批联结生产基地和销售市场、规模大、特色鲜明、辐射面广、竞争力强的蔬菜产业龙头企业、合作社等新型经营主体，大力推广“龙头企业＋基地＋农户”的蔬菜产业化经营形式，完善利益联结机制，通过合同制、合作制、股份合作制、订单制等方式建立稳定的产销融合、互利共赢关系，不断提升组织化程度。

强化产后延伸，按照在基地建市场，市场带基地的原则，发展产供销贸工农一体化模式，延伸产业链条，提升价值链。重点在胡阳、薛庄、上冶等乡镇，建设一批标准高、规模大、作用强的蔬菜批发交易市场。加大蔬菜冷链建设，避峰上市，延长蔬菜供应时间，真正实现蔬菜供给的“淡季不淡，旺季不烂”。同时强化市场信息网络和电子交易系统建设，真正构建起蔬菜直销配送体系。

此外，应注重产业融合，推进农业与旅游、文化有机融合，积极开发具有观光、旅游价值的农业资源和农产品，构建集经济、生态、景观、社会文化功能和旅游功能于一体的休闲观光农业。

3. 提升农业装备水平，构建以精准化、轻简化为目标的生产体系

尽管蔬菜种植收益相对较高，但投产蔬菜依然会出现难盈利现象，很多农民宁愿打工也不愿种菜，根本原因是劳动强度大，用工成本高，这导致以机械代替人工成为趋势。要注重发挥涉农企业、合作社、家庭农场和种植大户的示范带动作用，多元方式逐步引导投入设施农业新装备、新产品替代老旧装备，完成设施农业装备转型升级。积极发展“互联网＋”农业，开展农技推广信息化示范，加快推进物联网技术的示范应用，依托农业智慧云平台，建立实时监测、自动控制的网络化智能农业系统，完善覆盖面宽、时效性强的全县蔬菜产品市场信息网络，建立信息收集、整理和发布制度，发挥蔬菜供求调节、质量引导、预测预报等作用，推进农业大数据应用。

4. 实施农产品加工突破行动，拓展初加工类型，大力发展农产品精深加工，助力农产品加工逐步占据主导位置

坚持“招引行业头部企业、科技注入本土企业”的发展思路，围绕延伸产业链，提升价值链，引导企业就地发展蔬菜加工，特别是发展精深加工，形成多元化、系列化、专业化的产品加工体系，提升产业集成度。实施新型农业经营主体与服务组织提升行动，加快培育设施农业经营示范家庭农场、示范合作社，鼓励支持设施农业专业化服务组织发展，健全完善联农带农机制。建立“龙头企业＋合作社＋基地＋农户”“党支部领办合作社＋农户”等生产模式，完善利益联结机制，扩大规模效益。积极培育社会化服务组织，发展“全程机械化＋综合农事服务”“托管、半托管”的设施农业社会化服务新模式和新业态。

5. 建议政府加大政策与资金扶持力度，保障设施农业高质量发展稳步进行

一是加大资金扶持力度。县乡财政设立园区专项基础设施建设资金，整合涉农项目资金，向老旧棚区改造提升倾斜；二是构建多元投入体系。加大招商引资力度，鼓励工商资本发展高效设施农业，加强产业服务体系共建。加大对园区支农贷款、金融服务等扶持力度，拓宽涉农龙头企业、合作社、家庭农场及种植大户的融资渠道，建立多元化、多层次、多渠道的投入体系。

4.2 设施瓜菜栽培技术

4.2.1 薄皮甜瓜设施栽培技术

甜瓜（*Cucumis melo* L.），别名香瓜，葫芦科（*Cucurbitaceae*）甜瓜属中幼果无刺、成熟果味甜的栽培种。《本草纲目》中指出“甜瓜之味甜于诸瓜，故独得甘甜之称”。因甜瓜果实具有独特的芳香气味，故有的地区称其为“香瓜”，欧美国家把某些甜瓜称作麝香甜瓜。自古以来，甜瓜以其香甜的风味为消费者所喜食，成为我国及世界很多国家和地区栽培的生食水果之一。

甜瓜在我国栽培历史悠久，早在 3 000 多年前的古籍《诗经》中就有记载。根据其果皮的厚薄，人们习惯将甜瓜分为厚皮甜瓜和薄皮甜瓜两大类型。厚皮甜瓜类型过去只在我国的西北地区露地栽培，随着设施栽培技术的提高和国外厚皮甜瓜优良品种的引入，厚皮甜瓜自 20 世纪 80 年代开始，在东部沿海地区的设施内栽培，现在上海、江苏、山东、北京等地均有较大规模的设施供厚皮甜瓜种植。甜瓜中的薄皮甜瓜在东北、华北、华东及华南等地广泛种植。近年来，随着薄皮甜瓜种植模式的发展，薄皮甜瓜保护设施栽培，尤其是日光温室和大拱棚栽培，展现出远高于露地栽培的经济效益。

临沂市甜瓜种植面积约4 000公顷，其中薄皮甜瓜约2 400公顷。近年来，随着优良品种的不断涌现，薄皮甜瓜越来越受到市场青睐，种植面积呈上升趋势。以下总结了临沂市薄皮甜瓜设施栽培要点，旨在提升薄皮甜瓜的产量和品质，促进临沂市薄皮甜瓜产业健康稳定发展。

1. 品种选择

选择优质、高产、抗逆、抗病、适合市场需求的早中熟品种，如博洋9号、博洋61、羊角蜜、星甜等，砧木品种选择甜瓜嫁接专用砧木。

2. 栽培季节

春茬1月中旬～3月上旬播种育苗，3月下旬～4月上旬定植，4～6月采收；夏秋茬7月中旬～8月上旬育苗，8月上旬～8月下旬定植，10～11月采收。

3. 育苗

育苗设施。春茬甜瓜育苗需在建有电热温床的、保温性好的设施中进行。电热温床的电热线功率要求达到100～120瓦/米^2。夏秋茬甜瓜育苗床需建在干燥通风处，有遮阴遮雨设施，育苗场所通风口用40目以上纱网全覆盖。也可以从规模较大、信誉较高的集约化育苗企业直接购买商品甜瓜苗。

育苗基质。采用商品育苗基质，在每方育苗基质中加入50%多菌灵可湿性粉剂80克，充分混匀，盖膜闷制7～10天，然后装入50孔穴盘中。

浸种催芽。将干种子浸入开水中3～5秒，取出迅速放入凉水中浸泡；或将干种子放入55～60摄氏度温水中，不断搅拌至水温降至30摄氏度左右浸泡；甜瓜浸种2小时、砧木浸种4小时后，沥干表面水分，在30摄氏度条件下保湿催芽。药剂处理方法：将种子放入0.1%的高锰酸钾溶液消毒20分钟，或用福尔马林200倍液浸种30分钟，清水洗净后，甜瓜继续浸种1.5小时、砧木继续浸种3.5小时后催芽播种，或催芽前用50%多菌灵500～600倍液浸种15分钟，预防真菌性病害，或用10%磷酸三钠溶液浸种20分钟，预防病毒病。

播种。提前在苗床上排好穴盘，浇透水并在基质里打孔，深度0.8～1厘米，每个孔里播一粒发芽的种子，播完后覆基质抹平，覆盖地膜，低温季节在上面加盖小拱棚、保温被。薄皮甜瓜采用插接法或贴接法育苗时，接穗和砧木同时播种，采用靠接法时，甜瓜种子应比砧木提前5～7天播种。靠接法嫁接时，甜瓜种子平盘撒播，每标准平盘播800粒。

苗期管理。嫁接苗在嫁接后的前3天，白天温度控制在25～28摄氏度，夜间控制在20～25摄氏度；盖遮阳网遮光，盖薄膜密封保湿；嫁接后第4天开始，早晚通小风、降湿、见散射光，并逐渐加大通风量，延长见光时间，至第10天可不再遮光、保湿，管理同实生苗。

4. 定植

定植前准备。定植前10～15天，大拱棚内浇水造墒，深翻耙细，整平。结合整地每亩施用腐熟圈肥5～6米^3、腐熟鸡粪2 000千克、过磷酸钙50千克。按小行距60～70厘米、大行距80～90厘米做成马鞍形垄，垄高15～25厘米。低温季节提前盖地膜或小拱棚提温。

定植。春茬甜瓜温床育苗适宜苗龄为35～40天（3叶1心），定植宜在晴天上午进行，定植时温棚内10厘米地温稳定在13摄氏度以上。夏秋茬甜瓜温床育苗适宜苗龄为20～25天，定植宜在阴天或下午进行。嫁接育苗苗龄延长7～10天。定植时在垄上开沟，先浇水，按 45～55 厘米的株距栽苗，覆土高于土坨 0.5～1 厘米，薄皮甜瓜品种栽植密度 2 000～2 200 株/亩。定植后整平垄面，覆盖地膜。

5. 定植后管理

温度调控。定植后，通过风口揭盖等管理控制温度。白天棚内温度控制在 30 摄氏度左右，夜间 17～20 摄氏度。开花坐瓜前，白天棚内温度 25～30 摄氏度，夜间 15～18 摄氏度，超过 35 摄氏度要进行放风。坐瓜后，白天棚内温度控制在 28～35 摄氏度，夜间 15～18 摄氏度，保持 13 摄氏度以上的昼夜温差。

整枝、吊蔓。大拱棚甜瓜栽培应严格进行整枝。薄皮甜瓜采用双蔓整枝、吊蔓或爬地栽培。吊蔓时，用尼龙绳或麻绳牵引瓜蔓，将瓜蔓缠在绳上，留出坐果蔓并及时除掉其余的侧蔓，坐果节位以上留 9～11 节打顶。对子蔓不易坐瓜的薄皮甜瓜品种，在幼苗长至 4～5 片真叶时摘心，留子蔓，在孙蔓上留瓜，瓜前留 2 片叶时摘心，坐果节位以上留 9～11 节打顶。

授粉。在预留节位的雌花开放时，于上午 9～11 时，取当日开放的雄花，去掉花瓣，将雄花的花粉轻轻涂抹在雌蕊的柱头上；或开花时，用 200～240 倍 0.1%氯吡脲在子房上面、下面喷雾处理，促进坐瓜。

留瓜与吊瓜。薄皮甜瓜在 10～13 节位子蔓或孙蔓上留瓜，每子蔓留 2～3 个瓜，一株留 4～6 个瓜。

肥水管理。定植后至伸蔓前，瓜苗需水量少，应控制浇水。若植株表现缺水时，可浇小水。到伸蔓期，每亩随水追施平衡肥(15-15-15) 10～15 千克。预留节位的雌花开花至坐果期间要控制浇水，防止植株徒长而影响坐瓜。定瓜后，进入膨瓜期浇大水，随水每亩追施高钾复合肥（10-6-40）10～15 千克，此肥水后，隔 10～15 天可再浇一次小水，采收前 10～15 天不再浇水。双层留瓜时，在上层瓜膨大期，每亩再追施 10～15 千克高钾复合肥(10-6-40)。

6. 病虫害防治

甜瓜主要病害有立枯病、白粉病、灰霉病、细菌性叶枯病、蔓枯病、疫病、炭疽病、病毒病等，主要虫害有蚜虫、美洲斑潜蝇、粉虱、红蜘蛛等。病虫害防治按照“预防为主、综合防治”的方针，坚持“农业防治、物理防治、生物防治为主，化学防治为辅”的原则。采收前 7 天，应首选生物制剂或天敌控制虫害，严禁使用化学杀虫剂；交替轮换使用不同类型的农药防治病虫害。

农业防治。针对当地主要病虫控制对象及地片连茬种植情况，选用有针对性的高抗、多抗品种。选用嫁接育苗，培育适龄壮苗；通过放风、增强覆盖、辅助加温等措施，控制各生育期温湿度，避免生理性病害发生；增施充分腐熟的有机肥，减少化肥用量；清洁棚室，降低病虫基数；及时摘除病叶、病果，集中销毁；选择晴天，密闭薄膜，使棚内温度上升到 40～43 摄氏度(以瓜秧顶端为准)，维持 1 小时，处理后及时缓慢降温，可防治霜霉病等病害。处理前土壤要求潮湿，必要时可在前两天浇一次水。

物理防治。通风口处增设防虫网，以 40 目防虫网为宜。大拱棚内设置黄板诱杀白粉虱、蚜虫、美洲斑潜蝇等，每亩悬挂 20 厘米×25 厘米的黄板 30～40 块。定植后，田间覆盖银灰色地膜驱避蚜虫。

生物防治。释放丽蚜小蜂控制白粉虱，释放瓢虫捕食蚜虫，释放捕食螨控制红蜘蛛、蓟马等。在害虫发生初期，按益害比 1∶(30～50) 的比例释放。

化学防治。应严格按照农药标签标注的使用范围、使用方法和剂量、使用技术要求和注意事项使用农药。白粉病可选用 300 克/升的醚菌·啶酰菌悬浮剂 45～60 毫升/亩喷雾，或 300 克/升醚菌·啶酰菌悬浮剂 45～60 毫升/亩喷雾，或 4%四氟醚唑水乳剂 67～100 克/亩，蚜虫、粉虱和斑潜蝇等可用 2.5%高效氯氟氰菊酯 2 000 倍液喷雾防治。

7. 采收

可根据授粉日期和品种熟性，推算果实的成熟度；也可根据香气和皮色变化等品种特征来判断采收适期。对果实成熟时蒂部易脱落的品种以及成熟后果肉易变软的品种，适当早收。采收宜在清晨进行，将坐果蔓切断，与果柄形成T形。采后存放在阴凉的场所。

4.2.2 番茄优质高效栽培技术

番茄起源于美洲秘鲁，明代万历年间传入我国，又名洋柿子、臭柿、蕃柿、六月柿等，既是种植户重要的收益来源，也是老百姓饭桌上最常见的蔬菜之一，目前全国各省份均有种植，北方冷凉地区为设施栽培，南方暖湿地区为露地栽培，避雨栽培。山东省是全国蔬菜种植大省，更是设施番茄最大产区，除少数产区种植秋茬以外，多数产区7、8月高温季节为休棚期，其他月均可种植。山东省番茄生产多数采用设施栽培，小面积种植或者产品自行消化的可选择春季露地种植。

番茄的生长类型有无限型和有限型，生产中多为无限型，可根据生产需求进行打顶整枝。番茄的种类丰富多样，根据果实大小不同可分为普通番茄和樱桃番茄。生产中常见的普通番茄有粉果和红果，小量种植的有黄果、白果等，果形多为圆形、高圆形、扁圆形、南瓜形等；樱桃番茄种类更丰富，果形有圆形、卵圆形、长卵圆形、椭圆形、梨形、桃形、花生果形等，果色有红色、粉色、黄色、橙黄色、绿色、紫色、奶白色、咖色、迷彩色等。

针对费县番茄产业发展现状，借助山东省农业科学院2020年8月以来实施的“三个突破”战略，蔬菜研究所茄果团队与当地政府、推广部门、种植户等多方沟通，通过新品种引进示范、培训、观摩等方式，让番茄种植户更全面地了解市场、了解番茄，进一步改进了当地固有的栽培习惯、种植结构以及发展思路，为种植户与科研、种植、销售等各方面优势资源搭建了一个可持续利用的桥梁，从品种选择到技术服务，以及销售终端为费县番茄产业发展提供了一个强有力的支撑，在种植大户的带动下，费县番茄品种由单一的普通番茄逐步调整为粉果番茄、口感番茄、樱桃番茄并存，引进了嫁接苗、自动温控设备、分光膜等技术及设备。以“胡阳番茄”为例，该地番茄种植历史悠久，自20世纪40年代开始，历经近80年，从初始的零星种植、露地种植发展到今天的规模化、产业化种植，经济效益大幅度提升。目前胡阳镇设施番茄有拱棚、温室等多种栽培模式，实现了产品的周年供应，种植面积达1.8万亩，产值突破12亿元。2013年“胡阳番茄”获得中国农产品地理标志认证，通过番茄节、采摘节、擂台赛等多种方式，提升了品牌影响力，2016年进驻上海市高端番茄市场。

番茄适应性强，产区广，栽培技术成熟，消费市场大，但品种多而杂，种苗品质参差不齐。针对费县番茄产业发展现状，从设施茬口安排、品种选择、不同生育期栽培技术要点等方面提出以下建议：

1. 茬口安排

常见种植茬口有早春茬：2～6月，秋延迟茬：6～11月，冬春茬即越冬茬：8月至次年3月，种植户可根据种植习惯、设施保温性差异及产品上市时间，适当调整种植时间，终极目标是产品上市能够获得最大效益。

2. 品种选择

目前生产中普遍存在种苗选择不能自主，育苗场决定品种。一种方式是种植户可以根据自己的销售渠道，直接购买现苗，或对接育种单位，筛选示范对应品种类型，与育苗工厂合作，采用代育苗的方式，保证种苗来源。另一种方式是订单式，要选择口碑好的合作单位，避免产品收获后供苗企业扯皮不收购，自行销售价格低影响效益。

3. 栽培技术要点

（1）定植前设施处理。定植前要进行设施的彻底清理，将上茬植株的残枝落叶、杂草、地膜、吊绳等垃圾彻底清理，保证棚室内清洁无杂物。

根据棚室病虫害发生特点，可用水淹法、药剂法进行土壤处理，清棚后用药剂熏蒸、高温闷棚可最大限度地杀灭各种杂菌和害虫，高温闷棚推荐药剂：高锰酸钾＋甲醛（每亩用量为高锰酸钾1.65千克，甲醛1.65千克，开水8.5千克），密封24小时以上；硫黄粉＋敌百虫（每亩用量为硫黄粉1千克，敌百虫3.5千克，用干锯末拌匀），点燃烟雾熏蒸24小时以上；45%的百菌清烟雾剂熏蒸（每亩用量1千克，或每次250克连续熏蒸3次，两次中间间隔7天）；福尔马林喷洒消毒（用量300～500倍）。土壤处理推荐药剂：棉隆、石灰氮、威百亩等，严格按照使用说明操作。

整地：换茬时要进行土壤深翻，深度30～40厘米即可。棚室的边角要人工辅助翻地，保证土壤表面平整、肥力均匀，可用四字总结：精耕细作。整地后起垄，一般为大小行种植：60厘米×80厘米，可双行种植或单行密植两侧吊秧。

（2）定植及苗期管理。为保证苗齐苗壮，番茄均需提前育苗，一般5～6片真叶移栽，在定植前可以提前两天将幼苗置于设施内进行炼苗，定植时用杀菌剂溶液整盘蘸根3～5秒，操作时可提头，不得提捏茎部，避免伤茎引起茎基腐病；要深栽浅埋，保证幼苗不倒即可，不必按压，以免降低土壤透气性影响发根。为预防土传病害，一般采用嫁接苗，可有效减少甚至杜绝根腐病的发生，同时壮苗也能提高抗病抗逆性。定植时要撒施地虫净，诱杀地虫，防止幼苗被啃咬；定植后要浇透水，避免幼苗不发新根，生长缓慢；盖地膜前要进行多次划锄，促进发根。苗期要根据长势情况进行适当控旺，避免植株徒长，影响植株抗病力及坐果等。

（3）开花期及坐果期管理。番茄生长类型有无限生长型和有限生长型两种，无限生长型为连续开花坐果，要根据生产需要适时打顶，不同类型均要及时打叉整枝，确保植株的正常生长。大果番茄单杆整枝，樱桃番茄和中果型口感番茄双杆整枝，同时要及时去侧枝、病叶。低温季节要使用防落素进行保花保果，高温季节可用振荡授粉器和熊蜂授粉。果实膨大期和采收旺季，均要进行追肥，以保证果实的营养需求，浇水尽量使用滴灌，少用大水漫灌，避免果实成熟期由于水分的急剧增多造成裂果，影响果实品相；另外，根据品种特点和生产要求，进行适当疏花疏果，提高精品果率。

（4）果实采收及销售。番茄为多花序，从下到上依次坐果和成熟，为保证商品性要做到及时采收。种植户可根据不同销售渠道选择不同品种，远途销售的选择果实较硬的品种，口感型品种果实硬度略差不耐运输，可以选择就近销售或采取适当保护措施进行包装运输。需长途运输的要提前采收，六七成熟时采收为宜，采收过晚在运输过程中后熟变软，会造成挤压影响品质；就近销售可以完熟采收，保证口感风味不受损。

（5）病虫害防治。番茄的常见病害有病毒病害、细菌性病害、真菌病害等，不同季节发病重点不同。春季温湿度比较适宜，病害很少发生，但要预防虫害。夏秋季温度较高，病毒性病害高发，冬季低温高湿，真菌、细菌性病害高发，因此要根据不同季节进行防护，定期灭菌杀虫，夏季喷施药剂，同时给叶面降温，冬季尽量多用烟熏剂，既预防病虫害又可降低湿度提高温度。

番茄病虫害重在预防，首先选择抗病品种，培育壮苗，保持棚室清洁避免病菌传播，通风口要增设防虫网（60目），提前悬挂黄板、蓝板，定期施药预防，不同药剂交替使用，防止产生抗药性。土传病害严重的地块推荐使用嫁接苗，能有效防止根腐病、根结线虫等土传病害的发生，提高植株耐寒、耐旱等抗逆性，减少农药的使用，节约劳动力，降低生产成本。

常用的防治病毒性病害的药剂有：盐酸吗啉胍、宁南霉素、毒氟磷、病毒克星等，防治细菌性病害的药剂有：百菌清、多菌灵、可杀得3000等，防治真菌性病害的药剂有：农用链霉素、中生菌素、克菌康等。也可定期施用氨基寡糖素、叶绿素等叶面肥，提高植株抗性。

阴雨天可用烟熏剂预防病害：10%腐霉利烟剂（每亩用量 200～300 克），或 20%腐霉·百菌清烟剂（每亩用量 200～300 克），或 15%腐霉·多菌灵烟剂（每亩用量 340～400 克）等；或用 5%百菌清粉尘剂（每亩用量 1 千克），6.5%乙霉威粉尘剂（每亩用量 1 千克），在傍晚或早晨用喷粉器施药，静止 1 小时以上，通风后进行农事操作。每 10 天防治一次，连续用药 2～3 次。

（6）肥水管理。影响番茄品质的因素很多，其中土壤有机质含量的高低是影响番茄品质的重要因素之一。生产中为了保证番茄果实的口感，建议多施有机肥，少施化肥。同时番茄为多次分散采收，持续时间长，因此整个生长期要保证肥水的充足，适时浇水追肥，合理搭配氮磷钾肥，生长旺期要增施硼肥、钾肥。采收前一周停止浇水，避免浇水过多导致品质下降或者裂果，影响果实口感和商品性；高温季节除遮阳降温外要适当增施钙肥，避免因高温引起植株吸收钙肥不畅导致脐腐病。

（7）设施内环境控制。

温度。番茄生产温度控制遵循“低温养苗，高温养果”的原则。结果期白天适宜温度为 25～30 摄氏度，夜间温度 13～17 摄氏度，果实着色最佳温度为 24 摄氏度左右，温度过高或过低都会影响植株坐果和果实着色，夜间温度不能低于 10 摄氏度，否则植株停长甚至发生冻害。

光照。设施栽培要根据天气状况尽量早揭晚盖，延长光照时间；冬季连阴乍晴时一定注意要逐渐开启保温被，防止温室短时间内全部见光升温过快，导致植株暴晒引起萎蔫；夏季高温季节要增设遮阳网，建议使用银色遮阳网，对比黑色遮阳网，银色遮阳网在降温的同时对光照影响较小；阴雨天气较多的季节，有条件的可以增设植物补光灯。

湿度。设施内由于通风较差，湿度通常较高，需要注意的是低温高湿、高温高湿均易发生各种病害，建议加设滴灌设备，减少漫灌，小水勤浇，提高水资源利用率，降低棚内湿度，同时通过加盖地膜，行间铺盖秸秆、稻壳等方式降低湿度，提高地温。

4.2.3 西葫芦绿色高效生产技术

西葫芦属葫芦科南瓜属西葫芦种，营养丰富，适应性强，种植周期短、见效快，在临沂市、淄博市等地广泛种植。西葫芦产业已成为沂蒙山区特色蔬菜产业，特别是临沂市费县“上冶西葫芦”，于2023年入选第一批全国名特优新农产品目录。随着设施西葫芦产业的发展，西葫芦栽培技术和病虫害防控技术面临挑战，结合前期的研究基础，系统总结了西葫芦绿色高效生产技术，以促进沂蒙山区西葫芦产业提质增效、绿色健康发展。

1. 品种选择

砧木品种应选择与接穗亲和力强、共生性好，抗西葫芦根腐病，对接穗品质无不良影响，符合市场需求的品种，如黑籽南瓜。接穗品种的选择根据栽培茬口：秋茬选择耐热性强、抗病毒病、植株长势好、产量高、品质好的中熟或中晚熟品种；越冬茬选用耐冷性强、低温条件下结瓜率高的早熟或中熟品种；早春茬宜选用耐寒性特别强、生长速度快的极早熟或早熟品种。

2. 育苗前准备

育苗前清理棚室，可用高锰酸钾＋甲醛消毒法进行育苗棚室消毒；一般采用穴盘法育苗，育苗基质参照NY/T 20118—2012进行配置。

3. 培育壮苗

种子消毒。温汤浸种，将西葫芦种子用纱布包好，置于55摄氏度温水中浸种10～15分钟，期间不断搅拌避免种子烫伤，或用10％磷酸三钠溶液浸种30分钟，或用50％多菌灵可湿性粉剂500倍液浸种30分钟，或用生物制剂沼泽红假单胞菌（有效活菌数≥5亿个/毫升）10毫升兑水30千克，浸种15分钟备用。

催芽。常温浸种 10～12 小时，催芽温度 28～30 摄氏度，待超过 70%种子露白时播种。

播种。多采用穴播，每穴播种 1 粒种子，播后采用蛭石或珍珠岩覆盖，浇透水；如需嫁接，则嫁接的砧木种子需要较西葫芦种子提前播种，一般秋冬茬提前 3～5 天，冬春茬提前 5～7 天。

嫁接。一般采用插接法嫁接，也可采用靠接法或者双断根法。砧木苗第一片真叶露心，接穗苗子叶变绿即可开始嫁接。嫁接时将砧木真叶和生长点剔除，用竹签紧贴子叶内侧，向下斜插；取一接穗，将子叶下部 1 厘米处斜切成长楔形；迅速拔下砧木上的竹签，将接穗插入砧木孔中；嫁接夹夹住接口确保紧密结合。嫁接后需进行 3～4 天遮阴，经过 8～10 天伤口愈合后去掉嫁接夹。

4. 定植前准备

清洁田园，清除设棚室内的各种植物残体及周围的杂草；深翻土地，减少烟粉虱、蚜虫等害虫基数。更换棚膜，将棚室各处通风口采用 60 目防虫网封闭；进出口采用 60 目纱网封闭。夏季采用高温闷棚：用 20%辣根素水乳剂 3～5 升/亩随水滴灌后覆膜，高温闷棚 3～5 天。

施肥整地，按照栽培模式科学整地，并按生长要求施用充足的底肥。一般基肥要求每亩施用充分腐熟农家肥 4 000～5 000 千克，并施用硫酸钾复合肥 25～50 千克，生物有机肥 400～500 千克，均匀撒施，深翻后平畦栽培或起垄栽培。平畦栽培，畦宽 1.3～1.5 米，双行种植，梗宽 30～40 厘米；起垄栽培，垄距 0.8～1.2 米，垄高 10～15 厘米，单行或双行种植。

5. 移栽定植

直播苗或嫁接苗 3～4 片真叶时移栽定植。定植前需对嫁接苗进行炼苗。主要措施有降低温度、减少水分、增加光照时间和强度。温度白天控制在 15～22 摄氏度，夜间控制在 8～12 摄氏度。越冬茬定植时间一般为 10 月中下旬至 11 月上旬。定植起苗前要浇透水，以避免基质松散导致伤根，提高定植存活率；定植宜选择晴天的上午进行，首先按照株距50厘米打孔，将培育好的苗子栽入孔中，封严。定植后覆膜，采用膜下暗灌浇水。

6. 缓苗期管理

定植后，白天温度控制在25～28摄氏度，夜间不低于15摄氏度，并保持土壤湿润；经过3～5天后，白天温度控制在20～25摄氏度，夜间不低于10摄氏度。温度过高时需要及时通风降温。

7. 结果期管理

温度管理。白天温度控制在25～28摄氏度，夜间控制在15～18摄氏度，能够有效促进植株生长，提高产量；冬季气温较低，光照较弱，日光温室保温能力有限，应采取自然增温保温与人工补温相结合的措施，提高弱光下的净光合效率。随着天气转暖，应及时通风降温降湿，避免高温高湿环境，减少病虫害的发生，同时避免夜间温度过高造成西葫芦徒长。

肥水管理。一般西葫芦开花坐瓜前不浇水，避免引起徒长；幼瓜膨大时开始浇水并追肥，浇水量要小，避免大水漫灌。追肥采用3%～5%腐植酸、0.5%微量元素，以及含N在13%～15%、P_2O_5 4%～5%、K_2O 18%～20%的高质量的水溶肥，每亩每次追施大量元素肥5～10千克，可以养根护根、防止早衰，延长结果期。

光照管理。西葫芦为喜光植物，生长发育要求较强的光照条件，因此，应尽量提高棚膜的透光率，增加光照时间。在冬季可以适当早揭晚盖保温被，延长光照时间；或者在棚室内挂反光幕，增加棚室内的光照强度。

吊蔓与整枝。西葫芦为蔓生植物，在西葫芦长到8～10片叶子时及时吊蔓，吊蔓可以有效地调节植株生长和果实发育关系，增强通风透光性。为减少营养消耗，应及时摘除侧芽、卷须和雄花；另外，西葫芦叶片较大，相互遮光，应及时摘除老叶、病叶，促进新叶和幼瓜的形成。

8. 西葫芦主要病虫害防治

西葫芦的主要病虫害为病毒病、白粉病、霜霉病、蚜虫、粉虱、蓟马等，对西葫芦病虫害的防治要遵循“预防为主，综合防治”的植保方针，坚持“农业防治、物理防治为基础、优先采用生物防治，科学运用化学防治”的防治原则。

西葫芦病毒病病原主要有黄瓜花叶病毒（CMV）、烟草花叶病毒（TMV）、小西葫芦黄花叶病毒（ZYMV）、西瓜花叶病毒（WMV）和南瓜花叶病毒（SqMV）等。病毒病会造成西葫芦叶片失绿，出现黄绿色的斑点，叶片皱缩卷曲，植株矮小，花冠扭曲畸形，结瓜少或者结瓜小而皱缩畸形，表皮呈黄绿斑驳状。病毒病多由蚜虫、烟粉虱等以非持久性传播或农事操作导致汁液摩擦传播。防控措施主要针对传毒介体，包括在棚室通风口设置防虫网（60 目为宜），在棚室内悬挂诱虫黄板和蓝板，每亩悬挂 20～30 片；释放天敌丽蚜小蜂防治烟粉虱、东亚小花蝽防治蓟马等。另外，在西葫芦病毒病发病前或发病初期，可以每亩喷施 0.5%香菇多糖水剂 200～300 毫升，增强西葫芦对病毒病的抗病能力，阻止病毒二次侵染。

西葫芦白粉病病原主要是单丝壳白粉菌，在西葫芦叶片两面产生白色粉状病斑，病斑上出现初期黄褐色后期黑色的闭囊壳，严重影响西葫芦光合作用，造成减产。防治措施主要有：在发病初期每亩喷施 30%吡唑醚菌酯悬浮剂 17～33 毫升，连续施用 2～3 次；或者每亩喷施 1%蛇床子素水乳剂 150～250 毫升，连续施用 2 次，可有效防治西葫芦白粉病。

西葫芦霜霉病病原主要是古巴假霜霉菌，病叶早期出现水渍状小点儿，后斑点逐渐增多变大，整个叶面出现不均匀退绿，湿度较大时叶面背部病斑处产生灰黑色霉层，最终导致叶片干枯卷曲，西葫芦整株死亡。防治措施主要有：在发病初期每亩喷施 500 克/升嘧菌酯悬浮剂 20～25 毫升，间隔 7～10 天，连续施药 2 次；或每亩用1.5%苦参碱可溶液剂24～32毫升喷雾处理，可有效防治西葫芦霜霉病。

西葫芦蚜虫、粉虱和蓟马等害虫刺吸或锉吸西葫芦叶片汁液，导致叶片变黄失绿，发育不良，植株生长迟缓，品质和产量降低。主要防治措施有清洁棚室、悬挂黄蓝板，发病初期每亩可喷施1.5%苦参碱水剂30～40毫升进行防治，也可释放丽蚜小蜂或东亚小花蝽等天敌防治。

4.2.4 青梗菜设施大棚轻简化栽培技术

青梗菜即青梗小白菜，又称小棠菜、油菜、瓢儿菜、青江菜等，北方地区多称之为小油菜，属十字花科芸薹属芸薹种白菜亚种，是小白菜（*Brassica rapa* L. ssp. *chinensis*）的一个类型，原产地为中国。其株型呈直立状，头大束腰，基部略凹陷，叶片卵圆形，青绿色，叶柄宽厚，绿白色，叶面光滑，全缘。整体株高约28厘米，开展度约28厘米×30厘米。青梗菜含有丰富的蛋白质、维生素、胡萝卜素、纤维素以及Ca、P、Fe、K、Na、Mg等矿质元素，尤其维生素C的含量超过大白菜2倍，具有较高的营养价值，是深受消费者青睐的速生叶菜之一。

青梗菜起初在我国江浙地区大量种植，现在全国各地均有分布，以华东、华中等地区栽培最为适宜。由于其植株根系浅，生长周期短，抗逆、抗病能力强，适应性广，加之不需要春化，现已实现多地设施多茬栽培、周年生产供应，可有效衔接蔬菜茬口，缓解蔬菜淡季的供求矛盾，提高土地资源利用率，且经济效益可观、社会效益显著，是标志性的叶菜类作物之一。

青梗菜喜水、喜肥，在栽培过程中需保障水肥供给，生产上采用设施喷灌技术能大大提高种植效益，适合基地化栽培。近年来，随着设施青梗菜种植产量的增加，其除了直接供应城乡居民满足日常生活需求外，更作为出口创汇蔬菜，以速冻保鲜和脱水加工形式远销日韩、东南亚等国家和地区。相比其他蔬菜，青梗菜具有生长速度快、营养价值高、经济效益好的特点，深受农业推广部门的重视，推广种植规模持续扩大，其中以临沂市费县东蒙镇为代表的叶菜种植区发展迅速，叶菜产量逐年提升。为进一步规范沂蒙山区叶菜类生产技术规程，提高当地叶菜品质，打造沂蒙山区叶菜类产品区域优势和产业集群，以下从品种选择、土壤准备、设施建造、播种、浇水、施肥、田间管理、病虫害防治、采收等方面介绍青梗菜设施大棚轻简化栽培技术。

1. 品种选择

青梗菜种植所选品种应符合当地消费习惯和各季节气候特点，选取大颗、完整度高的种子，避免选用虫蛀、裂缝、霉变种子，以免种质不好而影响整个种植进程，这是保证青梗菜栽培成功的前提。青梗菜品种从早期常规品种到如今的杂交种，品种历经更新换代，杂种一代（F_1）无论生活力、生长势、抗逆性、产量还是品质等方面均优于其双亲，商品性较好，可显著提高经济效益。目前，我国各大叶类蔬菜专业种植基地均普遍选择抗病、丰产、优质杂交种用于生产商品性好的高端叶菜。一般而言，初春和冬季应选择耐低温弱光、耐抽薹的品种，夏季应选择耐高温高湿的品种。经过前期的引种试验，金品 1 号、一品夏翠、豫艺亮绿、金品 25 四个品种更加适宜沂蒙山区气候环境，表现出较为优良的产量性状和商品性状。

2. 土壤准备

种植青梗菜的土壤应尽量保证土质肥沃、疏松、透气、排水良好，种植前需要先将田地杂草、杂质、石块等清除干净，然后施以有机肥料。种植前要保持土壤湿润，避免干湿交替。前茬土壤避免选用种植过辣椒、芫荽、芹菜等伞形科植物的土地进行种植，以免影响青梗菜正常生长。种植地块由多个平畦改为平地，即不作畦的栽培方式进行，避免造成土地浪费。

3. 设施建造

建棚方位选择背风向阳、地势平坦的地方，以南北走向为宜。

大棚宽度10米以上，棚内空间应满足小型机械作业方便且遮光少，棚架构件需选用抗腐蚀、整体强度高、承受风雪能力强的材料，留有中缝、两道边缝和三道通风口并设有防虫网、遮阳网及保温被等基本配套设施。棚体覆膜应选用耐高温、防老化的长寿膜，以保证棚内光照和温度，延长使用期限。棚内设两条喷灌管，分别置于两侧，设下拉喷头，喷头的数量须保证喷雾覆盖整个种植区域且不发生交叉灌溉。

4. 播种

播种时要掌握适时、适量原则，播种操作要均匀，表层不需盖土，株行距以5厘米×5厘米为宜，播种量按每亩500～600克，播种深度2～3厘米。播种完成后在地表喷水，使土面湿润并为种子提供适宜的渗透条件。播种方式采用小型播种机播种，即小型旋耕机深翻旋耕后将地耙平，不作畦。

茬口安排可依据实际生产需求和生产习惯而定，一般可达到七茬。第一茬于2月14日播种，4月1日开始收获，4月10日收获结束，生育期45～53天；第二茬于4月15日播种，5月9日开始收获，5月19日收获结束，生育期24～34天；第三茬于5月24日播种，6月19日开始收获，6月29日收获结束，生育期26～36天；第四茬于7月4日播种，8月14日开始收获，8月24日收获结束，生育期41～51天；第五茬于8月31日播种，9月24日开始收获，9月29日收获结束，生育期24～29天；第六茬于10月4日播种，11月8日开始收获，11月18日收获结束，生育期35～45天；第七茬于11月28日播种，1月28日开始收获，2月7日收获结束，生育期61～71天。

5. 浇水

浇水是非常重要的管理方式之一。青梗菜是喜冷凉作物，耐旱、耐瘠薄且生长期较短，其适宜生长温度为10～25摄氏度，低于10摄氏度生长缓慢或停止生长，高于25摄氏度则易出现生长异常且易感病。通常采用喷灌方式浇水，一般在早晨和晚上进行，浇水次数不宜多，保持土壤湿润即可，过多过少都会对青梗菜生长造成影响。

6. 施肥

充足的养分供给是保持青梗菜健康生长的关键，应搭配使用有机肥和化肥，选择合适的时期和方法，与浇水相结合，做到适量、均匀、及时。在高温闷棚整地后，可每亩一次性施用充分腐熟的鸡粪肥1 000千克，中间每茬青梗菜播种时，再亩施20千克复合肥做基肥。一般不用追肥。

7. 田间管理

2月上中旬后，须做好春季田间管理。随着天气转暖，应逐步增加通风量，降低棚内湿度，防止烂叶和病害蔓延，尤其中午高温时应放风1～2小时。3月上旬后，继续加大通风量，以促进植株生长，保证商品性。

夏季田间管理要注重降温、防旱和防涝。期间须保证通风量，可将棚顶部和两侧通风口打开至最大；中午高温时须覆盖遮阴网降温，遇晴天高温时，须适时增加浇水次数，防止植株因蒸腾损失太过而萎蔫；雨天则放下棚膜，防止涝害。

秋季9～10月，田间温度适于青梗菜生长，做好相应的水肥管理即可。

11月底至次年2月上旬为大棚青梗菜的越冬期。田间管理要注重保暖防冻，可采取的保温措施有扣严棚膜、覆盖保温被、保温被晚盖早揭等，遇大雪天气，应加盖一层棚膜，增加保温效果。此外，晴天温度较高的中午，应打开顶缝和边缝通风一小时左右，以利于排除棚内潮气，防止烂叶和病害发生。

8. 病虫害防治

（1）防治原则。青梗菜常见病害主要有霜霉病、灰霉病、菌核病等，虫害主要有蚜虫、斑潜蝇、菜青虫、小菜蛾、甜菜夜蛾等，其病虫害防治原则：坚持绿色防控，以农业防治、生物防治为主，化学防治为辅。化学防治采用安全、高效、低毒、低残留、低用量农药，并结合叶面肥喷施进行。农药喷施应科学、交替使用，并严格按照农药安全使用间隔期用药。

（2）农业防治与物理防治。及时轮换倒茬，降低土传病害发生概率；及时清理设施周围杂草，大棚放风口加装防虫网，减少蚜虫寄主，降低虫口基数；做好通风管理，降低棚内湿度，减少霜霉病、白粉病发生。

（3）生物防治。一是利用寄生蜂、捕食螨等天敌昆虫对害虫进行种群调控；二是利用植物源农药如除虫菊素、苦参碱、印楝素等防治同翅目、鳞翅目、半翅目等多类害虫；三是利用生物化学农药如性引诱剂来降低害虫种群密度；四是利用生防微生物制剂如 Bt 生物制剂 250～500 倍液喷雾防治。

（4）化学防治

① 霜霉病。可于发病初期喷施 75%百菌清可湿性粉剂 500 倍液、50%烯酰吗啉可湿性粉剂 2 000 倍液、68.75%氟菌·霜霉威悬浮剂 1 500 倍液或 68%精甲霜·锰锌水分散粒剂 600 倍液进行防治。

② 灰霉病、菌核病。可于发病初期喷施 40%嘧霉胺悬浮剂 1 200 倍液、40%菌核净可湿性粉剂 1 000～1 500 倍液、42.4%唑醚·氟酰胺悬浮剂 2 000 倍液或 70%代森锰锌可湿性粉剂 500 倍液进行防治。

③ 蚜虫、斑潜蝇。可用辟蚜雾可湿性粉剂或水分散粒剂 2 000～3 000 倍液、1.8%阿维菌素乳油 4 000～6 000 倍液、10%吡虫啉可湿性粉剂 2 000 倍液，喷雾防治。

④ 菜青虫、小菜蛾、甜菜夜蛾。可用安达尔 1 500～2 000 倍液、2%甲氨基阿维菌素苯甲酸盐 1 000 倍液、0.5%苦参碱水剂 1 000倍液、5.7%甲维盐水分散粒剂 4 000 倍液或 4.5%高效氯氰菊酯乳油 3 000 倍液，喷雾防治。

9. 采收

根据青梗菜长势和市场需求，适时收获。收获时，由外向内依次收割。用收割刀从底部 1～2 片叶处割下，整齐放入菜筐并装箱出售。

4.2.5　草莓设施栽培技术

草莓（*Fragaria ananassa* Duch）为多年生草本植物，是经济价值较高的小浆果，其外观呈心形，鲜美红嫩，果肉多汁，具有特殊的浓郁水果芳香。草莓营养价值高，富含维生素 C、维生素 A、维生素 E、维生素 B_3 和其他微量维生素等多种营养成分，被称为“水果皇后”，备受消费者的青睐。草莓因具有成熟早、易繁殖、周期短和病虫害少等特点，已成为设施栽培首选的浆果品种。草莓设施栽培作为草莓产业发展的新兴形式，是草莓现代化生产的重要标志。近年来，地处沂蒙山区腹地的山东省临沂市在推进农业结构调整过程中，积极引导农民栽种优质大棚草莓，使草莓设施栽培面积日益增加，生产效益迅速提高，取得良好经济效益。草莓的设施栽培过程需要考虑土壤环境、种植时间、肥料种类、病虫害防治等多个因素，其中，选用适宜的土壤和肥料、科学管理水分、控制病虫害是保证草莓产量和品质的关键。为进一步推动沂蒙山区草莓设施栽培的发展，以下从品种选择、产地要求、育苗与种苗选择、定植、栽培管理、病虫害防治和采收等方面介绍草莓设施栽培技术。

1. 品种选择

对于新鲜食用的草莓而言，一般要求果实重量大且味道浓厚，同时，需要具备丰产优势，且果实耐运输与储存。草莓品种的选择应当依据沂蒙山区当地市场需求、气候条件以及生态环境等多方面因素确定，通常情况下选择休眠期较短、长势较好、抗性较强，且品质及产量均较高的品种。每块草莓田可选择早、中、晚熟品种搭配种植，以延长新鲜草莓供应时间，实现鲜果均衡上市。就沂蒙山区当地实际情况而言，设施栽培选择的草莓品种主要有丰香、香野、甜查里、粉玉、章姬等。

2. 产地要求

（1）园地选址。草莓根系较浅，对土壤、水肥要求严格，应选择有良好灌溉和排水条件的地块，同时，要求土壤质地疏松、透气、肥沃，中性或弱酸性（pH 5.5～7.0）为宜，土层厚度在60厘米以上，地下水位1米以下。前茬作物选择与草莓无共同病虫害的小麦、玉米、水稻、豆类等，忌马铃薯、茄子、番茄等茄科作物及西瓜、甜瓜等葫芦科作物。

（2）设施类型。①半促成栽培。主要是采用保温、增温的方法，使植株提早恢复生长，提早开花结果，主要供应春节后的市场。通常采用小拱棚、中棚、大棚以及日光温室栽培。②促成栽培。又称草莓特早熟栽培，是以早熟、优质、高产为目标。南方地区以大棚栽培为主，北方地区以日光温室为主。③冷藏抑制栽培。主要是为了满足7～10月的新鲜草莓供应。其利用草莓植株及花芽耐低温能力强的特点，对已经完成花芽分化的草莓植株在较低温度（—2～3摄氏度）下冷藏。

3. 育苗与种苗选择

在草莓结果期，选择丰产性较好、长势较好、果实外观及品质均优良的植株进行隔离繁殖。选择茎尖大小≤0.5毫米的抽生匍匐茎苗，在组织培养室内对其进行诱导扩繁、生根培养、炼苗，检测无毒后，网室隔离繁殖匍匐茎苗，在假植之后将其用作繁殖种苗。种苗选择标准为：苗龄40～50天，植株完整、无病毒、无病虫害，具有4片以上展开叶，叶色呈鲜绿色，叶柄粗壮而不徒长，根茎粗10毫米以上，根系发达，须根多而粗，呈黄白色，苗重20克以上，中心芽饱满，顶花芽分化完全。

4. 定植

（1）土壤消毒。对于土壤障碍较轻的地块，可采用太阳能消毒。在夏季高温季节，将农家肥均匀施入土壤，深翻 30～40 厘米，灌透水，然后用塑料薄膜覆盖压严并覆大棚膜，密封土壤 40 天以上。

针对连作年限较长、病原菌较多、土壤障碍严重的地块，可采用化学药剂消毒。常用棉隆（Dazomet）进行消毒，前茬草莓采收结束后整地，深犁地 30 厘米以上，提前浇水，保持土壤湿度在 75%以上，每亩用药量 20 千克，撒施或用喷粉机喷施，施药后立即用旋耕机混土，混匀后覆盖塑料薄膜，夏季覆盖时间在 15 天以上，后茬草莓定植前 1 周通气。

（2）整地。8 月中旬整地，施入基肥，深翻耕匀后做成南北走向的高垄。垄的规格为：上宽 40～50 厘米，下宽 50～70 厘米，高 30～40 厘米，垄沟宽 30 厘米。起垄后安装喷灌和滴灌设备，定植后 15～20 天内，使用喷灌以提高成活率，植株成活后撤掉喷灌，使用滴灌。

（3）定植。8 月 20 日至 9 月 20 日定植。定植前在棚架上覆盖遮阳网，提前 1～2 天喷水洇垄，不平整的地方进一步整理。双行定植，株距根据具体的草莓品种而定，对于株型较大的草莓品种，株距可在 20 厘米左右，对于株型大小中等的草莓品种，株距在 16～18 厘米，而对于株型较小的草莓品种，株距则在 15 厘米左右。植株距垄沿 5～10 厘米，行距 25～30 厘米，每亩定植 6 500～8 000 株。起苗前苗床浇透水，多带土、少伤根，同时做到边起苗、边保湿、边定植，定植时要做到"深不埋心、浅不露根"，使苗的弓背方向朝向垄沟外侧。定植后 7 天内，每天喷水 2～3 次，之后根据土壤湿度进行灌溉，并喷洒广谱性杀菌剂 1 次。

5. 栽培管理

（1）肥水管理。

① 施足基肥。草莓基肥以有机肥为主，整地时，每亩施入腐熟的优质农家肥 4 000～5 000 千克和腐熟饼肥 100 千克或优质商品生物有机肥 2 000～5 000 千克，45%硫酸钾型氮磷钾三元复合肥

40～50千克，过磷酸钙50千克。针对沂蒙山区部分偏碱性土壤，每亩增施50～100千克硫黄粉改良土壤。

② 适时追肥。在定植后铺地膜前，追施促苗肥1次，亩施氮磷钾复合肥（15－15－15）10～15千克或高效水溶肥（20－10－20）8～10千克；在顶花序现蕾期、果实膨大期、果实采收前、果实采收后，一直到采收期结束，每隔15～20天追肥1次，每次亩施氮磷钾水溶肥3～5千克，配合3～5千克水溶有机肥，结合水肥一体化系统灌溉。

③ 叶面施肥。开花前喷施1次0.3%硼砂；从9月下旬开始，每隔15～20天喷施1次0.2%～0.3%磷酸二氢钾，复配氨基酸、黄腐酸等有机类叶面肥；从10月中旬开始，每隔15～20天叶面喷施1次0.2%的硝酸钙或螯合钙。对于易缺铁黄化的品种，叶面喷施0.1%～0.2%硫酸亚铁或0.2%螯合铁2～3次，间隔10天。

（2）温湿度管理。

① 扣棚与覆膜。适时扣棚在草莓设施栽培中十分重要，过早会影响花芽分化和旺长，过晚会造成草莓深休眠、植株矮化、发育不良等。一般在11月中旬前后，设施外最低气温降到8～10摄氏度、平均温度降到15摄氏度左右为保温适期，覆盖大膜；夜间设施内温度应保持在5摄氏度以上，低于5摄氏度时，日光温室覆盖棉被或草帘，塑料大棚覆盖二膜；低于0摄氏度时，塑料大棚覆盖三膜。扣棚后7天左右覆盖地膜，全园覆盖，不露土壤，用黑色膜或银黑双色膜。

② 温度管理。保温开始后，需保持较高的温度，白天28～30摄氏度，最高不超过35摄氏度，注意防止高温烧苗，夜间12～15摄氏度，最低不低于8摄氏度。现蕾期：白天25～28摄氏度，夜间8～12摄氏度，不可超过13摄氏度。开花期：白天22～25摄氏度，夜间8～10摄氏度。膨果期：白天23～25摄氏度，夜间6～8摄氏度。果实采收期：白天20～23摄氏度，夜间5～7摄氏度。

③ 湿度管理。应在现蕾期前灌水，遵循“湿而不涝、干而不旱”原则。花芽分化期土壤含水量可控制在田间持水量的60%，

营养生长期达到 70%，果实膨大期可达 80%。棚室内空气相对湿度应控制在 70%以下。土壤含水量不能过高，以免形成涝地，导致土温低、通气差，影响根系生长和果实着色，造成果实品质低且容易烂果。

（3）光照管理。草莓喜光照，较耐阴，对日照时长要求较为严格。在花芽分化期要求 10～12 小时的短日照和 10～24 摄氏度的较低温；在开花结果期和匍匐茎抽生期需 12～15 小时的长日照。一般每 18～24 米^2 安装 1 只植物补光灯，结合植株不同生育期对光照的要求，每天在日落后或放草苫后进行适当补光，一般日均补光 4 小时以上，可增产 25%以上。

（4）植株与花果管理。为了保证有足够的叶面积、合理的花茎数及田间通风透光，要经常进行植株整理。整株的总原则是：既不使茎叶过密，又要保证有足够的绿叶数、适宜的花茎数。在修剪时要注意保留主干和侧枝，以及控制花芽数量和方向。顶花序开花时，在主茎两侧保留 1～2 个健壮侧芽，其余弱小侧芽和匍匐茎及早摘除，每株保留 10～15 片绿叶，定期摘除衰老叶片。对于生长势较旺的品种，扣棚后 10 天左右，有 2 片新叶长出，可喷施 10 毫克/升赤霉素 1 次，每株用量 5 毫升，喷在苗心部位，现蕾期再喷 1 次。喷施时间以晴天清晨或傍晚时为宜，避免在午间高温时喷施。

花期可采用熊蜂或蜜蜂授粉，以提高授粉率，防止畸形果发生。在开花前 3～4 天，将蜂箱放入温室，每座温室放 1 个蜂箱即可，熊蜂或蜜蜂数量以每株草莓 1 只为宜。注意放蜂期间不能使用对蜜蜂有害的杀虫剂或烟熏剂。将花序整理到垄的外侧，顶花序结果后，将畸形果和病虫果全部摘去。当坐果较多时，也可适当摘除一部分小果。若植株生长旺盛、叶面积较大、开花数多，可将第三、四级分枝果序上的花疏除。大果型品种每花序保留 3～4 个果，中等果型品种每花序保留 6～8 个果，部分品种也可以不疏花疏果。

6. 病虫害防治

（1）农业防治。选用抗病品种、脱毒种苗，选择地势较高的地块栽植草莓，全园覆盖地膜，控制田间湿度；实行轮作，定植前深耕，采用高畦栽培，合理密植，控制施肥量；清除病原，及时摘除病、老、残叶及感病花序，剔除病果并销毁；当茬生长结束后彻底清园，减少初侵染菌源和虫源。

（2）物理防治。在温室放风口及出入口设置防虫网隔离；室内用黄板诱杀蚜虫类害虫，用蓝板诱杀蓟马类害虫。

（3）药剂防治。应选用高效、低毒、低风险的农药，对症下药，适时用药，注意药剂的轮换使用；对化学农药的使用情况进行严格、准确的记录。农药安全使用按《NY/T 1276—2007》的规定执行。

（4）主要病虫害综合防治技术

① 蚜虫。主要在草莓幼叶、花、心叶等部位吸取汁液，受到侵害的叶片会出现蜷缩、扭曲变形等现象，影响草莓发育。防治方法：及时摘除老叶，铲除杂草，清洁田园，减少蚜虫的越冬虫源和场所；在设施内放养七星瓢虫、食蚜蝇、草蛉等蚜虫的天敌。花前喷药1～3次，花后尽量不喷药，采果前15天停药。可采用50%敌敌畏1 000倍液、40%抗蚜威1 500倍液、50%避蚜雾2 000倍液、40%蚜螨净1 000倍液喷施。

② 红蜘蛛。主要刺吸草莓未展开嫩叶中的汁液，使组织和叶绿素受到破坏，导致叶片发育迟缓、皱缩，严重时叶片发红，呈铁锈色。防治方法：及时摘除老叶，铲除杂草，带出田园集中烧毁，减少红蜘蛛的越冬虫源和场所；加强水分管理，避免出现干旱的情况；在设施内放养瓢虫、草蛉等红蜘蛛的天敌，防止红蜘蛛的大量发生。开花前，喷洒40%三氯杀螨醇乳剂2 000倍液、40%蚜螨净1 000倍液、0.2～0.3波美度石硫合剂；采果前，喷洒残留度低的药剂，如20%增效杀灭菊酯5 000～8 000倍液或阿维菌素。采收前15天停药。

③ 蓟马。主要危害草莓的花蕊、花瓣、幼果，造成授粉不均匀，导致果实僵果或者畸形，影响产量和品质。防治方法：发生虫害后，使用6%杀菌素1 500倍溶液或者螺虫乙酯悬浮剂1 500倍稀

释液进行喷施防治。

④ 盲蝽。主要吸食草莓幼果顶部种子的汁液，形成空种子，造成果实畸形。防治方法：及时摘除老叶、病果，铲除杂草，清洁田园，减少盲蝽的越冬虫源和场所；虫害严重的地块，可在秋末或春初，于向阳背风处捕杀越冬的盲蝽。开花前，可用40%氧化乐果乳剂 2 000～3 000 倍液或25%鱼藤精 2 000 倍液喷洒防治成虫，每 10 天喷1 次，连喷 2～3 次。

⑤ 白粉病。主要危害草莓叶片和果实，叶片发病后，会形成菌丝层，叶片略向上卷缩，白色菌丝逐渐长出白色粉状物，果实受害后，生长和膨大受阻。防治方法：合理密植，控制氮肥施用；及时清除老病叶、病果，带出集中深埋。发病初期可喷施 25%粉锈宁可湿性粉剂 3 000～5 000 倍液、70%甲基硫菌灵可湿性粉剂 1 000 倍液、50%退菌特 800 倍液、50%多菌灵可湿性粉剂 1 000 倍液，每隔 7 天喷药1 次，以上药剂交替使用。开花后停药。

⑥ 灰霉病。主要危害果实、花和花蕊，危害性广，感染后植株死亡率高，病害发生后，会在表层产生一层灰色的霉层。防治方法：加强管理，控制氮肥和水分，防止徒长；栽培上密度不能过高，以免形成高湿环境；及时摘除病果和枯叶，集中带到设施外烧毁或深埋。现蕾前可用50%速克灵或 50%多满灵、百菌清、甲基硫菌灵喷雾防治，一般 7～10 天喷药 1 次，共喷 2～3 次，以上药剂交替使用。开花前可用等量式波尔多液 200 倍液，严重时每隔 10 天喷 1 次。

⑦ 轮斑病。主要危害叶片，也可侵染叶柄和匍匐茎。感病初期，叶面上产生多个紫红色小斑。随着病斑扩大，变成椭圆形，沿叶脉形成 V 形病斑，病斑进一步扩展，中心部分变黑褐色，周围黄褐色，边缘呈现红色或紫红色，病斑上出现明显的轮纹。防治方法：及时清除老病叶、病果，带出集中深埋，清除病源；注意通风换气，降温降湿。发病初期可喷施 70%甲基硫菌灵可湿性粉剂 1 000 倍液、50%退菌特 800 倍液、50%多菌灵可湿性粉剂 1 000 倍液、65%代森锰锌可湿性粉剂 500 倍液，每隔 7 天喷药 1 次，以

上药剂交替使用。开花后停药。

⑧ 叶斑病。主要危害叶片，发病初期叶片表面出现淡紫红色小斑点，随后扩大成圆形病斑，中央棕黄色，后变灰白色。防治方法：及时清除老病叶、病果，带出集中烧毁，清除病源；加强水分管理，减少氮肥施用量，避免设施内湿度过大。发病初期可喷施70%甲基硫菌灵可湿性粉剂 1 000 倍液、50%多菌灵可湿性粉剂 1 000 倍液，花前可喷 1 次等量式波尔多液 200 倍液，每隔 2 周喷药 1 次，以上药剂交替使用。

⑨ 角斑病。主要危害叶片、果柄、花萼、腋芽等部位，病斑呈水渍状淡褐色，后期干枯粉碎。防治方法：移栽前清除杂草，深翻地灭茬，减少病源；合理轮作，水旱轮作最好；选用长势强、耐寒、耐阴、抗病品种；移栽前 3 天喷施一次防病治虫的药剂；幼苗盖墒前喷药；选择排灌方便的田块，开好排水沟，避免田间积水；覆盖地膜，防止土壤中的病原菌侵害植株地上部。选用 70%甲基硫菌灵、75%百菌清、40%多硫悬浮剂、50%多菌灵等药剂交替喷施防治，每隔 7 天左右喷药 1 次，连续喷施 2～3 次。

7. 采收

草莓鲜果组织娇嫩，容易受机械损伤和微生物污染而腐烂变质。在常温下，草莓 1～3 天后就开始变色、变味。因此，适时采摘并选择合适的保存方法是延长草莓鲜果保存期的关键。

（1）采收时期。草莓果实以鲜食为主，应在果实表面着色达到 80%以上，果实由硬变软时及时分批采收。冬季和早春温度低，要在果实 8～9 成熟时采收。早春过后温度逐渐回升，采收期可适当提前。选择上午或傍晚温度较低、露水已干时采收。

（2）采收方法。软果型品种采收时，将手形成空心不挤压果皮，用拇指和食指掐断果柄，采摘的果实要求果柄短，不损伤花萼，无机械损伤。硬果型品种采收时，用手轻握草莓斜向上扭一下，果实即可轻松摘下，不带果柄。采后 2 小时以内放进冷库预冷 1 小时后，进行果实的分级包装。

4.3　设施瓜菜产业典型案例——小叶菜　大产业

习近平总书记指出，“乡村振兴，关键是产业要振兴”“产业兴旺，是解决一切问题的前提”。如何促进产业发展、提高农民收入是新农村发展面临的现实难题。为深入贯彻习近平总书记对山东省提出的“打造乡村振兴齐鲁样板”重要指示要求以及在视察山东省农业科学院时提出的“给农业插上科技的翅膀”重要指示精神，2020 年 6 月，山东省农业科学院实施“三个突破”战略，着力打造县域乡村振兴科技引领型齐鲁样板。2021 年 5 月，院党委决定实施“包村制”，开展科教兴村建设，通过科技力量助推产业发展，促进农民增收。

2021 年 8 月，山东省农业科学院启动“百名首席兴百村（企）”活动，蔬菜研究所植保团队首席专家张卫华研究员带队到费县北石沟村开展帮扶工作，经过连续两年数个科技元素的注入，手把手将北石沟村带到“亿元村”。

1. 调研掌握北石沟村的产业现状，找问题

北石沟村全村耕地面积 3 000 亩，蔬菜种植面积 1 500 多亩，主要种植绿叶菜：小油菜、生菜、油麦菜等，亩收入稳定且可观，效益在 3 万～4 万元/亩，群众的种植积极性很高，但是制约产业高质量发展还有以下短板：棚室简易、七零八落；叶菜品种单一、品种更新慢；叶菜生产劳动强度大、劳动力短缺、机械化水平低；重茬种植造成连作障碍、土传病害严重。这些问题严重制约了北石沟村菜农和村集体增收致富，亟待转型升级提质增效。

2. 考察新型设施，助力建设叶菜生产基地

邀请东蒙镇王恩海镇长率团考察新型拱棚的结构、建造成本、优缺点等，同时助力北石沟村村党组领办的费县金领果蔬种植专业合作社陆续建立了 24 座新式拱棚、总面积为 86 亩的叶菜生产基地。

3. 引进良种，配套良法，农机农艺结合，促进叶菜生产全程机械化

针对当地叶菜生产品种单一、品种更新依赖菜农自购邮寄等问题，北石沟村在专家助力下，引进中国农业科学院蔬菜花卉研究所、山东德高种业有限公司以及山东省农业科学院蔬菜所的青梗菜品种33个，快菜品种10个，菠菜品种6个，生菜品种8个，芥菜品种6个；同时，从机械化栽培模式入手，良种良法配套，农机应用涵盖整地、种植、植保、灌溉、采收等生产环节，促进叶菜生产全程机械化，减少用工。

4. 开展技术培训，建立专家工作室

引进叶菜类蔬菜土传病害绿色防控技术，切实解决本地叶菜连作障碍、根肿病严重的难题，举办“叶菜类蔬菜高质量发展培训会”对北石沟村新型农业经营主体代表、叶菜种植大户等进行培训，培训人数150人次；成立以张卫华研究员为专家代表的专家工作室，更好地凝聚农业骨干力量，培育更多乡村人才，实现农业生产零距离对接，促进农民增收。

5. 叶菜分级和建立蔬菜批发市场，提高产品附加值

为了进一步促进北石沟村设施叶菜产业发展，延长叶菜产业链，解决当地混收混卖价格低的问题，提高农户和集体收入，金岭果蔬种植专业合作社建设了叶菜批发市场，目前已建设一个建筑面积2 100米^{2}的叶菜分拣棚和一个2吨规模的自用冷库，同时计划建设一个300吨的冷库，叶菜预冷，方便远距离运输，增加叶菜的附加值。

6. 小叶菜大产业，多项举措促增收

目前，费县金玲果蔬种植合作社的生产模式已成为当地叶菜种植的参考示范工程，带动村集体经济收入翻了一番，科技引领示范作用带动当地农民人均年收入提高了3 000元，据北石沟村党支部书记估算，截至2022年底，该村村民存款已过亿元。

第 5 章

特色高值食用菌栽培发展模式

5.1 食用菌产业概况

5.1.1 食用菌产业发展现状

中国是世界上最大的食用菌生产国和消费国，改革开放 40 多年来，我国食用菌产业发展迅速。自“十四五”以来，山东省各级政府高度重视食用菌产业发展，鼓励技术创新、积极研发新兴技术、不断改进现有问题，在发展现代农业、转移农村剩余劳动力、增加农民收入等方面取得了显著成效，实现了食用菌产业从推动脱贫攻坚向乡村振兴平稳过渡。

近年来，山东省食用菌常年总产量在 400 万吨左右，在产量、产值及综合指标上连续多年位居全国前列，是全国生产、出口和菌包外销的大省。食用菌栽培品种有 40 余种，过万吨的品种有 15 个。其中平菇 107 万吨，金针菇 61.8 万吨、毛木耳 51.7 万吨、香菇 26.6 万吨、黑木耳 11.6 万吨，分别占全省食用菌总产量的 35.11%、20.35%、17.03%、8.74%、3.81%。桑黄、红托竹荪等新引进品种种植面积不断扩大，珍稀菇类品种不断丰富。全省食用菌产量超万吨的县（市、区）有 3 个，分别是鱼台县、冠县、邹城市。产值超亿元的县（市、区）有 26 个，其中邹城市 31.6 亿元位居第一位。产值在 10 亿～20 亿元的有 5 个，分别是金乡县、惠民县、鱼台、兰陵县、冠县。2021 年新冠疫情对山东省影响范围较大、持续时间较长，出现了生产成本大幅提高、交通不畅导致产品销售受阻、产品价格波动较大等问题，全省采取一系列措施积极应对各种难题，保障产业平稳发展。全省食用菌菌种（菌包）企业达到 133 家，年产菌包约 6.2 亿袋，其中自用 3.9 亿袋，出口或销售 2.3 亿袋。全省食用菌工厂化生产企业数量为 95 家，产值达 54.2 亿元。全省食用菌生产投料总量达 296.34 万吨，消耗农业废弃物共计 286.8 万吨，占投料总量的 96.8%。全省食用菌共产生菌渣189.2万吨，用作肥料、有机肥、菌渣饲料、养殖垫料和燃料、栽培基质。邹城市打造以食用菌为主导产业的三产融合蘑菇小镇吸纳就业12 000余人，走出了乡村振兴的新路径；山东七河生物科技股份有限公司菌棒出口数量及销售额位列全国同行业第一位。

沂蒙山区地处暖温带季风区大陆性气候区，年平均气温12～14摄氏度，且森林覆盖率高，拥有得天独厚的食用菌生长环境。目前，临沂市鲜菇产量250～270吨，产值15.5亿元，出口杏鲍菇罐头3 100吨、香菇菌包706万包，创汇1 348万美元。主要栽培的品种有：平菇、黑木耳、金针菇、双孢蘑菇、杏鲍菇。辅栽品种有：香菇、大球盖菇、羊肚菌、银耳、白灵菇等14个品种。其中，产量在1万吨以上的有平菇12.2万吨，黑木耳8.4万吨，金针菇1.6万吨，大球盖菇1.04万吨（张奎华等，2019）。兰陵县和费县年产量在1万吨以上。主要栽培模式有露地栽培、大棚栽培、小拱棚栽培、林下栽培、半地下栽培、工厂化栽培6种模式（曹荣利等，2020）。目前，临沂市食用菌产业已形成沂南蒙阴县以菇棚菇房模式栽培平菇，兰陵县以菇房模式栽培金针菇，兰山区、高新区、临沭和费县以露地模式栽培黑木耳，蒙阴以双层钢架高棚模式栽培香菇，河东区、临港区、平邑县和罗庄区以工厂化模式生产杏鲍菇（曹荣利等，2020）。

5.1.2 地方产业政策规划支持

自2004年以来，临沂市政府把食用菌产业发展作为农民致富项目，列入了全市百万农户致富工程的实施内容，使食用菌产业得到了较快发展，为农民增收致富起到了很好的作用。2010年市政府成立了全市食用菌产业发展领导协调小组，2011年市政府出台了《临沂市食用菌产业发展的意见》，把食用菌产业发展列入全市“十二五”八大产业振兴计划，制定了全市食用菌产业发展振兴规划。市政府连续4年对林下栽培食用菌和用作物秸秆栽培食用菌的企业给予奖励，对非耕地林下栽培食用菌的企业进行补贴，共计补贴373.1万元（张奎华等，2019）。2022年，在临沂市政府发布的《临沂市“十四五”推进农业农村现代化规划》通知中，强调要大力发展食用菌工厂化生产，建设食用菌工厂化生产基地；提升壮大蔬菜、果品、粮油、中药材、畜禽、食用菌、柳编及花卉等优势突出、特色鲜明、上中下游相互承接的产业集群。临沂市一直坚持品种多元化、生产模式多样化、生产流程标准化的生产形式，注重产品品质，致力于打造自主品牌，目前已有“菇婆婆”“效峰”“亿众”等品牌被评为沂蒙优质农产品“十佳品牌”或“知名品牌”。

5.1.3 存在问题与挑战

临沂市食用菌产业发展仍存在难题和痛点，主要表现在：经营主体规模小，缺乏大型龙头企业，带动能力弱；经营主体缺乏资金，难取得国家项目支持，发展缓慢；食用菌新品种、新技术应用少，缺乏高价值的食用菌品种和食用菌生产新技术，食用菌产量较低；食用菌行情不稳，种植户收入不稳定，菌农信心和投资动力不足。

5.1.4 发展路径及对策

1. 加大优良菌种的引进、示范和推广力度

积极引进新品种，建立菌种试验基地，开展菌种的引进、试验、示范、推广工作，扩大优良品种生产规模，确保优良菌种供应，提高食用菌产量和品质。

2. 规范生产程序，做好培训和指导工作

制定并推广统一的食用菌标准化生产技术规程，规范和提升食用菌生产程序。充分利用现有条件和技术力量，采取脱产理论培训、现场指导、交流观摩等方式，提高食用菌生产重点县（区）、乡（镇、街道）的管理人员、技术人员和菇农的工

作能力和业务素质。

3. 建立专业的交易市场，规范食用菌交易

在食用菌生产重点县区、乡镇，建设食用菌交易市场，为外地客商收购提供场地，坚决杜绝欺行霸市、强买强卖行为的发生，打击垄断市场、联手坑农害农的行为。借助蔬菜销售网络筹建全国或区域性食用菌销售网络体系，扩大食用菌的销售量，解决销售难的问题。

4. 引进加工技术，提高产品附加值

引进现代化的食用菌加工企业和先进技术，提高产品的精深加工能力，延长产业链条；实施品牌战略，进一步树立地方品牌优势，提高产品附加值，并发挥其“拓市场、带基地、连农户、搞加工”的作用。

5.2 食用菌主要技术模式

5.2.1 香菇新型基质栽培技术

香菇富含蛋白质与氨基酸，可以作为优质的蛋白质与氨基酸来源食品。据中国食用菌协会统计，2020 年全国香菇总产量为 1 188.21 万吨，占食用菌总产量的 29.25%。香菇栽培的主要原料是栎树等阔叶树硬杂木木屑。近年来，我国提出“全面停止天然林商业性采伐”政策。导致木屑供不应求、价格上涨，传统栽培原料已不能满足产业需求，寻找新的栽培基质对香菇产业发展和保护生态平衡均具有积极意义（田龙等，2023）。费县是农业大县，中国板栗之乡、核桃之乡、西瓜之乡，林果种植面积 75.2 万亩，蔬菜种植面积 20.9 万亩，每年产生农作物秸秆 30 万吨、尾菜 10 万吨、林果枝条 20 万吨、林业板材废弃物 100 万吨，可就地取材，变废为宝，为香菇产业发展提供了新的基质来源，还可推动费县农业废弃物资源化利用。

1. 栽培设施

适宜香菇生产的设施为日光温室、有棉被覆盖型的大棚、双膜型大棚和智能菇房等。菇棚大小以 300～500 米^2（长 40～50 米、宽 8～10 米）为宜，菇棚太宽时采光不好，太长时通风受阻。棚间距不小于 4 米，棚区水路电路完整，棚内安装喷淋系统。

层架式栽培：层架一般采用钢架结构，床架搭六层，第一层离地面 15 厘米，每层之间距离 27～30 厘米，面宽 1.2～1.4 厘米，床与床间距 60～70 厘米。棚顶置微喷带，在距棚顶 70～100 厘米处加盖一层遮阳网，每亩摆放 12 000～15 000 棒。

地摆式栽培：每排铁线距离 18～25 厘米，每排过道 30～40 厘米，菌棒与地面成 70～80 度角斜靠在铁线上，每亩地摆放 8 000～10 000 棒。

2. 栽培季节

通过不同生产设施、不同品种的选择，香菇可实现周年生产。有棉被覆盖型的大棚和双膜型大棚适宜越夏生产，出菇时间以 3 月至 10 月为宜。日光温室型大棚适宜越冬长季节栽培，出菇时间以 9 月至翌年 5 月为宜。智能化菇房可周年出菇。

3. 品种选择

越冬长季节生产以 L808 和申香 215 等长菌龄品种为宜，越夏生产以 0912 和申香 1513 等短菌龄品种为主。

L808：中高温型菌株，菌龄 110 天左右。子实体单生，中大叶型，半球形；菌盖深褐色，菌柄上粗下细，基部圆头状；吸水后菌盖变化不明显，货架期长，适宜鲜销。菌丝生理成熟即可转色，菇蕾形成期需 6～10 摄氏度的昼夜温差刺激，最适出菇温度为15～22 摄氏度，出菇后要及时补水，促进菇蕾发生（邓春海，2021）。

申香 215：广温型品种，菌龄 100～110 天，抗逆性强，耐高温能力强，可越夏。子实体单生，中大型，菇型圆整；菌盖浅棕色，菌肉结实，菌盖纵切面顶端呈凸形；鳞片白色，分布在菌盖周边；菌柄常温时为柱状，低温时上粗下细，属于中等长度；菌盖直径与菌柄长度比中等偏短（宋莹等，2020）。

0912：速生型菇，该菌株具有菌丝生长速度特快，大型菇叶，菇型圆正，柄短叶厚，质地坚实，优质菇率特高等特点。子实体菌伞直径 7.5 厘米，菌伞厚度 1.9 厘米，菌柄长度 4.4 厘米，菌柄直径 1.4 厘米。生物转化率 85%左右，优质菇率 96%以上。出菇温度 10～29 摄氏度，一般在 22～26 摄氏度条件下从接种至长满袋只需 32～35 天。所以耗氧量较大，需注意通风透气（张忠伟等，2014）。

申香 1513：中温型品种，菌龄 100～110 天。子实体单生，大型，菇形圆形或椭圆形，菇盖黄褐色；菇肉厚，菇质硬，开伞慢，极易成花；鳞片白色，中等大小，分布在菌盖周边；菌柄柱状，中等长度，表面有纤毛；菌盖直径与菌柄长度比中等偏小；菌褶排列规则，为伞形，偶尔为波状；菌丝抗逆性强；出菇整齐度好（张美彦等，2018）。

4. 原材料处理

桃木枝桠、板栗木枝桠以及金银花藤蔓应及时晾晒，避免腐烂。修剪下来的枝条要根据生长年限和粗细进行初步分类，并规整后打捆晾晒。树枝条经晾晒后，含水率达到以下要求时，应及时粉碎：多年生果树枝条含水率应为 40%～50%；当年生果树枝条（直径≤3 厘米）含水率应为 20%～30%；藤类、树皮韧性大的枝条（如金银花等）含水率应为 15%～20%。

粉碎时，使用锤片式粉碎机，1 厘米筛孔，最大不超过 0.6～0.8 厘米见方的薄片，粗细混合，丝状更佳。颗粒度长×宽×厚为（0.8±0.4）厘米×（0.5±0.3）厘米×（0.2±0.1）厘米，无霉烂，无结块，无异味，无油污等化学污染。

栽培料配方：①杂木屑 79%、麦麸 20%、石膏 1%，含水量 50%～65%；②杂木屑 40%、桃木屑 40%、麦麸 18%、石膏 2%，含水量50%～65%；③板栗木屑70%、农作物秸秆20%、麦麸10%，含水量50%～65%；④金银花茎藤屑48%、杂木屑30%、麦麸10%、蔗糖10%、石膏2%，含水量50%～65%。

5. 栽培基质制备

按计划生产数量和配方中的各原料的比例称取重量，按照顺序依次加入搅拌机内，在未加入水的情况下搅拌均匀，干料拌匀后，加入水充分拌匀使含水量达到55%左右。使用自动装袋机装袋，一般使用聚丙烯菌袋（15厘米×55厘米×0.05厘米），装袋结束后，机械扎口，扎口后在菌棒底部扎一小孔，贴上通气胶带。同时用眼观、手摸法检查菌棒是否存在微孔，发现后及时用通气胶带粘贴。

6. 灭菌及冷却

装好的菌棒要及时灭菌。可采用常压灭菌或高压蒸汽灭菌。常压灭菌，物料温度达到100摄氏度后，根据灭菌条件调整灭菌时间，保持12～24小时，料棒堆之间留有空隙，利于空气流通。高压蒸汽灭菌，先排空柜内冷空气，然后关闭排气阀，当灭菌温度上升至112～118摄氏度时，保持330分钟以上，待料温降至70～90摄氏度时，将灭菌后的菌棒移入无菌冷却室，冷却至27摄氏度以下。

7. 消毒接种

菌种应在接种前一天使用新洁尔灭、次氯酸钠或二氯异氰尿酸钠等消毒液进行表面消毒，消毒后放入菌种预处理间。接种室用臭氧或重蒸等方法消毒。接种工具及接种者双手用75%的酒精擦拭消毒。

在接种室按照无菌操作进行，每个接种室接种同一品种，避免错种。接种时用打孔器（直径1.5～2.0厘米）等距打孔后立即用菌种填满穴口，不留空隙。每个菌棒接种3～5个穴，接种穴用地膜覆盖封口或套袋。接种完成后进行记录并贴好标签。接种温度不宜超过 22 摄氏度，湿度不宜超过 70%。每次接种室使用后，要及时清理，收拾干净，排除多余废气，用 75%酒精擦拭消毒台面。

8. 发菌管理

接种后的菌棒移至清洁、适湿、适温、通风、避光的培养场所进行发菌管理，发菌初期采用 3×3 或 4×4 的“#”字形堆养发菌 60~80 袋/米^2，一次刺孔后采用“▲”或 2×2“#”字形堆叠。采取控温发菌，发菌室内温度 20~24 摄氏度。采取自然温度发菌，当温度在 10 摄氏度以下时，采取必要的加热保温措施。温度高于 25 摄氏度，则需及时散堆、降温。发菌室相对湿度宜控制在 55%~70%。应定期通风换气，保持发菌室空气清新、无异味。

9. 刺孔通气管理

培养期间一般进行两次刺孔或机械刺孔，时间为菌落直径 10~15 厘米时，每个接种口刺孔 5~10 个，孔深 1.0~2.0 厘米；二刺为机械刺孔，时间为菌丝刚满袋时，每袋刺孔 60~100 个，孔深 3.0~5.0 厘米，刺孔应排列整齐，间距均匀。室温超过 28 摄氏度禁止刺孔。接种后每 7 天检查一次，共检查 3 次。污染菌棒要及时挑出后并进行灭菌处理。

10. 转色管理

菌丝满袋后调控温度、湿度、光照及通气等条件促进转色：一般温度（24±1）摄氏度，空气相对湿度 70%±10%、光照度 50~200 勒克斯、每天光照时长 12 小时左右，CO_2 浓度 0.35%以下。待菌棒手捏弹性强，质地由软变硬，pH 降至 3.5~4.0，外观为红棕色、深褐色，具有香菇菌丝特有的香味，无腐烂味，无异味，即可进入出菇管理阶段。

11. 出菇管理

当菌棒含水量在 50%以上且达到生理成熟时，进行脱袋菇出菇管理；当菌含水量低于50%时，则需进行补水处理（菌棒质量达到原始质量80%以上即可）。

一潮菇采收后，进行养菌恢复，养菌阶段及时查看菌棒上潮菇出菇位置的菌丝恢复情况，如果已完全恢复且开始转色，菌棒则可进行下一潮出菇管理。转出菇管理前，先测定菌棒水分含量，然后根据菌棒含水量进行科学补水，标准为补水后菌棒质量为原始质量的80%左右（第三潮补水为第二潮菌棒质量的80%，以此类推），温光湿气的调节同第一潮菇管理，后期潮次出菇管理及转潮养菌参照第一潮菇出菇管理办法。

12. 催蕾出菇

待菌棒含水量达到标准（菌棒含水量60%左右），则可进行催蕾；若是补水后的菌棒，则需待菌丝吸收2～3天水分后才可进行催蕾。

具体措施如下：香菇为变温结实性真菌，因此拉大菇棚温差，进行温差刺激，昼夜温差＞10摄氏度，连续处理3～4天，菌丝便可互相纽结形成原基；增加散射光，强光弱光交替光线刺激，白天在保证温度的情况下打开保温层遮挡，增强散射光光照，夜晚暗光养菌；干湿温刺激，控制干湿差在15%以上；增加供氧，在保证其他环境因子的情况下，加强通风；进行机械损伤，如经温度、湿度、光线、供氧刺激后，仍达不到效果，可人为敲打或使菌棒相互碰撞，对菌棒造成轻微损伤，刺激菌棒出菇（夏建红等，2022）。

13. 保蕾成活

刺激后，菌棒开始现蕾，大约3～5天后形成小蘑菇。此时棚内温度应保持在15～28摄氏度，菇棒温度保持在15～25摄氏度，棚内相对湿度为80%～85%。喷水时要勤喷，但注意少量多次，控制通风，避免被大风吹（小菇蕾表面会脱水死亡），并给予适度散射光。

经过2～3天的精心呵护，小菇蕾已基本长出且大部分菇蕾在

1厘米以上时，则可转入正常出菇管理期，棚内温度应调至20摄氏度左右，棚内相对湿度75%左右，并增加通风和散射光。

现蕾后5天左右，当香菇菌盖下的内菌膜似破未破（以香菇子实体成熟度为标准判定，七八分成熟度）时即可开始采收，为保证香菇品质，每天早晚各采1次，采收时须将菇柄基部清理彻底，以免引起霉菌侵染。

14. 采收及采后管理

最佳采收时间为子实体七八分成熟，菌膜破裂，菌盖未完全伸展，边缘向内卷，菌褶全部伸长，由白色转为褐色时。采收时，应一手握住菌柄，另一手握住菌柄的基部，旋转摘下，做到摘大留小。

香菇一潮采收后，应一次性通入强风使菌棒表面干燥，然后停止喷水，干燥4～5天，使菌丝充分复壮生长。当采香菇留下的坑内菌丝变白时，给菌棒补水。重复第一潮菇的方法，管理其他潮次。

5.2.2 双孢蘑菇周年化高效栽培技术

双孢蘑菇（*Agaricus bisporus*），属于伞菌目（Agaricales），伞菌科（Agaricaceae），蘑菇属（*Agaricus*），亦称白蘑菇、双孢菇、洋菇、蘑菇等。双孢蘑菇肉质肥厚，味道鲜美，具有极高的营养价值，比一般瓜果蔬菜的蛋白质含量更高，故有“植物肉”之称。每100克鲜菇含蛋白质36%～40%、碳水化合物31%，脂肪仅占3.6%，另含有多种蘑菇多糖、微量元素及维生素B_1、维生素B_2、维生素C等，营养丰富。其中，多糖类物质不仅对病毒、癌症有着一定的抑制作用，也可预防和抑制肿瘤发生；酪氨酸酶有降血压的效果；胰蛋白酶、麦芽糖酶等也有助于改善人体消化功能。在20世纪20年代，我国就引进了双孢蘑菇菌种和栽培技术，并率先在上海、福州等地郊区进行试验、推广。改革开放后，双孢蘑菇生产规模随着市场经济的发展迅速扩大，目前分布在我国20多个省份，成为我国主栽食用菌品种之一。

1. 生产季节和场所

根据双孢蘑菇生长发育特点，采用菇房空调控温与隧道发酵相结合的方式栽培双孢蘑菇。其优点是不受外界环境的影响，可实现周年化生产。但要求栽培场地周边半径3千米以内无家禽养殖场，无污染，地势平坦，交通便利，空气清新，水质优良，排水灌溉方便（阎淑滑等，2019）。

2. 菇房规格

新型菇房房体应采用保温材料建造，如挤塑聚苯板、夹心保温板等；菇房每栋长25～33米，宽7～8米，高3.9米，菇房内采用5层镀锌管搭建床架，架宽1米，层间距50厘米，床架与菇棚两端墙面之间及相邻床架间留90厘米操作通道，单个菇房栽培面积在350～450米^2（阎淑滑等，2019）。混凝土硬化地面，表面平整光滑，地面做好排水处理，保持地面无积水；菇房应安装环境控制系统，对温度、湿度、CO_2浓度进行智能化调控，一年四季生产；设置缓冲通道，完善通风系统，控温控湿更强；空调机组采用风冷式冷（热）水机组，制冷50千瓦，制热56千瓦，功率17.5千瓦；加设锅炉供暖（二次发酵和冬季配合新风机组供暖，与空调相比成本较低）（任鹏飞等，2014）；菇房进出口应设置消毒池。

3. 栽培季节

智能化设施菇房全年都可生产。

4. 品种选择

As2796：品质高、产量高、抗高温、抗褐变、不易开伞、保鲜能力强，是我国多年来最主要的栽培品种，也是世界上年产量最大的栽培品种之一。

W192：W192比As2796平均单产高20%～25%，鲜菇质量

相近，工厂化栽培单产在24～30千克/米²，大面积规范化栽培单产也能达到15～20千克/米²，成品率高，产量集中度好，不仅适合工厂集约化的栽培模式，而且在设施与农法栽培中也表现良好。

W2000：W2000比As2796平均单产高10%～15%，菇肉紧实，颜色更为洁白。大面积规范化栽培单产13～18千克/米²，工厂化栽培可达20～28千克/米²，成品率高，可替代As2796进行栽培。

福蘑38：福蘑38与W192平均单产相当，但鲜品质量高于W192，较适合中国式工厂化栽培与设施栽培模式。

福蘑58：福蘑58比W192平均单产略高，抗细菌性斑点病能力较强，子实体更大更厚实，优质菇比例较高，商品质量比W192高，适合工厂化、设施化栽培。

5. 菇棚及工具消毒

进料前4天对菇房进行清洁，关闭前后门与通风管道，对菇房内的床架和地面进行消毒处理。菇房使用前可采用蒸汽处理，使菇房温度达到70摄氏度以上，保持12小时，或每110米²栽培面积用2千克甲醛，密封熏蒸24小时，通风排气后进料。

在播种前、覆土前等生产过程中，应对上料播种机械设备等生产工具进行清洁消毒，如使用石灰等；操作人员应采取必要的清洁消毒措施，如使用200～300毫克/升次氯酸钠溶液。

6. 原辅料配方

以每100米²栽培面积计：麦草4 800千克，鸡粪2 800千克，石灰40千克，石膏160千克，玉米芯1 000千克，干牛粪1 000千克，过磷酸钙20千克，石膏粉20千克，生石灰20千克。

7. 堆料场所

为避免不同原料、辅料及产品之间发生的相互污染，堆料场所应远离菇棚，且地面平整、硬实，附近水源充足，易于排水，通风性好。建堆前 1 天，抛撒石灰粉进行场地消毒。

前发酵专用隧道为墙体厚 30 厘米，宽 5 米，长 20 米，高 4.5 米的砖混结构；顶部有避雨装置；隧道地面为混凝土浇筑，呈前低后高状，厚 20 厘米；地下预安装高压通风管道和透气孔；沿长度方向每间隔 40 厘米平行铺设半径 8 厘米的通风管道，并在管道正上方每隔 30 厘米开一个半径 2.5 厘米的透气孔；隧道靠门处与门平行设置一条 10 厘米宽的排水沟，单个发酵隧道每次可处理 80～100 吨培养料（阎淑滑等，2019）。

（1）预湿。堆置发酵前 1 天将原材料预湿，先将麦草置于水池中，使其充分吸水，至麦草完全浸湿后用装载机捞起堆积，或将麦草充分喷淋预湿后堆积。鸡粪、石膏以及辅料可采用边淋水边翻拌的方法将其均匀撒到料面上，用翻料机翻拌均匀，使主料和辅料充分混合均匀；再用抛料机将料进一步混合，抛送到发酵场上预堆置 2～3 天，预堆期间的料堆水可循环利用。

（2）建堆。按照一层草一层粪的顺序，将预湿过的草、粪堆成草厚 15 厘米，粪厚 5 厘米，宽 1.5 米，高 1.8 米的料堆，不限长度；料堆四边上下基本垂直，堆顶呈龟背形；建堆时，随时注意草、粪的湿度，含水量以建堆完成后有少量水渗出堆外为宜。

（3）一次发酵（前发酵）。建堆后随时监测料堆中心温度，第 1 次翻堆在发酵堆内部温度上升到 70 摄氏度且温度开始下降时进行，将上下、内外发酵料颠倒，并充分拌匀、抖松，同时加入过磷酸钙。温度仍作为翻堆后的监测指标，继续发酵升温至温度第 2 次开始下降时进行第 2 次翻堆，第 2 次翻堆后堆成堆宽 1.5 米、高 1.8 米的梯形。第 3 次翻堆在温度第 3 次开始下降时进行，此时翻堆时加入石膏粉。第 4 次翻堆在温度第 4 次开始下降时进行，此时掺入生石灰粉。继续发酵至温度第 5 次开始下降，一次发酵完成。

翻堆时要注意调节好料堆水分，含水量应保持在 70%左右，第 3 次翻堆后如果需要补水，应使用 5%石灰水进行调节。

一次发酵结束后发酵料呈咖啡色，无明显臭味和异味，略有氨味；草料韧性足，不易拉断，柔软且有光泽；含氮率为 1.5%～

1.7%，含水量在72%～78%，pH为7.5～8.5。

（4）二次发酵（后发酵）。一次发酵结束后，趁热将培养料均匀平摊到菇房床架上，铺放平整，厚约25厘米左右，并根据养料水分适当补水。

二次发酵时保持菇房密封，通过通入蒸汽加温，使料温在1天内上升到58～62摄氏度，并开启内循环维持8小时，然后通过外循环降温，将料温逐步降到48～52摄氏度然后转为内循环维持4～6天。保温期间，需要每隔一段时间开启外循环向菇房内通入少量新鲜空气，保温结束后通风降温。

发酵结束后培养料表面布满白色放线菌，无氨味，无酸臭味等异味，有甜面包香味；培养料呈深褐色，不粘手、柔软，富有光泽，有弹性，一拉能断；含水量65%～68%，pH为7.2～7.5，NH_3≤10毫克/升，含氮量2.2%～2.5%。

8. 铺料播种

（1）铺料。将发酵好的培养料抖松，并均匀铺放在各层床架上，每平方米铺料90～120千克，料厚20厘米左右，料面整平，松紧适度。

（2）播种。菌种菌丝色泽洁白、浓密、旺盛、无虫害、不吐黄水、菌丝无断裂，无杂菌污染。引进的新品种，须先进行出菇试验，确认良种后，方可用于生产。

先用总用种量3/5的菌种均匀地撒在平整的料面上，然后将菌种翻拌入发酵料内，深约3～4厘米，再将剩余的菌种均匀地撒在料面上，轻轻拍实，使菌种和料面紧密结合。播种量为0.5～1千克/米^2，播种后注意保湿，盖上薄膜，清理干净地面。

9. 覆土

（1）覆土原料。覆土原料要有良好的团粒结构，吸水性和保水性强，不带病菌和害虫，例如优质的深层草炭土。

（2）覆土制作。草炭土添加石灰、水进行搅拌，调节pH在

7.3～8.2。掀去发菌完成菌床覆盖的薄膜，使发酵料表积水略微收敛，到第二天进行覆土作业，覆土厚度在 4～4.5 厘米。

（3）覆土后管理。在覆土后的第 2～8 天，通过喷水对土层水分进行调节，使土层含水量接近饱和，但又不渗入培养料内；环境温度维持在 23～25 摄氏度，料温维持在 25～27 摄氏度，空气相对湿度维持在 95%以上，CO_2 浓度维持在 3 000～10 000 毫克/升；第 6～7 天菌丝达到土层的 2/3 处，进行搔菌，深度 4～4.5 厘米，搔菌后养菌 2 天。

10. 出菇期管理

（1）催蕾。搔菌后，当覆土层表面出现较多绒毛状菌丝时，表明菌丝生长活力已恢复，此时进行催蕾。料温以每天 1 摄氏度的速度匀速降至 20 摄氏度，当温度降至 18 摄氏度左右，增加新鲜空气含量，使菇房 CO_2 浓度均衡降低，最终降至 1 000 毫克/升左右；绒毛状菌丝逐渐扭结成羽毛状菌丝，菌丝从营养生长转向生殖生长，原基逐渐变大后降低空气相对湿度维持在 85%～90%，维持菇房地表干燥。

（2）第一潮出菇管理。出菇期间 CO_2 浓度维持在 1 000～1 300 毫克/升，空气相对湿度维持在 85%～90%，料温维持在 19～21 摄氏度，环境温度维持在 17～18 摄氏度，第一潮菇可采收 4～5 天。

（3）转潮管理。第一潮采菇结束后，及时清除床面上的老菇根及枯萎菇，保持床面平整和环境卫生；第二潮菇、第三潮菇管理同第一潮出菇管理，每潮采收 4～6 天，直到结束；待出菇全部结束，及时清理卫生，菇房密封，通入蒸汽消毒，温度 70 摄氏度维持 8 小时，然后卸料、清洗菇房菇床。

11. 病虫害防治

（1）防治原则。按照“预防为主，综合防治”的原则，以农业防治和物理防治为主，严格控制化学药品的使用。在原基形成后至采收前，不使用任何化学药品。

（2）农业防治。保持基地环境卫生，菇房门窗覆盖防虫网，加强栽培管理，并选用抗病品种来控制及减少病虫和杂菌的发生和危害。发现双孢蘑菇子实体有病菌污染或有虫害发生时，及时摘除病菇，隔离，洗净消毒操作工具，废菌料和废菇体应清运至离生产区50米以外的地方（刘顺根，2013）。

（3）物理防治。培养料按照要求发酵，菇房进行封闭消毒；生产中的虫害可利用黑光灯、杀虫灯或黄板诱杀成虫；采用摘除、挖除杂菌或用盐水、石灰控制病害；对空菇棚进行高温闷棚，来杀死病虫和杂菌，并用高压水枪对菇棚进行冲洗。

12. 采收和分级

（1）采收适期。菇形完整、饱满、有弹性、未开伞，直径在3～5厘米，未成薄皮菇时，及时采收。

（2）采收方法。采收前，采收工具需清洗消毒。采摘时佩戴手套洁净，先向下稍压，再轻轻旋转采下，避免带动周围幼菇；采摘丛菇时用洁净刀具切下。采下的蘑菇按等级放入透气的塑料周转箱。

（3）分级。将破碎、变色、畸形菇拣出，及时整理分级、保鲜或加工处理。分级标准按照相关要求执行。

13. 采后菇房处理

废料清除后，对生产场地及周围环境进行冲刷、消毒。菇房通入70～80摄氏度的蒸汽，并维持12小时，降温后撤料开始下一周期的生产。

14. 双孢蘑菇采后管理

（1）预冷。冷库提前2～3天预冷，使温度降至0～2摄氏度；在0～15摄氏度采收时，在采后4小时内进行预冷，当采收温度在15～30摄氏度时，在2小时内进行预冷，如果采收温度超过30摄氏度，应在1小时内进行预冷。

（2）包装。根据客户的要求，将已分级处理好的双孢蘑菇装入干净、专用的包装容器内。外包装应牢固、耐用、干燥、清洁、无异味、无毒，便于装卸和运输。

（3）贮运。贮藏仓库首先要先进行清扫和消毒灭菌，鲜菇贮藏在2～4摄氏度，贮藏期不宜超过5天。运输为冷链运输，温度在2～4摄氏度。

5.2.3 大棚设施菌菜轮作技术

该模式为一种适用于大棚设施的菌菜轮作模式，可解决大棚蔬菜种植管理过程中的蔬菜连作病害、温湿度调节失控、肥料播撒不合理等问题，结合作物各自的生长特点，当地气温、环境、市场等多方面因素，在不增加栽培面积的情况下可不断提高单位面积产值和经济效益，不仅充分利用了当地资源，解决了废弃物以及菌渣废弃物的再利用问题，还实现了农林废弃物资源的高效循环利用，经济效益和生态效益显著，同时还扩展了产业链，促进了农业多元产业的健康持续发展。

1. 品种选择

需要根据不同的栽培环境，选择生长条件趋同、栽培季节可适应的蔬果和菌种，要求品种优良、可操作性强。一般蔬菜大棚中，选择杏鲍菇与西葫芦等蔬菜轮作。

2. 季节安排

在了解菌菜发育条件的基础上，掌握各自生长规律和生育阶段的时间，合理安排两者的茬口和种植流程。明确菌菜作为主体，蔬菜以提高产量为目标，食用菌则应在种植管理上有所偏重。

（1）杏鲍菇。杏鲍菇出菇的最适温度是10～18摄氏度，按照出菇温度来安排栽培季节，一般是秋末初冬至夏初较为合适。菌龄60天左右，制菌时间按出菇季节往前推算60天来安排菌袋生产。

（2）西葫芦。早春茬口同期播种的瓜类作物中，西葫芦是最早上市的新鲜瓜菜。华北地区早春茬在1月底至3月中旬均可陆续播种育苗，苗龄20～25天。

（3）丝瓜。丝瓜不耐高温，高温天气会出现不结瓜的情况，因此种植时间只可以选在春、秋季。

3. 种植安排

根据菌菜品种特性进行合理的组配种植，达到四季均衡供应。采取以下轮作生产模式：

在上茬蔬菜收获后，拔园后立即整地，利用大棚于10月上旬至中旬进行杏鲍菇覆土栽培，11月底可采收一茬，盖大棚膜越冬；翌年2月底至3月初，杏鲍菇二次采收后做垄、覆膜，种植早春茬西葫芦；于4月下旬将丝瓜秧套栽于棚架下脚内侧50厘米处，每个大棚内栽植2行；6月底西葫芦拉秧后，撤除棚膜，及时将丝瓜引蔓上架；丝瓜可采收至9月底至10月初。

（1）杏鲍菇栽培。

① 栽培前准备。施肥整地，将大棚上茬蔬菜清理干净，然后进行翻耕耙平；做畦杀菌，在大棚内做宽1.3米、深10～15厘米的畦，两畦间距50厘米，畦面撒一层生石灰杀菌；覆盖遮阳网，大棚外覆盖遮阳网，棚内用黑地膜挂二层幕（司亚娜等，2016）。

② 栽培技术。排列菌棒，将菌棒脱去塑料袋，处理好的菌棒通气口一端朝上，定植于畦内，保持菌棒之间间隙2～3厘米；浇水覆土，将畦内菌棒间隙撒入细土，然后浇透水，1～2天后菌棒上再覆盖一层细土，要求覆土层含水量20%～30%（即：手攥成团松开散开为宜），覆土厚度2～3厘米。最后畦面盖黑膜小拱棚保温保湿。

③ 栽培后的管理。

菌丝恢复期管理。一般经过10～15天畦面长满菌丝。白天保持室温17～20摄氏度，夜间10摄氏度。保持畦面覆土层潮湿，覆土层含水量20%～30%，空气相对湿度要求60%～70%，湿度超过80%菌丝生长缓慢，覆土层干燥时可进行喷水补水。每天通风

1～2 次，每次通风时间长短视温度情况而定。

出菇期管理。大约 15 天后可见畦面子实体形成。菇蕾生长白天温度 10～20 摄氏度，最适温度 15～18 摄氏度。同时，严防棚内温度超过 25 摄氏度，否则会因高温高湿造成大量烂菇。当棚内温度低于正常生长温度时，可打开棚外遮阳网进行提温。保持畦面覆土层含水量 20%～30%，棚内相对湿度 70%～90%，低于 70%要喷水加湿，高于 90%要进行通风排湿，喷水时避免直接喷到菇体上。

④ 采收。菇蕾形成后 5～8 天可进行采收。选择个大、菌盖圆整平滑的菇蕾，当边缘平伸，有少量孢子释放时及时采收。采收时摘大留小，一手捏住菇柄，另一手用小刀削去菇根。一茬菇采收结束后，要及时清除畦面残余的菇根和死菇，调整覆土层湿度，进行第二次出菇。

⑤ 废棒处理。出菇两茬后，撤去遮阳网、二层膜、小拱棚，将菌棒粉碎作为底肥施入土壤中进行深耕，可进行下茬蔬菜栽培。

⑥ 病虫害防治。主要虫害有小菌蚊、真菌瘿蚊、金翅眼蕈蚊。病害主要有黄腐病、枯萎病、畸形菇。

(2) 西葫芦栽培。

① 培育壮苗。西葫芦早春育苗采用大拱棚套小拱棚模式，苗床下铺电热丝防寒，50 孔穴盘育苗，一般苗龄 25 天左右即可定植，定植前加强通风，降低畦温锻炼幼苗，促使幼苗矮壮、叶色浓绿、子叶平展肥大、2 片子叶健全、根系发达。

② 田间管理。定植栽培，2 月下旬采收结束后及时拉秧，按照隔棵的密度将西葫芦定植；肥水管理，定植后及时浇透缓苗水，结瓜期结合滴灌冲施高磷、高钾复合肥 2～3 次，每次每亩 10～15 千克，来延长结瓜期、提高产量；温度控制，西葫芦缓苗后，适当降低棚温，白天控制在 20～25 摄氏度，夜间 12～15 摄氏度，既可以防止幼苗徒长，又有利于雌花的形成；坐瓜后适当提高棚室温度，促进植株快速生长，加速幼果膨大，提早上市（贾庆虎，2023）。

整枝保果，一是及时整枝，当植株长到30厘米左右时，进行整枝，此时只保留一条主干，将其余的侧蔓全部摘掉；二是保花保果，早春西葫芦生产温度较低，不能有效完成自主授粉结实，在生产中建议使用坐瓜灵进行处理；三是适时采收，西葫芦以嫩瓜为产品，一般在雌花凋谢后6～9天进行采收。

③ 病虫害防治。在早春西葫芦的种植过程中，经常会受到病虫害的威胁，其中影响最大的病虫害就是灰霉病、白粉病和绵腐病以及白粉虱危害。在加强田间管理，采用膜下暗灌、及时清理老叶、增加通风透光、挂黄或蓝板等农业防治措施的基础上，还需要适时进行药剂防治。

(3) 丝瓜栽培。

① 培育壮苗。丝瓜在2月中旬播种育苗。播种前温汤浸种，催芽后播于50孔穴盘。出苗后，适时降低棚室温度，温度高于28摄氏度及时放风，齐苗后控制浇水，防止因高温、高湿而出现高脚苗。定植前7～10天进行炼苗。

② 田间管理。大苗套栽，在生产中采用大苗移栽方式，可有效防止丝瓜苗期徒长，促进花芽分化，达到早熟、高产的目的。4月下旬将丝瓜秧套栽于棚架下脚内侧50厘米处，每个大棚内栽2行，并浇透水；肥水管理，栽苗后及时浇足定植水，缓苗后及时补充缓苗水，坐瓜后根据土壤墒情及天气情况适时浇水；植株调整，丝瓜缓苗后，待植株长到80厘米后及时引蔓上架，同时摘除侧芽。后期丝瓜拉秧，及时撤除棚膜，在棚架之间架设攀爬网，引导丝瓜上架。摘除第一雌花以下所有侧枝，上架后一般不再摘除侧蔓。

③ 病虫害防治。丝瓜越夏生产主要病害有霜霉病、白粉病、病毒病等；主要虫害有瓜绢螟、瓜蚜、潜叶蝇等。

5.2.4 大田菌菜套作模式

菌菜套作是立体栽培模式的一种，是将异养型的食用菌与自养型蔬菜栽培相结合，使两种特性不同的作物做到优势互补、劣势互抵、互相促进生长结实，能够提高各项资源的利用率。根据食用菌和各种蔬菜正常生长发育所需要的生态条件，通过间套作，将食用菌与各种蔬菜进行科学搭配种植，改善生态环境，获得菌菜双丰收，可大大提高经济效益。

1. 品种选择

黑木耳菌种根据本地气候特点选用中、低温型栽培种，购买具有正规生产、经营手续，且符合国家《食用菌菌种管理办法》规定、已登记注册的优良品种。

豆角品种主要性状：早中熟，植株蔓生，主蔓侧蔓均能结荚，始花节位约 4～5 节，生长势强，耐热性较强，分枝略少，叶片大小适中，持续翻花能力强，后劲足，商品荚油亮翠绿，荚长约 80 厘米左右，条荚略粗，肉质厚，不易鼓籽，耐贮运，条荚顺直、美观，色泽靓丽，商品性好。

2. 季节安排

(1) 黑木耳。黑木耳种植季节性很强，菌袋生产时间一般在每年 11 月至次年 3 月，最低气温要在 0 摄氏度以上，需提前做好准备，待菌丝全部复壮后，即可打孔，集中催芽管理。

(2) 豆角。豆角属于高温蔬菜，喜通风透光的环境条件，选择 7 月种植。7 月上旬气温较高，选择抗病性强的耐热品种。

3. 种植安排

大田栽培黑木耳，在黑木耳出菇期，土地闲置时期在大田两边种植豆角，这样既不影响黑木耳生长又合理利用了土地，实现了菌菜套作，增加了收入。

(1) 黑木耳种植。

① 栽培原料。栽培黑木耳的木屑以榆树、橡树为主，木屑以直径 0.1～0.3 厘米颗粒为宜，木屑过筛，筛除掉较大的木块等杂质，可有效防止漏袋的情况发生；辅料中麦麸应符合 NY/T119 要

求，屑状、色泽一致、无霉变、结块、异味（郝丽芳，2022）。

② 配方。地栽黑木耳原料广泛易得，主要选用锯末、用树枝叉头粉碎加工的木屑、棉籽壳、麸皮等，此外配以一定比例的辅助原料，如豆粕、石膏和石灰等。

配制比例：木屑 55%、棉籽壳 30%，麸皮 10%，豆粕 2%、石膏 2%，白灰 1%，成品料含水量 62%～65%。

③ 拌料。初步估测木屑的含水量（手握成团，触之即散）。对所用的各种原材料称量要准确，特别是微量添加物不可过量，以避免产生负面效果。先将麸皮、石膏、石灰称好后放在一起，先干拌两遍，然后再放入木屑中进行搅拌两遍，然后将拌料水与木屑等原料混合翻拌 2 遍，要保证混拌均匀。在后两遍翻拌时要注意调整混合料的水分，保证含水率在 62%～65%，通过加白灰调整 pH 在 5.0～6.0。

④ 装袋灭菌。搅拌均匀后装袋插打孔棒，装袋要求菌袋培养料装实、上下松紧一致、料面平整无散料、袋料紧贴、菌袋饱满无空隙。菌袋全部装入锅内，竖立摆放装筐，灭菌采用常压灭菌方式，温度 100 摄氏度，保持 8～10 小时要做到趁热出锅，将菌包送入冷却室或接种室进行冷却。待菌包中料降温到 25 摄氏度以下时，就可进行接种。

⑤ 接种。接种前做好消毒处理，接种时穿净化工作服戴口罩。目前，采用液体菌，接种前用 75%酒精擦拭接种口消毒，每袋接种菌液约 18 毫升，接种完成的菌袋直接送入培养室。

⑥ 养菌。将接完菌种的菌包放入培养架入培养室培养，培养室要求室内干净、保温、通风良好。温度控制在 22～27 摄氏度进行培养，以菌袋表层温度保持在 22～25 摄氏度为宜。菌丝培养初期空气相对湿度控制在 55%以下，菌丝培养中后期空气相对湿度应保持在 70%左右。培养过程中恒温、少湿、通风，经过大约 30 天左右菌丝即可长满袋，当菌丝长满袋后，在 10 摄氏度左右条件下再培养 7～10 天左右，即可使用。

⑦ 催耳。菌丝长满袋后，通过温差刺激，开始打孔催芽出耳

管理。使用小钉子或小1字型号的打孔机打孔。每袋每次打孔130个，共打孔3次，每次间隔5天，共打孔400个。

菌袋从室内搬到野外，经过搬运和打孔，菌丝受到一定挫伤，为使其迅速恢复，打孔后必须采取集中培养复壮。把菌袋密排在1～2条畦床的排袋架上，罩紧薄膜，让菌袋在小气候环境内放5～7天。因穴口菌丝容易干燥，喷水又易霉烂，所以此时只能地面喷水。

在室外菌床上铺地膜，然后将菌袋直接按照出耳方式摆放在耳床上，上面盖塑料薄膜及遮阳网。管理以保湿为主，保持穴口培养基表面湿度，以免干燥板结。空气相对湿度以80%～90%为宜，用0.7毫米孔径喷水片的喷雾器，在架床四周及空间喷雾。原基形成有三种方法：干湿交替、温差刺激和散射光照。

⑧ 出耳管理。栽培袋开孔后，空气相对湿度不能低于90%；耳基至耳片3～4天，空气相对湿度不能低于85%；耳片生长至成熟6～7天，空气相对湿度不能低于90%。从开孔至采收第一潮木耳需12～16天，其中除在采耳前后各停水1～2天外，其他时间均应浇水保湿。原基形成后，菌袋分散摆放，袋距10厘米，摆放密度25袋/米^3。露天地栽可罩遮阳网，这样光线充足，空气新鲜，耳片颜色深黑。采用专用雾化喷水带（指有若干孔径为0.8～1.2毫米小孔的长度为20～50米的塑料水幕带）浇水。浇水干湿交替，防止流耳发生。

⑨ 适时采收。当黑木耳出现波浪式的叶片状、多皱褶、耳片边缘内卷、有弹性、耳根收缩变细、在耳片腹面产生白色粉末状的担孢子时，说明黑木耳将近成熟或已经成熟，应及时采收。采收前1～2天停水让阳光直射栽培袋和木耳，待木耳朵片收缩发干时，连根采下。

⑩ 采收后。采收后的木耳要及时晒干，晒干前用剪刀剪去木耳根部的培养基，晒干后的木耳要及时装进塑料袋密封，防潮防蛀。一般情况下采摘一茬后晒包两天左右就可进入第二个管理期，一直管理下去直到6月底气温升高后结束生产。

（2）豆角种植。

① 育苗播种。7 月中旬气温较高不利于豆角种子发芽，可以利用黑木耳遮阳网遮阴。采用直播的方式将种子直接点种，株距 30～40 厘米，每穴 3～4 粒。盖上白色地膜，起到保温、保湿的作用。白天气温升高，需要揭开地膜通风，期间不浇水，7～10 天豆苗破土后，撤掉地膜，之后隔 1 周小水浇苗，保持土壤湿润（刘海英等，2022）。

② 整地覆膜。在大田两边种植豆角需要对土地进行处理，黑木耳菌包两侧进行整地，深翻地，起垄种植。采取宽行覆膜滴灌栽培模式。按宽 40 厘米、高 15 厘米、沟宽 50 厘米起垄，垄上结合黑木耳菌包灌溉方式，铺设滴灌带。用宽 70 厘米的黑色地膜覆盖于垄上，待 2 天后土壤散开时即可进行移苗。

③ 定植。在苗龄达到 25～30 天、2～3 片心叶时尽早移栽。移栽前 1 周适当进行低温蹲苗，白天温度保持在 15～20 摄氏度，夜间温度可以降到 5～10 摄氏度，提高苗抗逆性。移栽前 1 天浇透水，便于起苗。在覆膜垄上的滴灌出水孔附近用小铲子破膜挖穴，带土移苗覆土，然后浇透定植水。

④ 田间管理。吊蔓。豆角在甩蔓后，需要及时吊蔓。当豆角蔓长到超过上方钢丝 20 厘米时摘心后并将顶部顺钢丝缠绕，可以有效促进侧蔓生长。侧蔓长到主蔓高时及时摘心，保证营养供豆荚生长。

豆角生长适宜温度为 15～25 摄氏度，开花结荚适温为 20～25 摄氏度，10 摄氏度以下低温或 30 摄氏度以上高温会影响生长和正常授粉结荚。温度白天控制在 22～28 摄氏度，夜间 10～15 摄氏度。从缓苗后一直至开花前要严格控水，遵循不旱不浇的原则。在大量开花前浇 1 次水，保证花期有充足的水分供应，开花期要严格控水。

⑤ 收获。移栽后 80 天左右，在豆荚柔嫩、籽粒刚显露时及时采收，确保豆荚优质高价。采收初期，每隔 2～3 天摘 1 次，10 天后，每隔 1～2 天摘 1 次。整个采摘期为 40～45 天，采收结束后拔

除秧苗。

⑥ 豆角病害及防治措施。豆角病害防治工作非常关键，研究发现，在豆角露地种植过程中，常见的病害主要包括锈病、疫病以及煤霉病。

5.2.5　葡萄园套种杏鲍菇栽培模式

农作物间套种指的是两种或两种以上作物复合种植在耕地上的方式，合理安排农作物间套种，可充分利用地力、光能，实现一季多收，以达到提高土地利用率、增加农业经济效益的目的。目前农作物间套种一般采用株型“一高一矮”或“一胖一瘦”、生育期“一早一晚”、适应性“一荫一阳”等搭配，如玉米套种大豆、木薯套种辣椒、幼龄果园套种花生等。一般成龄果园树冠较大，林下空地不多，很少套种其他作物。葡萄枝条较软，须搭架固定成形，葡萄园多采用篱架或平棚架式，平棚的葡萄架下空地较多，目前葡萄园多采用避雨栽培，葡萄架下遮阴的空地基本上不套种其他作物。杏鲍菇作为低温喜阴食用菌品种，株型矮，需光量少，是与葡萄搭配套种的不二之选。葡萄园套种杏鲍菇栽培模式，通过优化高产配方，实现林草废弃物基质化利用，将杏鲍菇菌包脱袋下地，覆土栽培。不仅充分利用了葡萄园下层空间，而且菌渣可作为有机肥直接还田，实现农、菌、林废弃物的多级循环利用。

该模式于临沂费县大田庄润宝农业园进行栽培示范，临沂费县一直是落实山东省农业科学院党委“三个突破”战略部署要求，实现农业生态、循环、可持续发展的关键示范区之一。费县大田庄润宝农业园则是为贯彻落实国家“乡村振兴战略”发展政策，坚持绿色、生态、可持续发展理念，建成的集现代农业、休闲旅游农业、田园社区于一体的大型田园综合体，是临沂市首批农业科技示范园。为促进费县产业链工作扎实推进，山东省农业科学院党委、食用菌产业体系首席专家等多次奔赴基层，赶赴现场，开展技术服务工作，同时安排科技特派员驻点，确保试验示范顺利进行。

1. 栽培设施

根据地栽杏鲍菇各个阶段的生长需求，菇棚需满足避光、增湿、保温、通风等条件。在葡萄架下的空地上，挖出宽80厘米左右的地畦，地畦深度约15厘米，将杏鲍菇菌包依次摆放在地畦内，每排7袋，菌包间间隔1厘米左右；地上部分搭建可拆卸塑料小拱棚（便于掀棚通风），塑料膜上覆盖遮阳网，拱棚上安装定时喷灌设施。

2. 栽培季节

杏鲍菇适宜的出菇温度为10～18摄氏度，气温低于8摄氏度或高于20摄氏度都难以出菇。由于地栽杏鲍菇属于纯自然条件栽培，根据费县的年平均气温，栽培季节应在秋冬和春末气温升至18摄氏度之前为宜，通常提前50天制栽培菌袋。

3. 栽培配方

杏鲍菇栽培原料可选用棉籽壳、木屑、玉米芯、甘蔗渣、麸皮、米糠和玉米粉等。原料颗粒的大小也以粗细搭配为宜。除碳、氮源外，还应准备少量的石膏粉、石灰粉、磷酸二氢钾或糖等。杏鲍菇栽培一般采用多种原料进行复合配比，可以获得较好的效果。各种原料都要求新鲜、干燥、无霉变。常用配方包括以下几种：①棉籽壳60%，木屑20%，麸皮10%，玉米粉8%，磷酸二氢钾0.2%，石膏粉1%，石灰粉0.8%。②木屑73%，麸皮20%，玉米粉5%，石膏粉1%，蔗糖1%。③棉籽壳78%，麸皮15%，玉米粉5%，石膏粉1%，石灰粉1%。④玉米芯50%，棉籽壳30%，麸皮15%，玉米粉3%，石膏粉1%，石灰粉1%。⑤木屑38%，棉籽壳20%，玉米粉20%，麸皮20%，石膏粉1%，石灰粉1%。

4. 栽培技术

采用覆土栽培技术，覆土栽培有利于调温保湿，可显著提高杏鲍菇产量。由于杏鲍菇菌丝抗杂菌能力较弱，长满料袋后也易被木霉等杂菌感染，因此掌握好栽培季节是栽培成功的关键（刘宇阳，2007）。根据杏鲍菇出菇对温度的要求和木霉等杂菌活动的特点，杏鲍菇脱袋覆土出菇应在气温低于15摄氏度时进行，当气温高于18摄氏度时，不宜进行脱袋覆土栽培，否则菌袋易被杂菌污染而腐烂。覆土材料要具有团粒结构、通气性好、保水性好、土质疏松、吸水不板结、无病虫杂菌污染等特点，如菜园土、田土、河塘泥等均可用作覆土材料。作畦畦宽75～80厘米，长度与葡萄架等长，深度以能直立排放菌袋为宜，畦床尽可能整平，深度一致。将成熟满袋的杏鲍菇菌包先进行脱袋处理，选无杂菌、菌丝生长良好的菌袋，用刀把菌袋划破，完整地取出菌块，随后整齐地垂直放入畦床内，菌袋之间间隔1厘米左右，菌袋摆满后开始覆土，填满菌包间缝隙，覆土厚度2厘米左右为宜。覆土后先喷一次浓度为1%的石灰水，1升/米^2，再插上竹拱，盖小拱棚，拱棚上覆盖塑料薄膜和遮阳网，以后喷水把塑料膜掀开即可。

5. 出菇管理

杏鲍菇从原基形成到子实体成熟，一般需要13～15天。出菇管理主要是进行保湿、控温和光照管理，诱导原基发生和促进菇蕾形成。当土面上布满杏鲍菇菌丝时，去膜通风，并保持一定的温度。温度要控制在10～18摄氏度之间，湿度管理以保持土壤湿润为主，并提供一定的散射光。棚内空气湿度应保持在85%～95%，湿度太低，子实体会萎缩，原基干裂不能分化。此外还要注意通风，出菇期如果通风不良，由于CO_2浓度过高，会出现畸形菇，若再碰上高温、高湿天气，还会导致子实体腐烂。因此，出菇期菇房内必须保持良好的通风换气条件，特别是用薄膜覆盖的，每天要揭膜通风换气1～2次，当菇蕾大量发生时，及时揭去地膜，并拉直菌袋袋口薄膜保湿，还应加大通风量。

6. 采收

当子实体基部隆起但不松软、菌盖基本平展并向中央下凹、边缘稍向下内卷、但尚未弹射孢子时，即可采收。具体的采收标准可以根据市场需要而定，一般国际市场要求杏鲍菇菌盖直径为 4～6 厘米，柄长 10 厘米左右为佳，而国内消费则要求不太严格，可根据产量等要求确定采收期，如产量高可适当提前采收。采收的子实体应立即去掉基部所带培养料，码放整齐以防菌盖破裂。采后管理第一潮菇采收后，应及时清理料面，停水养菌 4～5 天。相隔 14 天左右，还可采收第二潮菇。杏鲍菇的产量主要集中在第一潮菇，占总产量的 70%以上，第二潮菇朵形小，菌柄短，产量低。

7. 菌渣还田

采收完成后，菌渣可就地还田，使用旋耕机将菌渣打碎，并向下旋耕 5～10 厘米效果更佳。还田后葡萄园地力明显提高，能满足 3 年内葡萄生长的养分需求。

8. 模式效益

葡萄园套种杏鲍菇模式，通过利用葡萄架下层空间栽培杏鲍菇，既实现了土地的高效利用，让农户增产增收，又减肥减药，改良土壤，降低农业生产成本，一举多得。该模式创新了农业发展形式，实现了空间多级利用，打造了绿色循环生产体系，为循环农业发展开辟了新路径、找到了新方法、提供了新思路。与此同时，还充分带动当地农户就业，通过产业振兴带动乡村振兴。

5.2.6 烤烟房综合利用栽培杏鲍菇模式

石井镇不仅是第一书记及工作队派驻镇，也是省农科院技术帮扶镇，一头是资金，一头是技术，点燃了村级经济发展的“双引擎”。2023 年初，石井镇及时按下总开关，将发展新产业新业态走在前列。费县烟草公司派驻石井镇龙山村第一书记宋学文在全面了解烤烟基地生产运作情况后，大胆提出了烤烟房改造计划，联合山东省农业科学院专家多次到烤烟基地进行食用菌种植项目考察，积极协调帮扶资金落地落实，最终使三种食用菌种植试点项目在龙山烤烟基地落地生根，烤烟房综合利用栽培杏鲍菇模式就是其中一种。

石井镇是临沂重要的烟叶生产加工基地，黄烟种植是当地的特色产业，2022年流转4 500亩土地用于黄烟种植，是名副其实的“黄烟大镇”（代飞等，2010）。当地80%的农户以黄烟种植为主要经济来源，黄烟种植的配套设施是烤烟房，烤烟房造价较高，但使用率低，每年烤烟时节过后，大量的烤烟房会闲置下来。石井龙山烤烟工厂就是当地规模较大的烤烟工厂之一，每年70%的时间都处于闲置状态，再加上若烤烟房闲置期间管护不到位，易造成电源线路和调控设备损坏等问题。

而烤烟房综合利用栽培杏鲍菇模式，能够有效盘活这一空闲期，实现烤烟房的一体两用。一是充分利用时间差，实行全年烘烤黄烟、种植菌菇等轮作生产；二是充分利用空间差，采用可拆卸推拉式设备，用活用好闲置烟房资源；从而实现烤烟、种菇功能两用，打破固有生产模式，有效提高资源利用率，增加农民收入，助力乡村振兴。

利用烤烟房栽培杏鲍菇的模式与葡萄园套种杏鲍菇栽培模式相似，可参考临沂市费县大田庄润宝农业园栽培模式进行。

与常规杏鲍菇生产相比，利用烤烟房生产地栽杏鲍菇采用的技术操作和材料准备可借鉴常规的生产模式。烤烟房在温湿度控制方面的性能明显高于常规菇房，但空间利用率受烟架挡板的限制，低于常规菇房。本模式探索的杏鲍菇生产方式不使用菌种袋，降低了材料和用工成本，减少了烤烟房生产杏鲍菇的投入。同时利用烤烟房生产杏鲍菇，技术方面易懂易学，普通农户都可以掌握。根据费县现有情况，不仅有单散农户愿意承包烤烟房进行杏鲍菇生产，而且烤烟服务型合作社也可以发挥组织性强、技术力量足的优势，进行规模化生产。目前，正组织力量将杏鲍菇生产技术进行总结，制定出一套符合生产实际的技术规程和操作标准。对有意利用烤烟房从事杏鲍菇的农户进行技术培训，为今后的推广应用做好准备，为烟农增产增收创造条件。

党支部领办合作社是提高资源利用率，促进村集体经济增收的有效途径。龙山村党支部依托烤烟基地，成立费县金秋黄烟种植农民专业合作社，以“企业+党支部+农户”的运营模式，充分发挥支部带领、书记带头、党员带动的“头雁领航”作用。2022年村集体流转土地460亩，实现了从黄烟种植到加工再到销售的一体化服务，既增加了村民收入，也发挥了土地的规模化效应。下一步，在杏鲍菇栽培成功的基础上，合作社将把杏鲍菇生产纳入规范化管理，以杏鲍菇种植为起点，不断延长产业链，增加产品附加值，拓宽致富增收渠道。

5.3 食用菌产业典型案例

5.3.1 费县菇生源生物科技有限公司

该公司位于临沂市费县梁邱镇雁鸣湖村，食用菌产业一直是雁鸣湖村的经济支柱产业，但精深加工技术薄弱、机械装备水平落后、菌种新品种更是凤毛麟角，成为制约村子食用菌产业发展的“绊脚石”。直到2016年，雁鸣湖村成为山东省第三批第一书记帮扶村，为村庄食用菌产业发展带来了新机遇。第一书记在驻村时，坚持走特色农业强村路，瞄准市场行情，引进玉木耳栽培种植新技术，建设食用菌特色现代农业科技示范基地，逐步实现强村富民。

2017年，在第一书记的带领下，不断发展壮大食用菌特色产业，通过设计产品包装、注册“菇昇缘”商标，成立费县菇生源生物科技有限公司，走上了品牌发展之路。如今该食用菌生产基地占地100余亩，建有制包车间、灭菌室、接种室、液体菌种车间、恒温培养室及大棚式养菌车间共计5 200米^2。出菇大棚由原来的10个新增到88个，每个大棚可培育1.2万袋菌种，提供就业岗位70个，年人均收入1.6万元，实现70余户的贫困户脱贫致富。

与此同时，菇生源积极开展与科研院所的合作，与山东省农业科学院互联共建，逐步发展成为农科院食用菌试验基地，研究利用农作物秸秆培育黑木耳，搭建了企业与科研院所合作共赢的科技支撑新桥梁，提高黑木耳产量和质量的同时对秸秆等废弃物进行循环利用。2017年4月，菇生源生物科技有限公司成为首批市科技示范基地。

近年来，山东省农业科学院资环所与雁鸣湖村持续发力，加强食用菌新品种研发，先后开展平菇品种筛选试验、大球盖菇试验和杏鲍菇二次覆土试验。经过试验，筛选出了优质菌种，让科技成为品种优化改良，支撑品质和效益双丰收的“翅膀”。不仅如此，自2020年山东省农业科学院启动实施“三个突破”战略以来，为探索整县域打造乡村振兴科技引领型齐鲁样板示范县，将费县作为重点县域之一，积极开展产业链推进工作，三年来，在费县挂职第一乡镇长、第一村主任、企业科技副总的科研人员共有152人，其中90人拥有博士学位。在省农科院的技术指导下，基地尝试用废菌棒粉碎后种植豆角，不论是豆角的品质还是产量均得到大幅提升，实现了基地产业内循环。此外，费县还是林果和金银花种植大县，为有效利用果树枝丫，推动农业绿色循环发展，农科院大胆将果树枝丫和金银花枝条与黑木耳种植相结合，创新使用金银花枝条作为菌棒原材料，开展金银花枝条新型基质栽培黑木耳和羊肚菌高值品种引进试验示范等工作，利用秸秆等废弃物资源2 000吨以上，提供企业和种植户羊肚菌等栽培菌种和生产菌包3万余包，带动当地80余名农户就业。

目前，该村凭借良好的气候、生态等资源优势，以食用菌为切入点，通过与山东省农业科学院互联共建，设立“农科专家工作站”，破题村居产业发展“瓶颈”，推进巩固拓展脱贫攻坚成果同乡村振兴有效衔接，奋力打造乡村振兴的产业支撑点。科技强，产业兴，生活美，如今的雁鸣湖村，食用菌产业逐步从扶贫产业向优势产业再向富民产业转变，让村民真正尝到了科技的甜头，科技支撑型农业正成为越来越有吸引力的产业。

5.3.2　费县迦南菌业有限公司

迦南菌业有限公司位于临沂市费县薛庄镇长行村，成立于

2016年，其前身是2000年成立的费县食用菌技术推广种植中心，占地面积160亩，固定资产1 860万元，年产香菇菌棒600万袋，以菌棒出口为主要经营模式。从最初的食用菌技术推广种植中心，到利用当地量大质优的板栗木树枝和农作物秸秆培育香菇菌棒，成立迦南菌业有限公司，二十余年来公司一直从事专业香菇工厂化周年生产，同时也是临沂市拥有农产品自主出口权的企业、临沂市第九批农业产业化市级重点龙头企业、山东省农业科学院和临沂市农业科学院香菇生产示范基地、山东省科技厅农科驿站、临沂大学生教学实习基地、临沂市老科技工作者协会示范基地。

此外，公司有强大的研发队伍作为技术支撑，2018年与临沂大学校企合作组建食用菌研发团队。2019年与山东省农业科学院、临沂市农科院合作，省、市专家入驻企业。2021年被评为高新技术企业，至今荣获国家专利8项，发表论文10余篇。同时联合中国农业科学院、山东省农业科学院、临沂市农业科学院等科研院所，组建了香菇研发团队，联合申报科技项目和科技成果。公司拥有国内先进的食用菌菌袋生产线，实现自动搅拌、自动装袋、连续灭菌、无菌接种等生产工序流水作业，实现了食用菌生产规模化、产业化和劳动效率的大幅度提高，建立健全了从菌种管理到产品生产的完备的生产体系。团队利用菌种脱毒复壮技术，通过驯化野生品种、单孢杂交等技术手段，经过多次脱毒分离复壮，快速恢复菌种原有的生物特性，解决了菌种退化等问题，实现香菇产量增收20%，并成功培育出迦盛1号，迦盛2号优良香菇菌株。

起初迦南菌业主要致力于开拓国外市场，2014年2月公司与韩国农协建立合作，总投入百万美元在韩国庆尚南道密阳市建设食用菌绿色农场，每年出口韩国香菇菌棒90多万袋，出口创汇100多万美元，也是山东省第一家食用菌境外投资创业企业。2016年业务开展到日本及欧美国家。2018年2月与日本、澳大利亚等国签订香菇菌棒供应协议。受新冠疫情影响，2020年公司战略转移，着力发展国内食用菌生产，与上海、苏州、无锡等多家签订食用菌购销合同，因产品品质好、市场需求大，香菇供不应求，被评为

“临沂市长三角优质农产品供应基地”。

在政府部门的牵头带动下，迦南菌业多次开展调研对接，实地踏勘，探索出一条既能壮大企业自身实力，又能帮助西部贫困地区农民脱贫致富的路子，按照“公司＋基地＋农户”的模式规范运作，采取统一提供菌种、菌袋、技术跟踪服务、产品回收统一销售等方式，保证公司及农户的利益最大化。2017 年 2 月与贵州省遵义市正安县签订合作协议，投资 1.2 亿元建设工厂化香菇生产基地。2018 年在重庆市城口县沿河乡、修齐镇等地开展食用菌培训 4 次，共计 200 余人次受训，示范带动 500 余人增收致富。2021 年受邀在青海省互助县丹麻镇村，共同开展食用菌栽培种植，注册了青海华菇菌业科技有限公司，建设大棚 100 座，年产香菇 3 000 余吨，辐射带动 300 余人，带动菇农增产增收。2023 年与市援青工作组对接，在青海省海晏县建设援青香菇示范种植基地，占地面积 70 亩，项目即将开工建设。下一步将以香菇绿色种植示范为主导，以多种食用菌种植展示为辅助，形成食用菌大观园。通过无化肥无农药的种植示范，带动农户参与食用菌种植，建立标准、提高效益、扩大规模，从而实现农民稳定增收、助力乡村振兴。

第 6 章

畜禽工厂化生产发展模式与案例

6.1 沂蒙山区畜禽产业概况

6.1.1 沂蒙山区畜牧业发展现状

畜牧业是沂蒙山区特色农业产业的重要组成部分，经过多年的发展，沂蒙山区形成了以生猪、家禽、兔、蜂等为主要品类的养殖和产品加工产业链。以临沂市为例，2022 年全市年屠宰生猪 1 313 万头（占全省 1/3、全国 1/20）、屠宰禽类 13.7 亿只（占全省 1/4、全国 1/10）、肉类产量 442 万吨（占全省 1/4、全国 1/20）、生产饲料 936 万吨（占全省 1/5、全国 1/30）、创建国家级标准化畜禽屠宰示范企业 11 家（占全省 1/2、全国 1/10），五项指标均为全国第一，被誉为“中国肉类产业之都”。2022 年全市畜牧业总产值达到 1 057.6 亿元（养殖 303.0 亿元、加工 754.6 亿元），居山东省第一位。2022 年，全市生猪存、出栏量分别达 390.85 万头和 539.26 万头；牛存、出栏量分别达 30.17 万头和 31.01 万头；羊存、出栏量分别达 202.64 万只和 248.87 万只；家禽存、出栏量分别达 1.18 亿只和 3.9 亿只；兔存出栏量分别达 283.9 万只和 762.8 万只，蜜蜂存养量 9.9 万群；生猪存出栏量、兔存出栏量、蜜蜂存养量五项指标均位居全省第一。2006 年，临沂市率先在全国推行标准化养殖场示范创建，全市现有备案养殖场 5 200 家，其中国家级、省级、市级标准化示范场分别达 30 家、137 家、965 家，标准化规模养殖水平居全省前列。现有畜禽屠宰企业 209 家，其中生猪屠宰企业 79 家（规模企业 51家，小型场点 28 家），年屠宰能力3 900 万头；肉鸡屠宰企业 37 家，年屠宰能力 9.9 亿只；肉鸭屠宰企业 69 家，年屠宰能力 9.07 亿只；牛羊屠宰企业 8 家，年屠宰能力 100 万头；肉兔屠宰企业 16 家，年屠宰能力 1 亿只，是全国肉类屠宰企业数量和产量最多的地级市。分别有 5 家生猪屠宰企业、2 家禽类屠宰企业进入全省前10强，国家级标准化示范企业11家，省级标准化示范企业15家，2022年肉类总产值416亿元，同比增长10.93%，均居全省第一位。现有饲料及添加剂生产企业295家，占全省的12.9%，饲料年产值和年产量连续5年居全省第一，规模化饲料生产企业161家，规模化率达56%，规模化程度全省第一，饲料产业集群优势明显，猪、肉禽、兔、宠物饲料产量均居全省第一。累计创建省级以上管理规范示范企业23个（省级21个、部级2个），数量居全省第一，占全省的19.7%，同时实现了示范企业县区全覆盖，达到每县区都有示范标杆。近年来，沂蒙山区坚持以“建设畜牧强市”为动力，践行绿色发展理念，加快产业转型升级，全力打造乡村振兴齐鲁样板。临沂市连续两届被评为“全国农业先进集体”。

6.1.2 沂蒙山区畜牧业存在的问题与挑战

当前社会环境和市场条件发生了巨大变化，我国畜牧业生产面临“转方式、调结构”和农民增收的艰巨任务，面临发展低碳畜牧业经济、确保畜产品质量安全的严峻形势，面临自身矛盾积累、外部环境变化的巨大压力。总体来说，沂蒙山区畜牧养殖业发展方式仍比较粗放，畜牧业基础设施相对落后；生态养殖新模式尚未全面普及，集约化程度不高；畜禽粪便资源化、无害化、清洁化处理设施不能满足实际需要；产业链条不完善，生产组织化程度低。龙头企业带动能力有待提升，畜产品深加工能力不强，附加值不高；养殖户组织化程度低，难以形成规模效应，与金锣肉制品一样在全国有知名度和影响力的驰名品牌产品不多；良种繁育体系不完善，良种化程度较低；畜禽良种繁育基地建设落后，畜禽良种供应能力弱等，制约了养殖业效益提升。动物疫病防控体系有待加强，畜产品质量安全监管难度较大；畜牧兽医队伍人员老化，人才结构不合理，缺乏有效激励机制；畜禽疫病统防统治社会化服务体系有待进一步完善。

6.1.3 沂蒙山区畜牧业高效可持续发展的关键要素

1. 坚持“肥料化”“能源化”两条路径，积极推广清洁养殖、种养结合和能源化利用模式

通过深入实践和成果转化，总结推广“固体粪便生产沼气-渣液还田模式”“污水厌氧好氧深度处理-灌溉农田模式”“畜禽粪污原位降解-垫料还田（畜禽发酵床养殖技术）模式”“粪便好氧堆肥-有机肥生产模式”“粪便生物链转化-多产业发展模式”“粪便堆积发酵-直接还田模式”六种规模养殖粪污处理模式，化粪污为肥料、变粪污为能源，有效解决畜禽养殖污染，增加种植业肥源和清洁能源。2022 年畜禽粪污产生量约 2 115 万吨，采用蔬菜大棚利用、果园协议消纳、自有农田利用及委托处理方式，处理利用 1 894 万吨，畜禽粪污综合处理利用率达到 89%。全市规模养殖场粪污处理设施配建率达 100%，1 690 余家规模养殖场推广应用生物除臭技术，养殖污染得到根本性缓解。

2. 加强动物疫病防控

2022 年 8 月 11 日，农业农村部公告（第 584 号）山东省无疫省建设通过国家评估，达到免疫无疫标准，沂蒙山区 12 个县区全部建成免疫无口蹄疫区和免疫无高致病性禽流感区。非洲猪瘟等重大动物疫病及炭疽、布病等人畜共患病防控效果显著。全市排查生猪养殖场户 12 万个次，合计排查生猪 2 523 万头次；2022 年共完成重大动物疫病免疫抗体检测样品 4 558 份，完成病原检测样品 9 718 份；共检疫生猪 620.8 万头、家禽 15.37 亿只、畜产品 458 万吨，实现重大动物疫病应免尽免的目标，巩固了无区域性重大动物疫情发生的阶段性成果。畜产品质量安全持续强化，联合公安局等五个部门开展专项整治，不断提升畜产品质量安全水平。2022 年完成畜产品抽检 44 916 批次，合格率为 99.8%，与上年度同比提高 0.2 个百分点；开展饲料兽药抽检 150 批次，开展快速检测

15 625 批次，抽检合格率均保持在 98%以上，均高于全省平均水平。

3. 大力推进良种繁育和品牌创建

加快良种繁育场建设，全市畜禽良种场达 84 家，奶牛良种覆盖率达 100%，猪、鸡、鸭良种覆盖率达 95%以上。继续开展沂蒙黑猪、沂蒙黑山羊、沂蒙鸡、琅琊鸡、中华蜜蜂等地方畜禽品种保护，推动多点保种工作。指导 6 个地方品种的 7 个省级保种场完成了年度保种任务，发掘、组建了沂蒙黑猪保种备份场，加快了中华蜜蜂保护区建设，在蒙阴、费县组织开展了“5·20”世界蜜蜂日系列活动，推广优质中蜂 4 000 群，创建基地 10 个，夯实了保护区种群基础。全年认证 35 家无公害企业、3 家智慧畜牧业应用基地，2 家智能牧场，目前在有效期内的无公害认证畜牧企业 110 余家，畜牧注册商标 208 件，其中中国驰名商标 1 件，省著名商标 14 件，中国名牌产品 1 个，初步形成了品牌产品带动、品牌企业拉动、支柱产业推动地方经济发展的良好局面。“沂南全国肉鸭养殖加工第一县”“蒙阴中国长毛兔之乡”等品牌在全国叫响。

本章主要围绕生猪、家禽、兔等畜种，介绍沂蒙山区畜禽工厂化生产主要技术，以及典型模式与成功企业发展案例。

6.2 畜禽产业主要技术模式

6.2.1 生猪猪舍菌液喷淋除臭技术

随着生猪养殖规模的不断扩大、集约化程度及养殖密度的不断提高，在养殖过程中产生了大量具有恶臭味的有害气体，不仅危害到生猪的自身健康，还对周边环境造成污染。近年来，伴随着生态文明建设的步伐，人们对美好生活环境尤其是空气质量的要求越来越高，部分养殖场的养殖臭味带来的扰民问题也成了困扰养殖生产的问题之一。因此，如何有效控制生猪养殖场的臭味，成为保证生猪产业可持续发展迫切需要解决的问题。

养猪场恶臭气体是由腐败微生物分解生猪的粪便、污水、饲料残渣、病死猪只、粉尘颗粒等物质产生的，其中还混杂着猪只消化道排出的气体气味、体表的分泌物及附着在体表的污物等散发出的难闻气味，臭味气体成分比较复杂。其中猪舍内常见的多为氨气、H_2S、粪臭素等有害气体。

这些恶臭气体多具有刺激气味、腐败气味。对生猪的黏膜、上呼吸道系统损伤较大，可以引起生猪采食量下降、焦躁不安，严重时造成呼吸困难、肺水肿、呕吐等问题。有的恶臭气体如 H_2S 还可进入血液，引起机体组织缺氧。猪只长期生活在这些恶臭气体中，会导致其机体抵抗力下降，体质变弱，阻碍猪只正常生产性能的发挥，同时还会危害到猪场饲养人员的健康，其释放进入大气后还有可能破坏臭氧层，或形成酸雨。

为了减少臭味的产生，人们常常在饲料中添加益生菌、吸附剂等物质，并安装除臭塔等设施（Sun 等，2020；光喜萍，2020）。利用微生物菌剂等减少臭气的产生以及空气中臭气粒子的数量，有助于改善环境，保障养猪业健康发展。本技术选用益生菌或其扩繁后的水溶液，以乳酸菌单一菌或乳酸菌与枯草芽孢杆菌、地衣芽孢杆菌等其他菌种混合培养生产液体菌剂产品，菌液呈酸性。喷淋装置包含菌液储存设施、高压消毒泵、喷淋管道、喷头等。喷淋装置安装于饲喂栏（笼）上方，喷淋菌液区域覆盖整个舍内面积，相邻喷头间隔距离应不低于 1.5 米，将菌液按使用说明与不含消毒剂的生活饮用水常温下稀释混匀，稀释后的菌液清澈，不得有纤维等异物。通过手机或远程监控平台等观察猪只健康状况和舍内氨气浓度、温度等指标数据。当猪舍内氨气浓度高于阈值上限时进行雾化喷淋。雾化喷淋时应充分覆盖舍内生产区域，喷淋后地面不得湿滑，喷淋时不得伤害人及畜禽眼部。夏季每周喷淋 3～5 次，根据舍内臭气浓度高低及猪只健康状况调整喷淋次数。当舍内温度与臭气浓度同时高于上限时，可以增加喷淋次数。雾化喷淋时观察并记录猪只的行走、呼吸、趴卧等行为，当发现异常行为或特殊事件立即终止喷淋。雾化喷淋后及时打开通风系统，避免高温高湿、低温高湿，及时清理地面的粪、尿及污水等。定期检查菌液管道有无堵塞、老化以及菌液变质等情况，菌液及稀释的菌液宜密闭避光存放。记录环境温度、喷淋状况、喷淋管道检修时间、猪只健康状况及臭气改善情况等。饲喂猪只氨基酸平衡日粮，饲料或饮水中添加益生菌制剂或采用发酵床饲养，同时配套适宜的舍内通风系统以及良好的粪尿清理措施，有助于降低舍内臭气浓度。

6.2.2 蛋鸡立体笼养及疫病防控新技术

中国是世界头号蛋鸡饲养和鸡蛋消费大国，鸡蛋产量约占世界总量的 36%。蛋鸡具有生长迅速、产蛋性能高、饲料转化率高、适合规模化饲养等优点，能在较短的时间内生产出大量的肉、蛋等蛋白质产品，大大丰富了老百姓的“菜篮子”。

临沂蛋鸡在山东名列前茅，新思维、五牛等蛋鸡品牌享誉国内。尽管如此，仍有部分地区养殖户存在规模化程度低、设施简陋等困境。自 2019 年以来，费县农业农村局与山东省农业科学院家禽研究所开展技术合作，以五牛等蛋鸡养殖公司为试点，在蛋鸡立体笼养和疫病防控等方面进行了一系列积极的探索，实施了以“六化”（良种化＋机械化＋防疫科学化＋智能化＋标准化＋无害化）为核心的技术革新，走出了一条绿色、环保、高效的蛋鸡养殖健康发展之路。

1. 充分发挥现代科技的优势

现代化立体笼养是利用现代科学技术，将蛋鸡饲养在密闭的环境设施内，采用机械化、智能化设备，对供料、饮水、光照、温度、湿度、通风等实施自动化控制，为蛋鸡提供最佳的生存环境，以发挥其最佳的生产潜能。

蛋鸡立体笼养技术通常每笼采用 4～12 层，舍内环境可控，自动化程度高，能够实现自动饲喂、清粪、集蛋等饲养流程。与传统平养、阶梯笼养相比，该模式具有以下优点：单位面积饲养量大，每平方米可饲养 30～90 只，节约土地面积大于 30%，单位面积产出效率提高2倍以上；人均蛋鸡饲养量3万～5万只，单栋饲养量可达5万～20万只，人均劳动生产率可提高3倍以上。

2. 蛋鸡饲养的核心关键技术

（1）品种优良化。费县优良蛋鸡，年产蛋量一般在310～320枚/只，饲养周期在500天以上，良种普及率95%。其中，国外品种有罗曼（德国）、海兰（美国）等。国内品种有京粉系列、农大3号、农大5号、大午粉、京红1号等，且品种逐年增多。

（2）设施机械化。蛋鸡立体笼养通常为密闭式鸡舍。鸡舍内的饮水、供料、清粪、集蛋、温度、湿度、通风等均实现了机械化、智能化控制。其中，通过鸡舍风机、湿帘、通风小窗和导流板等环控设备实现对环境的自动调控；通过贮料塔、螺旋式输料机、喂料机、匀料器、料槽和笼具清扫等装备实现自动供料；通过饮水管、饮水乳头、加药器、调压器、减压阀、反冲水线系统和智能控制系统实现自动饮水；通过纵向、横向、斜向清粪传送带、动力和控制系统实现自动清粪；通过集蛋带、集蛋机、中央输蛋线、蛋库和鸡蛋分级包装机等实现自动选蛋和包装。总之，在全自动条件下，一个人就可以管理5万～10万只蛋鸡，上述设备极大地提高了生产效率，提升了经济效益，实现了“设备养鸡、人管设备、以鸡养人”的目标。

（3）防疫科学化。中国禽病复杂多变，免疫防控压力较大，而疫病防控的好坏直接决定了养殖场的效益高低甚至生死存亡，必须科学制定疫苗的免疫程序。

① 疫苗免疫是防控家禽疫病的法宝。根据山东省家禽疫病流行现状，结合当地蛋鸡的品种、日龄、体况等，制定了符合当地情况的疫苗免疫程序。首先，选择合适的疫苗，确保疫苗株与流行株相一致；其次，成立疫苗免疫服务队，确保疫苗免疫率、有效率和准确率均为100%；最后，对重点病原，如新城疫、禽流感不同亚型（H9、H5、H7）定期进行抗体检测，建立完善的疫苗免疫抗体评价机制。

② 高度重视生物安全。生物安全是我国“预防为主、防养结合、防重于治”等传统禽病防控理念在新时期的发展和升华，是确保蛋鸡安全生产的“基石”，再好的疫苗也必须与饲养管理、消毒和监测等相结合。

（4）生产标准化。建立了蛋鸡在不同日龄的生产管理技术标准。

① 引进鸡群或种蛋时，应确保新引进的鸡群健康，无垂直传播性疾病，如禽白血病、支原体病、病毒性关节炎和禽脑脊髓炎等。新引进的雏鸡除外观正常、健康外，还要确保其拥有如针对新城疫、禽流感等的均匀母源抗体。

② 对鸡群不同日龄的饲养密度、公母比例，以及去冠、断喙、剪爪和光照、饮水、卫生消毒等，按照各品种的要求，制定相应的技术标准。

③ 生产技术标准化贯穿于蛋鸡孵化、育雏、育成、产蛋等全过程。

（5）管理智能化。利用现代通信技术和手机App，建立了鸡舍管理技术云平台，通过各种终端电子设备和监控系统，实现对喂料、温控、湿控、饮水、集蛋、通风、集粪等全链条自动化控制，实现了“一机在手，信息全有”。

（6）粪污无害化。家禽的粪尿、污水、尸体、羽毛及其他废弃物是疾病传播中的传染源，是病原微生物的主要滋生地，也是臭气、臭水的重要来源，是环境保护的焦点和难点。在养殖示范基地建立了鸡粪处理设施，将鸡粪统一集中处理，通过烘干、发酵和微生态等工艺将鸡粪制成有机肥，并与周边蔬菜、林果等种植大户签订收购协议。通过“养殖＋粪污有机化处理＋种植”模式，实现了“农牧”循环，综合利用。

3. 示范推广

集成蛋鸡立体笼养及配套关键技术，利用示范基地和家禽研究所科技人员优势，通过组织专家进行技术讲座、培训和现场观摩等进行推广服务，引导带动当地养殖企业参与蛋鸡的标准化生产，有力地促进了费县蛋鸡的健康发展。

6.2.3　规模化肉鸡场智慧高效生产技术

近年来，沂蒙山区始终坚持绿色发展理念，通过强化科技支撑和监管服务双轮驱动，持续推进肉鸡产业转型升级，肉鸡产业发展迅猛。2022年费县家禽存栏量1 590.26万只，出栏量7 434.35万只。肉鸡规模养殖场45家，养殖专业户37家，散养户431家，其中国家级、省级、市级标准化示范场分别达到2个、2个、5个。其中2家国家级标准化示范场所属的山东化海农牧集团林瀚养殖建成了九大标准化生态养殖基地，总投资7.3亿元，肉鸡年出栏量6 500余万只，建有标准化鸡舍188栋，单批白羽肉鸡养殖量600万只。其中海圣分场目前全国单批养殖量最大，占地面积500亩，数字化标准鸡舍40栋，单批养殖140万只，年出栏量约910万只。养殖规模逐步扩大，为乡村振兴注入了源头活水。

1. 自动化、数字化高效养殖技术

运用现代数字技术，打造智慧化肉鸡养殖生态系统。2022年，山东省农业科学院和费县政府共同组建首家畜牧产业科企创新联合体，坚持市场导向，聚焦产业创新，为产业发展提供科技支撑，鼓励养殖、屠宰加工企业引进先进生产技术。养殖企业采用“全进全出”饲养模式，保证鸡群生长速度一致。鸡舍建设有数字自动化精准环控系统，三层立体笼养、背斗式喂料系统和乳头供水，实现了电子识别、自动称量、精准上料、自动饮水，全程自动化调节，可适应不同生长期鸡群需求。圈舍配置自动化通风、温控、空气过滤和环境监测等设备，实现对温度、湿度和通风自动调节，确保肉鸡生长环境适宜稳定。输送带式清粪系统及时高效清理粪污，确保鸡舍环境整洁，减少疾病发生。高压清洗设备节省冲洗时间，确保冲洗安全。现代化养殖手段的推广使用，提高了效率，优化了环境，推动了全县肉鸡产业向绿色、健康、优质、特色和品牌化发展。

新型肉鸡养殖舍内采用电脑智能远程操控，自动化喂养、恒温恒湿控制、机械化排污、无菌化环境管理均达到国内先进水平。较以往畜禽养殖，节能60%，节水90%，节约土地67%以上，发病率降低70%，1人可负责一个标准化养殖棚，年出栏量达23万只。

2. 无抗健康养殖技术

优化饲料使用和兽药添加，提升肉鸡产品质量，坚持对所有肉鸡养殖场饲料和兽药严格监管，不定期入场采样检测。通过减少或停用兽用抗菌药、提升养殖水平、加强动物福利等措施降低肉鸡发病率，使肉鸡产品达到健康无药残标准。养殖使用公司自产饲料，养殖过程严格遵守用药规定与标准，进行兽药减量化使用，并与金锣、六和等加工企业合作。终端市场是全国连锁的肯德基、麦当劳、德克士等快餐店以及大学食堂等餐饮服务业，应用二维码全程追溯系统，为每一只出场的肉鸡提供质量保障。

3. 肉鸡产品产供销一体化技术模式

延长产业链，向深加工要市场、要效益。六和化海食品有限公司计划投资1.5亿元，三年内完成肉鸡屠宰扩建项目，主要包括新建综合办公楼、扩建屠宰车间和配建新型污水处理系统。新建屠宰车间生产、销售熟食等系列产品，配套建设仓储设施及冷链物流配送中心和60万套整鸡孵化设备，采用国内最先进自动化设备，能耗小、效率高、产品质量稳定，生产能力大大提高。扩建后可实现年屠宰白羽肉鸡3 000万只，年销售收入60 000万元，新增就业450人，通过企业规模化生产经营，加快了肉鸡产、供、销一体化的进程，具有良好的社会经济效益。

4. 公司+农户模式

将分散养殖户聚集成完整的养殖体系，形成“1+1＞2”的强大合力，促进肉鸡产业发展壮大。鼓励支持规模企业吸纳农村养殖技术人才，促成在外打工者回到家乡，投身到畜牧产业中，实现了农户和企业之间的利益共享、效益到户。化海农牧等企业秉承振兴乡村责任理念，吸纳农民工、农村转移劳动力就业 3 000 余人，带动周边养殖场户百余家，上下游产业创业人员 800 余人。通过政府和企业帮扶带动，散养户主动跟随规模化企业步伐，加入到企业员工队伍中去，或是拆除老旧鸡舍鸡棚，学习绿色养殖技术，既有利于生态环保，又大大提升产品质量，增加养殖户收入，促进畜牧业可持续发展。

5. 种养结合、农牧循环模式

养殖基地废水经工业处理后达到环保标准水质，用于莲藕种植、观赏鱼养殖。对养殖场臭气、粪便和冲棚水进行流程化环保处理。日常采用雾化喷洒生物除臭菌，有效控制养殖场气味。养殖与种植环节资源互相利用，形成闭环，保证养殖废弃物资源化利用，为生产有机产品提供便利。同时积极推广新模式，探索畜牧观光旅游生态园、休闲观光等附加产业，开发“宠物鸡”等新产品，通过“畜牧+”拓展产业新功能。

6.2.4 肉兔工厂化生产技术

1. 技术概述

肉兔的工厂化生产是建立在繁殖控制和人工授精技术基础上的全进全出循环繁育模式，其核心技术是“繁殖控制”和“人工授精”，是众多技术的集成，具有高效率和高效益的优点。集约化、规模化和标准化是现代肉兔生产的必然趋势，目前，法国、意大利和西班牙等西欧国家普遍采用肉兔工厂化生产，我国肉兔的标准化生产普及率并不高。肉兔工厂化生产技术的推广和使用，可以大幅度提高兔产品质量和优良种兔利用率，降低饲料消耗，有效防止疫病传播，全面提高生产效率。

（1）大幅度减少公兔饲养量，提高经济效益。传统的肉兔养殖普遍采用自然交配，公母饲养比例为1∶（4～6），而肉兔工厂化生产技术采用精准人工授精，公母饲养比例可以扩大到1∶（80～120），提高了良种公兔的利用率，减少了种公兔饲养量，节省了饲料和设备费用，降低了饲养成本。同时，精液冷冻技术能使受精率达到65%～75%，不受公兔年龄、时间、地区及国界的限制，均可采集优良品系冻精进行保存和利用。另外，采用精准人工授精技术也将有效减少因自然交配而导致的生殖器官疾病及其他疫病传播的风险。

（2）兔产品规格整齐，质量均一。肉兔的工厂化生产为批次生产，全进全出，出栏商品肉兔均匀度好，而传统养殖“同批出栏”肉兔大小不一，严重影响屠宰分割产品质量。

（3）全进全出，便于开展卫生防疫。肉兔的工厂化生产技术为全进全出、批次生产，兔舍可进行空舍及彻底消毒，而在传统养殖中，兔舍很难做到空舍及彻底消毒。因此，肉兔的标准化生产能够有效减少疫病的发生，提高经济效益。

（4）机械化生产，极大地提高劳动效率。肉兔的工厂化生产技术普遍采用机械化喂料、自动饮水和自动化清粪，人均劳效可达到1 000只母兔，而传统养兔喂料、喂水和清粪等任务繁重，人均劳效仅为120～200只母兔。在劳动力普遍紧缺的当下，发展和推广标准化养兔技术能够大大地提高生产效率，节约人工成本。

2. 技术要点

（1）繁殖控制技术。繁殖控制技术主要包括母兔的同期发情技术和人工授精技术。同期发情技术是应用物理和生化技术手段，促进母兔群同期发情的各项技术集成，主要包括光照控制、饲喂控制、泌乳控制和激素应用等技术。人工授精技术主要包括种公兔的科学管理与合理使用，精液的采集、检测与稀释，输精操作、疫病防控等技术（图6-1、图6-2）。

图6-1　精液采集后质量检测与稀释

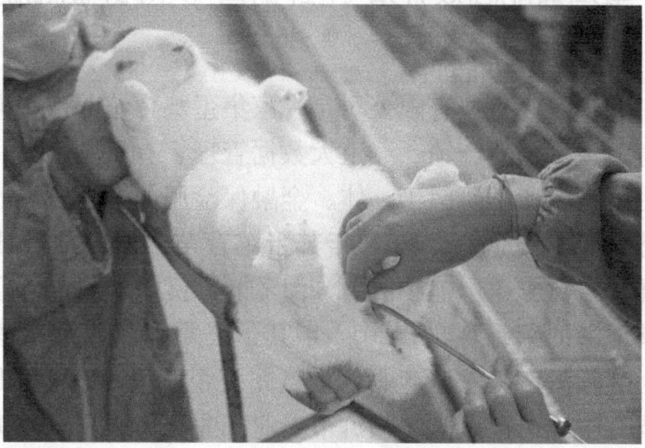

图6-2　人工授精技术操作手法

（2）饲料配方及饲粮配制技术。根据肉兔不同年龄和不同生理阶段营养需要量合理调整饲粮配方，同时加强饲料原料质量的把控，注重饲粮能量、蛋白质、淀粉、纤维及纤维组分合理搭配技术。此外，因幼兔易发肠道疾病，可适当添加中草药、酶制剂、微生态制剂等新型绿色饲料添加剂进行肠道保健。

（3）饲养管理及环境控制技术。断奶仔兔转群操作和应激管理技术、种兔更新和空怀母兔管理技术、不同季节通风换气和环境控制技术等。

（4）疫病综合防控技术。制定商品肉兔及种兔的免疫程序，推广兔瘟、消化系统疾病、皮肤真菌和螨病等主要疫病综合防治技术。树立以预防为主、治疗为辅的疫病防控理念，加强肉兔生产安全。

（5）粪污资源化利用技术。采用粪尿干湿分离，堆肥发酵生产有机肥料种植果树、蔬菜和牧草，沼液还田，推行种养结合和生态养殖模式。

6.3 沂蒙山区畜牧业发展典型案例

6.3.1 蛋鸡智能高效养殖-生鲜销售-供应链金融服务三位一体模式

山东五牛农业科技有限公司是一家集蛋鸡育苗养殖、溯源鸡蛋生产销售、蛋禽饲料产销、养殖大数据管理、有机肥产销、农业新技术应用培训、产学研销于一体、金融保险服务融合发展的现代化绿色生态农业龙头企业。2012 年其蛋鸡育苗养殖基地被评为“山东省标准化畜禽养殖示范小区”；2015 年荣获“全国特色育成鸡养殖示范基地”的荣誉称号；2015 年其子公司临沂四维畜禽有限公司被评为“临沂市级农业产业化重点龙头企业”；2017 年山东五牛农业科技有限公司被评为“临沂市农业产业化市级重点龙头企业”。富硒鲜蛋“良丘吉蛋”目前已销往北京、上海、天津、苏州等地。

山东新四维生态科技集团有限公司是费县供销社开放办社企业，成立于 2015 年 6 月，是一家服务三农的国家高新技术企业，通过自主开发的数字化管理平台对蛋鸡全产业链进行整合升级。依据大数据的效益分析向养殖企业提供优质青年鸡、高性价比饲料、安全性动保产品，帮助养殖企业提升蛋品品质，实现蛋品的安全溯源；依托自身打造的溯源鲜蛋商城及世界一流的蛋品生产车间（荷兰进口全自动鸡蛋分拣 MOBA 设备生产线每小时可分拣 12 万枚蛋），向终端客户提供标准化、品牌化的高质量蛋品，实现蛋品的消费升级。通过普惠金融、养殖保险、技术服务等手段助力养殖企业实现规模化发展，创新开展供应链金融服务，成为生产、供销、信用“三位一体”综合合作的典范。

集团现有 3 个全资子公司：山东新四维生物技术有限公司、山东新四维食品有限公司、山东新四维商业有限公司。集团与盒马鲜生、天猫超市、京东等大型高端生鲜零售及电商平台达成战略合作，日供应鲜蛋 80 万枚，目前是京东一号店、天猫超市鲜蛋销售头部品牌。集团目前在临沂、青岛、济南、淄博、连云港等地设立城市前置仓，打造产业链闭环溯源体系，日销鲜蛋达 150 吨。集团牵头同行优质养殖基地成立临沂市蛋品行业协会并成为临沂市蛋品行业协会会长单位。自主研发的《蛋鸡养殖保险和蛋品可追溯体系建设创新研究》《蛋鸡养殖保险平台建设及应用研究》项目荣获市级科学技术进步奖；集团先后荣获“山东畜牧业博览会优质畜产品金奖”“科技型中小企业”“国家高新技术企业”“山东省专精特新企业”等多项荣誉称号，并获得多项国家级产品质量认证；拥有Ⅰ类发明专利 1 项，Ⅱ类发明专利 3 项，知识产权 22 项。集团 2022 年营收预计 5 亿元。

1. 育雏基地——省级标准化畜禽养殖示范小区

作为鲁南最大的育雏基地，公司正逐步发展成为一家专业化育成鸡养殖基地，曾荣获省级标准化养殖示范小区等多项荣誉称号。公司目前已拥有两个青年鸡育成基地，总资产已达 2 000 万元，年出栏优质育成鸡达 100 余万只。

2013 年 10 月，公司新建项目获得环境保护局批复，新建项目占地 6 000 米^2，建筑面积 2 470 米^2。设备方面，鸡舍均采用国内最先进的全自动化育雏设备，中央空调供暖，温度湿度电脑程控，使得养殖过程可追溯。每批鸡苗都有进雏证明，使得鸡苗源头可追溯。营养方面，鸡群食用的每批饲料都来自北京英惠尔农牧科技有限公司，均有备案，使得饲料营养可追溯。防疫方面，每批鸡的防疫程序都附照片可查，使得防疫程序可追溯。不仅如此，三个基地在饲养模式上均采用单批次全进全出，全封闭数据化管理，养殖过程全程监控，而且对于鸡舍、鸡群更是采用云数据管理模式，这也使得青年鸡从源头到养殖户全程可追溯。

2. 蛋品基地

公司拥有优良的蛋鸡生长环境、独特的饲料配方、绿色的饲养模式、先进的工厂设备，赋予鸡蛋无抗、富硒、高锌、绿色的产品特点，对不同食用群体而言，具有增智、抗衰、强精、延寿之功效，形成了“良丘吉蛋”品牌。养殖基地占地50亩，设计存栏量30万只，现有一期存栏量15万只，采用全自动标准化养殖设备，2021年营业额1 697万元，2022年营业额2 044万元。

3. 产品特点

（1）富含硒、锌微量元素。良丘吉蛋富含硒、锌，能提高人体抗病能力，促进儿童智力发育，对高血压患者有软化血管、降低血压的保健作用，是产后、术后最佳滋补食品。

（2）蛋白清澈浓稠。良丘吉蛋蛋白中约含蛋白质12%，还含有一定量的核黄素、钙、铁等物质。

（3）蛋黄密度结实。良丘吉蛋蛋黄含有丰富的维生素A和维生素D，且含有较丰富的铁、磷和钙等矿物质。

（4）胆固醇含量低。良丘吉蛋其ω-3不饱和脂肪和卵磷脂含量远高于一般鸡蛋，而胆固醇含量显著偏低。

产品质量有保障的原因有三：

① 产蛋鸡均选自优良品种。良丘吉蛋产蛋鸡经过严格把关，重重筛选，最终选择最优品种饲养，严格按照国家有机饲料标准，确保鸡蛋产品的安全。

② 中药调理，有机添加。研究表明，加入适量的铜、铬、镁和硒等矿物质元素能有效提高产蛋鸡所产蛋的品质，如添加维生素

可使鸡蛋中的维生素含量提高，因而良丘吉蛋富硒高锌的特性与其产蛋鸡饲料使用中草药调理有直接关系。良丘吉蛋的产蛋鸡饲料原材料均使用有机添加，通过采用中药调理的独特方式，在原材料中加入了大青叶、板蓝根、黄芪、金银花、党参、益母草、蒲公英等一些中草药，提高了鸡蛋中硒、锌的含量，同时降低了胆固醇和脂肪含量。

③ 生产全过程追溯。产业园区生产的每一枚良丘吉蛋都带有独特的二维码溯源系统，通过良丘吉蛋二维码溯源系统可以查询到蛋鸡厂生产环境监控数据、饲料和药物、消毒剂等投入品的使用记录、检测报告等信息，实现消费者、生产者、监管部门三方信息共享和监督，保障鸡蛋产品的安全。通过鸡蛋质量溯源系统，消费者可清楚地知道鸡蛋来自哪个养鸡场，属于哪一批次，是哪个鸡舍的鸡所产，以及该鸡舍的鸡使用的饲料以及饲料的供应商。特别是在生产过程中良丘吉蛋产蛋鸡全程使用蛋道数据平台，每枚鸡蛋每个阶段，都可查询到具体养殖信息，让消费者清楚了解鸡蛋生产的每个过程。

4. 饲料自配源头把控

公司采用国内最先进的饲料生产设备，配比优质原料，选用健康无污染原料，天然食物让产蛋鸡富集了更多的营养。公司利用天然植物中的有机硒、多种维生素，配合多种中草药研制出产蛋鸡的高硒饲料配方，配比最优质饲料。通过健康鸡体作为转换工厂，生产出富硒高锌的鸡蛋。从源头把控，做到真正的无药残，公司饲料产品目前已远销国内多个省市。

5. 产研结合，科技赋能，打造乡村振兴科技引领型齐鲁样板

2021年以来，山东省农业科学院家禽研究所在五牛公司、新四维公司开展了“蛋鸡智慧化养殖提质增效样板工程”，以蛋鸡养殖农业数字化、智能化为引领，打造健康无抗、标准化、智能化养殖模式；推广智能养殖设备、节粮、地方鸡养殖、功能蛋等技术应

用，提升企业品牌影响力，形成可复制可推广的特色蛋鸡健康养殖模式；提升蛋鸡养殖企业经济效益，促进养殖户增收，保障蛋鸡产业绿色健康发展。

在专家的指导和帮助下，主要开展了以下三方面重点工作：

① 蛋鸡养殖过程智能化、数字化技术的示范与推广。在企业试用省农科院家禽研究所研发的蛋鸡舍环境智能巡检机器人，对蛋鸡舍温湿度、CO_2、NH_3、粉尘、红外图像、可见光图像进行实时动态监测，实现数据自动记录存储与远程观测，全方位掌握蛋鸡舍内环境状况并监测病死鸡，降低饲养人员劳动量，提高劳动生产效率，提升蛋鸡养殖全过程的环境监控和智能装备利用水平。

② 蛋鸡养殖节粮及无抗养殖技术的示范与推广。重点推广中草药无抗养殖技术、功能性生物饲料和生物酵素无抗养殖技术，降低养殖成本，提高养殖效益，促进蛋鸡生长，同时替代抗生素；在企业开展无抗养殖试点示范，打造家禽产品安全品牌。推广节粮小型蛋鸡养殖，减少饲料消耗，降低料蛋比，帮助企业节约生产成本，促进绿色低碳养殖。

③ 地方鸡养殖及蛋品质提升技术的示范与推广。将山东省地方鸡资源活体基因库保存的地方品种在五牛公司进行养殖并示范推广，从而将企业打造为山东省地方鸡创新利用示范基地；进行蛋品质与营养成分测定，示范推广蛋品质提升技术，提升企业核心竞争力。

6.3.2 循环农业模式下的肉鸡养殖与粪污资源化利用模式

山东化海农牧有限公司位于费县上冶镇，成立于2011年，是一家专业白羽肉鸡养殖企业，公司设有林瀚养殖、玖瑞饲料生产、六和屠宰加工以及数字农业产业园四大产业链，建有标准化鸡舍204栋，单批存栏量超600万只，年出栏量4 000余万只。公司采用三层立体养殖设备，可实现全程自动化操作。背斗式喂料系统确保布料均匀；乳头供水自动调节设备，能满足鸡群在不同生长时期的饮水需求；环境控制和通风自动调节系统，确保鸡舍内达到适宜的设定温度和湿度；清粪系统采用输送带式设计，确保鸡群环境卫生。同时，养殖过程严格遵守免疫程序和用药规定，以确保无药物残留。

公司坚持走经济效益与保护环境相统一的绿色环保农牧循环之路，如何对养殖过程中产生的鸡粪和污水进行资源化利用，一直是困扰公司的难题。2020年，山东省农业科学院开始实施“三个突破”，选定费县作为科技帮扶县。家禽研究所专家多次到公司进行调研，经过与公司负责人沟通交流，了解了公司发展的难点和需求，经过所内领导、专家的商讨，计划为公司建立鸡粪堆积发酵和污水处理项目。

经过多方调研，确定建立鸡粪堆积发酵的项目。将鸡粪收集，转移至发酵场地，通过添加特定的菌种、调整湿度温度等条件，促进有益微生物的生长和活动。这些有益微生物通过分解粪便中的有机物质，将其转化为可被植物吸收和利用的营养物质，如氮、磷、钾等。经过发酵处理的肉鸡粪便成为了一种优质的有机肥料，不仅为作物提供了充足的养分，促进了作物的健康生长，还在很大程度上减少了化肥的使用量。同时，有机肥料的使用还能改善土壤结构和水分保持能力，提高土壤肥力和生物多样性。目前，公司的发酵项目每年能够生产有机肥30万吨。费县是蔬菜种植大县，西葫芦和番茄都属于地标性产品，相关产业也都有山东省农业科学院专家的技术扶持。经过一定时间的推广，鸡粪有机肥在西葫芦种植中的使用率超过90%，在番茄种植中的使用率超过60%。费县南部乡镇山区较多，果树种植面积较大，其中山楂、脆枣、梨和葡萄都具有可观的种植规模，对鸡粪有机肥的需求量巨大。根据不同种植品类的需要，下一步计划通过添加不同菌种、不同辅料的方式研制不同功能的鸡粪有机肥，将鸡粪资源充分利用。

污水处理项目在养殖业中较为成熟，经过家禽研究所专家和公司负责人的调研和论证，确定采用污水处理和莲藕种植、牧草（芒草和柳枝稷）种植结合的方案。养殖过程中产生的污水经排污管道进入沉淀池进行固液分离，液体转移至黑膜厌氧池进行生化反应，将其中的COD、BOD等指标降解到2 000毫克/升以下。采用工业污水处理工艺，对废水进一步处理，使水质达标后通过管道输送到藕塘或灌溉牧草。

在家禽研究所领导、专家的帮扶下建立的鸡粪堆积发酵项目和污水项目，大大减少了肉鸡养殖过程中的污染排放，符合绿色发展的策略。同时，鸡粪有机肥、莲藕、牧草都能产生一定的经济效益，实现了变废为宝，为公司的发展拓宽了道路。

6.3.3 兔产业的“科研院所＋龙头企业＋合作社＋养殖户”合作模式

“产业兴旺是乡村振兴的重点，是解决农村一切问题的前提”。充分利用当地优势资源因地制宜发展特色农业产业，成为精准扶贫之后全面实施乡村振兴战略的重要举措。兔产业作为草食畜牧业的重要组成部分，是我国节粮型畜牧业中极具代表性的产业。家兔养殖和林果业结合的循环经济是山区乡村振兴的重要选择。山区耕地少，发展传统农作物种植的资源禀赋较差。但这些地区饲草资源和生态资源丰富，因此，有发展食草动物养殖、林果种植和旅游业的先天优势。林果业通常是山区的传统产业，但单凭这一产业难以实现资源的循环利用，养殖业又因山区空间狭小、交通不便、市场不完善难以得到发展，然而家兔的养殖不同，它对于空间、交通和市场的要求相对较低，同时又能有效利用山区丰富的饲草资源，与山区的林果业搭配形成循环经济，是最适合山区农民养殖的畜种。因此通过“草-兔-果”或“草-兔-果-沼”循环经济模式带动山区农民脱贫，成为防止这些生态脆弱地区被乱垦滥伐，真正保护好当地的青山绿水的最佳模式。

1. 实践探索

一是寻找自身优势，建立发展信心。沂蒙山区是我国重要的家兔传统养殖区域，其中山东正宇兔业有限公司，是一家集肉兔饲养、屠宰加工、毛皮加工为一体的农业产业化重点龙头企业。公司积极响应国家精准扶贫战略的号召，通过利益联结机制建立费县正宇兔业专业合作社，先后带动胡阳镇 15 个自然村 180 户贫困家庭脱贫，并为利益联结户总计发放生活资助金 23.2 万元，在费县养兔户中树立了良好的企业形象。

二是全产业链支撑，科技赋能产业发展。科研院所专家们为龙头企业、合作社和养殖户提供了从家兔养殖到兔肉加工的全链条技术指导，为兔产业发展建设提供了有力技术支撑。

三是整合优势资源，协同开展工作。落地各类科研项目 9 个，揭榜挂帅科技难题项目 3 个，立项经费达 400 万元。申报“对接长江三角洲农产品基地建设”等项目资金支持，有效集聚科技、项目、资金、政策等各类要素，推进费县兔产业高质量发展。

四是加强党建引领，做好产业发展规划。能否持续搞好产业，党的组织领导作用十分重要。为推动兔产业发展，山东省农业科学院“三个突破”指挥部在深入分析费县家兔生产条件基础上，充分发动人才、科技、平台等优势，为该县制定了产业发展规划，旨在以科技助力乡村振兴，实现一二三产业融合发展。

2. 建设成效

一是引进推广新技术，提高家兔生产水平。通过将母兔同期发情、人工授精、智慧化养殖、兔舍环境控制、替抗饲料配方和高效饲养管理等一系列最新技术在费县落地，使断奶仔兔成活率由原来不足 80%提高至 85%～90%。此外，最新研究成果“家兔地源性饲料资源开发利用研究与推广示范”在费县实现落地，节约饲料成本 20%，集成家兔高效健康养殖技术，使一只基础母兔年提供商品肉兔数量由原来不足 40 只提高至 45～50 只。

二是研究开发了一批新产品，延长了产业链，提高了附加值。通过团队研发攻关，将兔耳、兔爪、兔内脏等副产品研发成高端宠物食品，并与全国各地的宠物食品公司进行了合作，兔副产品售价由每吨不足 500 元提高至 7 500～8 000 元，延伸了产业链，提高了附加值。龙头企业年销售额增加2 000万元，并由市级农业产业化龙头企业升级为省级龙头企业。

三是有效带动并提高周边养殖户养殖收入，助力乡村振兴。在龙头企业成立专业技术服务队，为养殖户统一提供种兔、统一提供饲料、统一提供技术服务、统一防疫、统一回收商品兔。目前，该发展模式惠及费县、平邑、沂水、沂南等地892个养兔户，每户年均增收9万元，有效助力乡村振兴。该模式获得了2022年度全省农林水牧气象系统“乡村振兴杯”工作创新竞赛优秀成果三等奖，被人民网、科技日报、农村大众、齐鲁牧业报等多家媒体广为宣传，并入选中央组织部全国党员干部远程教育课程。

3. 经验启示

一是坚持科技引领，及时提供技术指导。科技引领是产业发展的核心要素，其他资源在此基础上进行整合、融入也是必不可少的因素。科研院所组织省内外专家进行理论培训，龙头企业定期提供喂养、配种、防疫等方面的技术指导，解决这些农户在养殖过程中所面临的问题和风险。“科研院所＋龙头企业＋合作社＋养殖户”的发展模式既发挥了科研院所的科技优势，以及龙头企业及合作社的带动作用，又调动了养殖户的积极能动性，最终实现了兔产业的健康、良性和可持续发展。

二是发挥龙头企业带动作用，开拓兔产品市场。有消费才会有收益。兔子养得再好，没有市场，一切都是徒劳。在越来越强调健康消费的当代环境下，养兔相比养猪、牛、羊等具有天然的优势，龙头企业发展兔产品加工，开拓兔产品市场，成为推动兔产业发展的首要工作。

三是完善支撑服务体系建设，健全利益调节分配机制。成立农科专家工作室和费县养兔技术交流微信群，解决群众养兔生产中存在的难题。通过发展专业合作社，为现代家兔产业发展提供组织支撑。支持龙头企业加大新产品研发力度，不断延伸产业链条，加强产销对接，完善利益调节分配机制，保障兔产业健康良性发展。

第 7 章

沂蒙山区生态农业大循环发展模式

7.1 沂蒙山区生态循环农业模式发展背景及概况

我国农业废弃物产量规模巨大，如每年畜禽粪污超过20亿吨，各类农作物秸秆9亿吨以上。随着各地环境保护力度的不断加强，农业废弃物综合利用率逐步提升，秸秆等资源化综合利用率由平均不足40%提升到80%以上，但剩余大量农业废弃物随意堆放和处置，严重破坏了农村和城镇居民的生产生活环境。2023年初中央1号文件指出，应大力发展青贮饲料，加快推进秸秆养畜，推动易腐垃圾、有机废弃物、厕所排泄物等就近就地的资源化处理，加速农资减施增效技术的普及和使用、推行水肥结合，建立健全秸秆、农膜和农药包装、畜禽粪污及其他种类农用废物的回收和收储平台体系。近年来山东省各县区将绿色、循环、低碳发展视为现代化经济体系的主要内容，致力于实现农业生产、乡村文明建设、农村宜居宜业的良好循环，实现现代农业生态低碳产业振兴。

当前，在沂蒙山区的生态循环农业产业发展主要遵循“县域统筹、技术集成、企业运营、因地制宜”的原则，构建畜禽粪污、农作物秸秆、蔬菜尾菜、废旧农膜、农药包装废弃物、病死畜禽等六大类农业废弃物资源化利用有效治理模式，逐步建立和完善农业废弃物资源化综合利用体系，创新“四全四新”举措，即构建全域推进新机制、打造全量应用新样板、培育全链联动新业态、探索全效利用新路径，形成了“五化三环”（包括能源化、肥料化、基质化、饲料化、原料化，主体小循环、园区中循环、县域大循环）等产业融合的综合利用技术模式，以建设国家和省级绿色先行区为发展目标，集中建设农作物秸秆、生活垃圾、病死畜禽等分类处理中心，全力发展以处理畜禽粪污和农作物秸秆为主的乡村区域生物质能源中心的“1+3+6”模式等技术体系和产业模式。

7.1.1 沂蒙山区生态循环农业产业模式及具体举措

探索构建全产业链资源化发展模式。按照政府主导、企业主体的发展思路，建设县、乡、村、企多级联动的集畜禽粪污、农作物秸秆、蔬菜尾菜、废旧农膜（包括废弃果袋、反光棚膜等）、农药包装废弃物、病死畜禽等农业废弃物收储利用体系，增设农作物秸秆收储点、畜禽粪污储存点、地膜残留监测点、农药包装废弃物回收站点等平台设施，实现各县域范围农业废弃物收储全覆盖。在此基础上，采用沼气提纯、生物柴油提炼、有机肥发酵、生物质发电等方式，逐步实现了对农业废弃物以畜禽粪便处理为主、农作物秸秆废料处理为辅的全产业链资源化利用模式。

探索构建种养结合农牧循环模式。按照“就地消纳、农牧循环、综合利用”的构建原则，优化种植与养殖产业结构布局，编制种养结合绿色循环农业发展建议清单，创建绿色种养循环农业试点样板。结合县域大循环、主体小循环的发展路径，通过以地定养、以养肥田、种养对接，在集中养殖区、养殖大户周边区域建设种养结合农牧循环应用基地，就地就近开展粪肥还田利用。通过对养殖粪污、废水等进行无害化处理，同步提升了周边区域的农业生产园区和栽培种植基地农资供应水平，有效促进了各类养殖园区的农业资源往复多层高效流动和综合利用。

探索构建因地制宜多元利用模式。大力推广各类养殖粪污资源化利用模式，在规模较大、基础较好的地方产业企业优先推广好氧堆集发酵生产有机肥、堆积发酵直接还田、畜禽粪污原位降解垫料还田及固体粪污生产沼气沼液还田等废物利用方式。推广病死畜禽集中处理无害化深加工利用模式，生产有机肥、无机炭、工业油脂等产品，提升病死畜禽资源化利用水平。坚持因地制宜、因业制宜、分类处理，推广秸秆切碎还田、蔬菜秸秆肥料化、果枝秸秆基料化、传统秸秆燃料化等农作物秸秆利用新模式，依托全省农作物秸秆综合利用等建设项目大力推广秸秆机械化直接还田，坚持农机农艺融合。大力推广秸秆综合利用“1＋N”机械化农机作业模式，扩大机械精细化粉碎还田、旋耕灭茬播种，推动秸秆机械化粉碎还田和打捆离田利用相结合，实施农作物秸秆还田。在瓜菜集中种植区，布局建设生物堆肥项目，依托规模化食用菌种植企业，集中收集果树种植区产生的果枝秸秆用于生产食用菌基料。在板材产业加工区，充分综合利用小麦秸秆、木屑等原料，加工生产生物质燃料颗粒。

探索废弃物资源化科企协作新举措。一是搭建科技平台。依托省内科研单位人才、科技、资源优势，聚焦农业废弃物资源化利用产业发展短板，建设农牧循环技术与装备产业技术创新研究院等产学研协作单位，围绕新型农牧饲料、生物肥料和生物基料转化等关键技术进行科技攻关。建设科技成果转移转化中心，推动地方农业废弃物资源化利用主体与科研单位团队专家签约组建协作创新共同体。二是落地推广先进技术。加快农业废弃物资源化利用新装备、新技术集成应用，包括在大型养殖和沼气、有机肥生产企业大力推广应用蔬菜秸秆自动化预粉碎、清塑除杂，干法厌氧发酵、生物除臭、生物环保养殖等新技术，实施农作物秸秆循环利用技术研发与工程示范项目，开发基于互联网的秸秆收运储、归一化处理、高效厌氧发酵、沼渣沼液高值化利用等产业技术体系。开展生物质成型燃料生产提升改造工程，对农作物秸秆集中去灰分收获技术、生物质成型燃料快速冷却技术等生物质成型燃料生产过程中的关键技术工艺进行联合攻关。三是基层人才团队培育。深入实施县基层农技推广补助项目，组织畜牧、农机、果茶等部门的技术人员下乡指导，结合农业废弃物资源化利用行业培训，搭建线上线下立体综合技术人才引进和团队建设培育体系。

7.1.2　沂蒙山区农业种养废弃物综合利用模式产业实践

沂蒙山区丘陵地貌较多，耕地类型多样、布局相对零散，农业土地流转难度大，不易形成产业规模，更不利于组织对农业废弃物回收统筹处置，农村环境中大量畜禽粪污、农作物秸秆被丢弃、浪费且污染严重。农作物秸秆、粪污综合利用率在 2020 年以前平均仅为91%和78%左右。在具体生产实践中，逐步探索出“主体小循环、园区中循环、县域大循环”等多级循环运行体系，且效果较好、可实施性强的县域农业废弃物资源化综合利用典型模式。

1. 规模化养殖种养双向小循环模式

根据废弃物全量循环与闭环管理策略，在畜禽养殖密集区、规模化畜禽养殖场和果菜种植基地采取以地定养、以养肥田、种养对接的实施策略，在畜禽养殖场规划建设时就考虑到周边种植业的粪污消纳能力，实现配套设施建设。利用就地就近的方式将粪便堆沤发酵直接还田、畜禽粪污现场降解填埋还田，以及粪便好氧堆肥有机肥生产等技术产业进一步提高规模养殖场的废弃物处理效率，提升农业生产效益、减少环境污染，促进产业可持续发展。直接应用种植业和畜牧业废弃物利用关键技术工艺于农作物生产，既可以维护家禽和牲畜的健康，同时可降低化肥使用量、提升土壤肥力。结合土地流转实现一体化经营，由政府主导成立废弃物收储利用行业合作社，补贴粪污施肥等配套机械设备，并指导居民签订肥料等产品生产销售运营合同，实行全效利用以实现农业农村生态和经济效益的双重丰收，优化提升农牧产业小循环产业模式。

2. 区域行业集中处置中循环模式

通过顶层设计，合理打造县镇村多级农业废弃物综合处理中心，发展园区化中循环模式。以政府补贴、公司合作等方式，合理布局建立可覆盖处置周边10～15千米范围畜禽粪污、秸秆、尾菜以及果树枝条等农业废弃物集中收集处理中心，形成能源化、肥料化、基质化、饲料化、资源化的农业废弃物集中处理分模式。以大型有机肥生产企业为实施主体建立农牧废弃物集中储存，打造循环的园区集中处理系统，建立中央农业废弃物收集与处理中心，让废物处置变得更方便快捷，为农业废弃物能源化、肥料化、基质化、饲料化、原料化等多层应用奠定了坚实基础。

3. 县域产业集成利用大循环模式

采取规模场模式、散户全覆盖模式、废弃物资源化处理与种植基地对接三大模式对农村农业废弃物进行资源化综合利用。沂蒙山区坚持顶层设计、整体推进、科技先行，建立农业废弃物收储信息平台数据库，结合土壤普查数据，根据不同区域不同季节土壤和作物的实际养分需求，优化市县级废弃物综合利用全产业链布局，协调安排种养业和收储点的布局，对畜禽粪污、秸秆果枝、厨余垃圾等废弃物进行全面处理，打通种植、养殖、加工产业循环过程中的关键环节，形成区域农业废弃物全量循环与闭环管理，提高产业附加值，实现农业废弃物资源化和地区耕地质量提升联动发展，逐渐形成良性循环的全产业链条整县域农业废弃物综合利用大循环模式。应用该模式基本实现秸秆、粪污收储利用全覆盖，农作物秸秆综合利用率可达到94%，畜禽粪污资源化利用率达到88%以上，有力推动了现代低碳农业高质量发展和绿色低碳转型。

7.2 沂蒙山区现代生态循环农业产业主要技术模式

7.2.1 “畜禽粪污-沼气发酵/生物能源-饲草种植-养殖”循环利用模式

为贯彻落实习近平总书记提出的“给农业插上科技的翅膀”和打造乡村振兴齐鲁样板的重要指示精神，沂蒙山区特色农业发展在农业废弃物能源化方面主要研发推广畜禽粪污及秸秆联合高效沼气发酵和生物质颗粒燃料加工等关键技术模式。

1. 畜禽粪污和秸秆联合高效沼气发酵技术

种植业秸秆和养殖业畜禽粪污在适宜的温度、湿度、酸碱度和碳氮比等条件下进行厌氧发酵，可产生沼气用于生产生物天然气，沼渣和沼液则可用于生产有机肥。该技术适用于周边没有一定规模的农田，也没有鱼池和水草塘建设空地的沼气工程，将农牧业、新能源、环保有机结合起来，实现了农业废弃物的经济高效、绿色低碳综合利用。畜禽粪污和秸秆联合高效沼气发酵技术工艺流程可大体分为原料预处理、厌氧消化、后处理及综合利用这四个环节。原料输送至调节池暂存，以蒸汽或其他方式加热至35摄氏度以上后，通过输送泵定时定量输送至厌氧消化器。发酵产生的沼气经过脱硫、脱水、脱氨和脱碳、净化等步骤储存至贮气罐中，最终用于生产生活。另外，沼渣排出用作有机肥原料，沼液作为液体叶面肥或者底肥用于农田。

（1）原料预处理。去除原料中的沙粒等杂质，调节料液浓度，实现污水调质均化，创造微生物厌氧产沼气的条件。原料预处理配套设施包括格栅、集料池、集水池、调节池等处理单元。格栅可去除水中的悬浮物、颗粒物质等大粒径固体物质，避免这些物质影响水泵及后续处理单元的正常运转；集料池存储的原料通过提升泵泵入料池；鸡粪、牛粪等发酵原料中泥沙含量较多，可通过沉沙池去除；调节池具有原料初次沉淀的功能，其作用主要是调节发酵原料的温度、pH和含水量；畜禽粪便、秸秆等固体含量较好的发酵原料，增设酸化池（即水解池）有利于后续发酵产气。

（2）厌氧消化。将原料与反应器中的活性污泥混合，厌氧微生物将产沼物料降解转化为沼气（主要成分为CH_4、CO_2），将集气室收集到的沼气输送至沼气净化处理单元。厌氧消化过程包括进料、增温保温、厌氧消化，以及沼肥运送等，设置搅拌机进行适当搅拌能促进物料与厌氧活性污泥的充分混合；厌氧罐体外部应设置保温层，还应配备增温管网系统。沼液通常采用上部溢流的方式自流进入贮存池，为确保厌氧反应器内的污泥始终保持活性，还需要每天一次或者数天一次定期排出沼渣。

（3）后处理。沼渣和沼液通常需要进一步固液分离才能供农田使用。CH_4 和 CO_2 是沼气的主要成分，但沼气中还含有悬浮颗粒杂质以及毒性较强的 H_2S、NH_3，且 H_2S 还具有极强的腐蚀能力。为了减少二氧化硫和氮氧化物排放，需要进行脱硫、脱水、脱氨和脱碳等一系列处理，从而获得高纯度的生物天然气。

① 氧化铁法脱硫。沼气脱硫主要有干法脱硫、生物脱硫、湿法脱硫等。氧化铁法脱硫属于干法脱硫，因其经济性且具有很好的脱硫效果成为目前广泛采用的脱硫工艺。这种脱硫方法主要是利用氧化铁这种基本脱硫剂来除去沼气中的硫化物，其反应式为：

脱硫：$Fe_2O_3+3H_2S \longrightarrow Fe_2S_3+3H_2O$

再生：$2Fe_2S_3+3O_2 \longrightarrow 2Fe_2O_3+6S$

沼气经过脱硫剂床层时，所含 H_2S 将会与活性 Fe_2O_3 反应生成 Fe_2S_3，当脱硫剂中的 Fe_2S_3 与空气中的氧气氧化生成 Fe_2O_3 和固体硫，再生后的 Fe_2O_3 可持续脱除沼气中的 H_2S。沼气脱硫与脱硫剂再生可多次循环，直到氧化铁脱硫剂表面被杂质或固体硫覆盖失活。

② 脱氨。调节沼液 pH 能够提升铵态氮吹脱效果，但调节试剂一方面增加了成本，另一方面还会加大沼液后续处理的难度。采用提高吹脱温度调节不同吹脱气体比例，有助于降低铵态氮吹脱成本。高温条件可以提高沼液的氨吹脱效率，而适宜比例的 CO_2 则可增强这一效果，最终氨氮去除率可达99%以上。

③ 脱碳。脱碳（CO_2）是提高沼气能量价值和减少温室气体排放的重要步骤，常见的沼气脱碳技术包括以下几种：a）物理吸收法：利用有机溶剂（如乙二醇、醚类溶剂等）或无机溶液（如酸性溶液、活性炭溶液等）对沼气中的 CO_2 进行吸收，使其从沼气中分离出来。吸收剂通过与 CO_2 发生物理吸附或化学反应，达到脱碳的目的。b）膜分离法：利用具有特定选择性和孔径的膜材料，通过分子扩散或溶解渗透的方式将沼气中的 CO_2 分离出来。膜分离技术具有高效、经济和易于操作的特点，适用于沼气中 CO_2 浓度较低的情况。c）压力吸附法：利用吸附剂（如活性炭、分子筛等）在适当的温度和压力下对沼气中的 CO_2 进行吸附，再通过调节温度或减压等手段实现吸附剂的脱附和 CO_2 的回收。该方法

适用于处理含高浓度 CO_2 的沼气，选择合适的沼气脱碳技术需要考虑沼气中 CO_2 浓度、流量、处理效果要求、经济性以及实际应用条件等因素，同时，相关的操作参数如温度、压力、吸附剂的选择等也会对脱碳效果有影响。因此，在实际生产应用中需要综合考虑技术的成本、能耗、稳定性等方面的因素，选择最适宜和高效的沼气脱碳技术。

④ 脱水。水分对于沼气的储存、转运和利用往往会带来一些不便或问题，因此需要进行脱水处理。常见的沼气脱水技术有以下几种：a）吸附剂法：使用吸附剂（如活性炭、分子筛等）将沼气中的水分吸附到吸附剂表面，从而将水分从沼气中分离出来。吸附剂法具有操作简单、适用范围广的优点，但需要定期更换或再生吸附剂。b）冷凝法：利用冷却器或冷凝器降低沼气温度，使水分在低温条件下凝结成液态水，然后通过分离器将液态水从沼气中分离出来。冷凝法可以实现较好的脱水效率，但需要耗费较多的能量。c）膜分离法：通过选择性渗透和分离的原理，使用特定的膜材料将水分从沼气中分离出来。膜分离法具有高效、能耗低和操作简便的特点，适用于水分含量较低的沼气。d）脱湿剂法：利用脱湿剂（如干燥剂、吸湿剂等）吸收沼气中的水分，使其从沼气中分离出来。脱湿剂法可以实现较好的脱水效果，但需要定期更换脱湿剂。

2. 生物质固化成型能源燃料生产技术

通过建设生物质颗粒生产项目，麦秸、玉米秸、果枝等农业废弃物在一定的温度和压力下，压缩成固化成型燃料作为清洁能源，配合分布式生物质炉具，为秸秆生物质燃料商品化运用创造条件。秸秆的固化成型基本工艺流程包括秸秆的采集、碎裂、干燥、混合、成型、冷却以及包装等步骤。温度达到 200～300 摄氏度时，木质素、纤维素以及半纤维素等秸秆的主要成分会软化，内部结构受到破坏。根据材料特性，将秸秆干燥至含水率 10%～25%，粉碎至长度小于 5 厘米送入固化成型设备。在 0.5～1.0 兆帕高压条件下，利用辊与生物质废料之间的摩擦、压辊自转产生的高温和外部热源加热，使纤维素和木质素结构软化后，经过模型孔挤压成不同大小形状的棒状固体颗粒生物燃料。如某产品大小约为 3.5 厘米×3.5 厘米×15 厘米，密度平均为 700～1 400 千克/米^3，灰分在 1%～20%，含水率低于 14%，发热量为 14.63～18.81 焦耳/米^3，发热量约合燃煤的 60%～70%。燃烧后尾气排放仅为 CO_2 即实现零排放；NO_2 在 14 毫克/米^3（微量）、SO_2 在 40 毫克/米^3 以下，远低于常规燃煤烟尘，且远低于国家标准。秸秆颗粒燃料可取代木柴、原煤、燃油和液化气等能源，广泛应用于农业生产中的生物质锅炉、生活家用炉灶以及生物质发电等领域。生物质固化成型燃料生产技术能够实现农业废料综合利用的一举三得：①通过优化木质纤维原料含水率和配方组成，发展了沂蒙山区当地特有的果枝木屑等农业废弃物原料化产业，拓宽了原料利用来源。②有效促进农村清洁能源替代，解决了作物秸秆和果枝直接焚烧造成的空气污染问题。通过固化成型，能够变废为宝，为农村冬季生活清洁取暖提供了新途径。③实现 CO_2 零排放，更加低碳环保，由于生物质固化成型燃料燃烧产生的 CO_2 是植物从大气中吸收而来，进行燃料化利用后未增加环境中 CO_2 总含量。此外，生物质固化成型燃料燃烧充分、黑烟少、灰分低、大气污染物排放浓度远低于国家标准，燃料燃烧产生的 NO_X 排放量不及燃煤的 20%，SO_2 的排放量更在燃煤的 10%以下，烟尘排放量低于 127 毫克/米^3，有效助力了农业现代乡村建设和宜居宜业产业发展。

7.2.2　“秸秆果枝-基质-果蔬菌类栽培-绿色循环生产”技术模式

1. 果蔬栽培基质综合利用技术模式

（1）“畜禽粪污-有机肥-栽培基质”技术模式。采用畜禽粪便、作物秸秆和食用菌残留物等物料，通过好氧堆肥发酵获取高腐殖质的堆肥，根据设施蔬菜、特色果茶等品种需求添加适量的辅料来制备相应的育苗和栽培基质。采用该技术能够显著提升番茄、黄瓜、草莓等蔬菜和水果的产量和质量，降低化肥及农药施用量，经济效益和生态效益十分显著。

(2)“畜禽粪污-沼渣处理-栽培基质”模式。畜禽粪便沼气发酵产生的沼渣容重较高、孔隙率较低且含盐量较高，通过进行干燥、粉碎和基质改性处理，加入菌渣、稻壳、蛭石、珍珠岩等配制生产出优质的育苗栽培基质。沼渣作为基质能够提高蔬菜的产量和品质，如沼渣经过黑曲霉等生物处理改性后，比表面积可提升4倍以上，大幅提高了其吸附能力和吸水性，改善了基质团粒结构。菌渣、稻壳透析性强，将其与沼渣混合后应用于育苗基质，能使黄瓜、草莓等出苗率提升至工厂化育苗的标准。牛粪沼渣可完全替代草炭，猪粪沼渣和鸡粪沼渣可部分替代草炭，实际生产数据表现出的育苗效果优于常规人工育苗基质。

种养废弃物果蔬基质化栽培利用技术需求：通常种养废弃物制备的基质材料需要经过堆腐、复配与调配，大幅改善基质材料的各种性状后才能满足果蔬生长需要。堆肥应注意的事项：为了加快物料发酵，提升腐熟均匀度，秸秆类材料堆肥前应将其适当粉碎，玉米秸秆长度4～5厘米左右、稻麦秸秆长度应小于10厘米。堆积发酵物料的C/N应控制在30左右，对于秸秆、牛粪等碳氮比高的物料堆肥，可添加畜禽粪便或尿素等氮素化肥，鸡粪含盐量高，应注意控制用量。制备基质含水量应控制在55%～65%，适当使用养殖尾水或沼液进行有氧堆肥，可起到消纳污水的作用。在低温下堆肥时，应进行防风保温处理，同时补充发酵菌种等腐熟剂，能促进升温发酵，缩短堆肥腐熟时间。有机物料堆肥发酵后容重大、通气性能较差，而且稳定性不足，因此，需要按（3～4）∶1的比例加入蛭石、珍珠岩、矿渣、炉渣等无机基质或混合土壤进行复配，能够大幅改善秸秆基质的物理性状，提高其稳定性。复配后人工秸秆基质材料还需要进行调配，加入高吸水性树脂和腐植酸、硅藻土、保水剂和草炭等调理剂，可改善基质保水保肥性能、降低基质中盐分含量。

2. 食药用菌栽培基质综合利用技术模式

(1)“农业废弃物-食用菌-菌渣二次出菇-栽培基质-种植业”循环利用模式。关键技术主要包括农业废弃物食用菌基质配方优化、菌渣二次出菇培养基制作、菌渣栽培基质配比与发酵技术工艺等。合理添加菌渣具有一定的增产和缩短生产周期的作用，菌渣的二次利用需要与新鲜棉籽壳、玉米芯和锯末进行复配。根据二次种菇品种对营养的需求，在菌种生长培养基中添加 40%～75%菌渣(含有丰富的蛋白质和其他营养成分)，对于菇类生长十分有利。二次种菇后的菌渣可以与牛羊粪按照 8.5∶1 的比例，并加入 0.1%～0.2%的腐熟菌剂进行混合发酵生产栽培基质，生菜、番茄、辣椒栽培时，基质添加比例可以达到80%，具有良好的综合经济和生态效益。

(2)“种养废弃物-轻简化发酵-食用菌栽培”模式。将腐熟后的畜禽粪便与玉米芯、稻草、麦秸等种养废弃物混合生产草菇、双孢菇等草腐型食用菌。该模式设施简易，操作简单，生产效率高。菌渣可实现原位还田，显著改善农业土壤理化性质，增加土壤微生物数量实现菌菜连作。栽培区可设置畦宽 0.5 米，栽培区域每平方米铺设浸泡 12 小时的整块玉米芯 16～20 千克，在玉米芯上铺撒堆积发酵 15～20 天的牛粪 5 千克，然后播种菌种即可。该模式投资小、见效快，从备料之日算起 40 天即可采收完毕，栽培菌菇后可进行西葫芦、黄瓜等蔬菜的连作种植。

(3)“秸秆果枝-食药用菌-无土栽培-绿色安全生产”模式。以区域规模化食用菌企业为实施主体，通过食用菌菌包菌棒规模化生产发展带动秸秆基料化利用。利用果木枝条开发食用菌新型替代栽培基质，推广羊肚菌、大球盖菇等珍稀食用菌生产，形成林下栽培食用菌特色套种模式。利用秸秆果枝、菌渣等废弃物开发高值特色蔬果专用生物基质，集成水肥耦合、生物防治等绿色防控生产技术，构建生态无土栽培技术模式体系。

沂蒙山区利用农业废弃物栽培特色高值食药用菌主要以草腐菌

生产双孢菇、大球盖菇、羊肚菌、竹荪等为主。栽培基质制作技术工艺包括：稻麦秸秆与猪牛粪按 1∶1 混合，以过磷酸钙 0.8%、尿素 1%、石膏 1.5%、石灰 0.5%为辅料，经二次发酵后即可使用。将猪牛粪打碎后用1%石灰水浇透混匀，使含水量达到60%左右，覆膜堆积发酵 1 天灭除虫害，再按照猪牛粪与麦草、玉米芯、棉秸等秸秆 1∶(1～2) 的比例混合，加入 0.5%～2%的石膏、过磷酸钙和碳酸钙后，堆积成 2.0～2.5 米高的料堆发酵 12～15 天，料温会在短时间内快速升至 70～80 摄氏度，通常在第 3 天降温，因此每 4～5 天翻堆一次，使堆料中心温度始终保持在 60～70 摄氏度。经过 3 次翻堆，至堆料呈咖啡色或棕褐色，黏附性适中，有氨味无酸味则表明第一次发酵完成。根据不同发酵条件和食用菌对基质的需求，一次发酵的基质如能避免污染并快速转移至菇房，则仅需再次发酵 5～6 小时，即可接入双孢菇等菌种。如需更严格的消毒灭菌条件，可再次堆积进行二次发酵（巴氏消毒），将培养料堆成高 2 米、直径 4 米左右的松散均匀堆垛，保温并控制通风使培养料温逐渐达到稳定一致并提升至 55～60 摄氏度保持 7 天。最后，通风使培养基温度降至 30 摄氏度以下，完成二次发酵。该模式以秸秆果枝等废弃物作为栽培基质的营养来源，为食药用菌的后期成长出菇提供了足够的培养种植条件。

7.2.3 “秸秆-饲料-粪污-无害化处理-有机肥”种养循环技术模式

收获后得到的农作物秸秆不再通过传统的处理方法进行处置，而是通过新型的加工处理技术，包括将农作物秸秆经过简单前处理，如碎切、压实、封闭存储、微生物菌剂发酵等协同处理，转化为营养丰富、适合畜禽等消化吸收的饲料来源。秸秆饲料经禽畜、水产动物等消化吸收后排出的粪污经过无害化处理，通过生产出生物有机肥最终回到农田，从而实现种养渔业融合的物质循环、资源的高效和高值化利用，对农村环境生态保护和农业绿色生产及可持续发展起到积极作用。

1. "秸秆-青贮饲料-有机肥"种养循环技术模式

利用青贮技术等将鲜绿的秸秆、牧草及其他植物原料等青绿饲料通过碎切、填入青贮塔或窖中进行压实并封闭存储，通过环境微生物和添加菌剂的方式发酵处理，经过一段时间可制成一种多汁、长期耐贮存且其质量基本稳定不变的酸性饲料。青贮饲料制备过程应注意以下六个方面：一是为了确保质量，收割青贮原料的时机十分重要。高粱的青贮原料一般在抽穗期前进行收割，当颖果形成但还未完全成熟时进行收割，此时植株的营养成分较高；玉米的青贮原料收割时机取决于用途，如果是用作发酵后的青贮饲料，则一般在玉米颖果完全形成但未完全成熟的阶段收割；苜蓿的青贮原料宜在开始开花前进行收割，此时植株的纤维素含量较低，呈现出较高的营养价值；生梁草的青贮原料一般在开始开花但花穗未展开时进行收割，此时植株的养分较为均衡；而甘薯的收割一般应在霜前进行。二是原料在收割后，应尽快运送至贮藏地点贮存。原料收割后，如果不及时贮藏，会因水分蒸发等原因导致其营养物质的损失。三是为了达到较好的贮藏效果，青贮原料应做简单处理，如为了便于贮藏，高粱、玉米等秸秆原料应切成约2～3厘米的条状，方便压实、压紧和排气，也能很好地防止营养成分流失，同时，植物组织的长度越短，越有助于释放组织汁液、促进乳酸发酵，加快青贮饲料的制备速度。四是制备青贮饲料一般应加入适当发酵剂。一般来说每吨青贮原料添加0.2千克的发酵剂。当采用青贮饲料作为发酵剂时，应按比例加入约10倍量的米糠、麦麸皮、玉米粉物质，搅拌均匀后喷水，调整水分含量至60%～70%范围内储存备用。五是装窖前青贮原料的含水量应控制在60%～70%。测试含水量最简单的方法是抓握铡碎的青贮原料，紧握半分钟松开后查看原料状况，若保持手握后的形状且手有湿印，其水分含量合适，且装窖最理想的方法是一次性将整个窖都填满。装窖时应在每装20厘米左右原料时逐渐加入发酵剂，并分层加入原料，包括青贮窖边缘处都要认真踩实，有利于维持优良的贮藏质量。六是装填的原料要高出池口至少30厘米。窖口边缘处应设置木板等围栏固定青贮原料，在原料存储过程中需要经常查看窖内原料的状况，如果存储窖内有土壤或物料漏出，需要及时修补围栏。

在选择青贮场地时，应考虑以下几个方面：选择青贮场地时，要考虑其地理位置是否便利，地势应高燥、土质坚硬且地下水位低，能够便利地排水，避免水积而造成的农药等污染，应避开潜在的污染源，如垃圾堆、圈厕和水源，为方便取用青贮料，最好把青贮场建在畜舍的附近。储存青贮的方法可以采用青贮塔或青贮窖：青贮塔有全塔式和半塔式两种方式，形状均为圆筒形。全塔式青贮塔全部修建在地表以上，其存储量根据养殖规模确定，一般为75～200吨，高6～16米，宽4～6米，在塔侧壁设有取料口，尽量减少因取用青贮料带来的损失。这种方式虽造价较高，但经久耐用、青贮质量高且青贮料利用率高。半塔式青贮塔是指塔身有3～4米位于地下，4～6米位于地上，造价比全塔式低，高度在10～15米，直径在3～6米，底部存贮容纳水分含量在40%～80%的青贮料。青贮塔对于牧场来说，贮存质量好，但是成本也相对较高，因此仅适用于那些规模较大的大型牧场。具体采用哪种方式可根据当地产业、操作习惯和地下水位高低等情况来确定，但无论使用哪种方式，窖底都必须高于地下水位0.5米以上，以免水渗入窖中。青贮原料品种和收割时期是影响饲料质量的重要因素。应首先确定合适的原料种类，常用青贮原料有以玉米为代表的禾本科植物秸秆，以苜蓿为代表的豆科植物藤蔓，以甘薯、南瓜、苋菜、水生植物为代表的根茎叶类等。原料都需要在合适的时期进行收割，适期收割的原料营养物质含量高，水分、可溶性糖类含量适合乳酸发酵，对于制备优质青贮饲料十分重要。原则上收割时期宁早勿晚，最好随时收割、随时储存，如整株玉米作为青贮原料时，最好在玉米处于蜡熟期前，此时玉米秸秆营养价值高、适口性好，是青贮的优质原料。玉米带穗青贮后，其水分含量在70%左右，干物质含量在30%左右，其中粗蛋白含量约8%、碳水化合物含量约为

13%时最适合进一步制备加工畜禽饲料。

目前，玉米秸秆和花生秧混合青贮技术已发展成较为成熟的高效饲料化利用技术。花生是重要的油料作物，作为省内重要的经济作物，种植面积大、产量高，以往花生秧一直没有得到充分利用，其处理方式主要是焚烧还田。据调查发现，花生秧是具有巨大开发潜力的粗饲料资源之一，但是花生秧经过晾晒风干，会影响其养分含量，因此，直接将花生秧进行微贮或青贮是较为合适的利用方式。花生秧由于其蛋白质含量高、糖含量低，不适合微生物发酵利用，不能单独进行青贮，常与其他含糖量高的青贮原料进行混合青贮，利用花生秧与玉米秸秆协同青贮是最常见的青贮方式，花生秧与玉米收割时期基本相同，比较适合同步混合青贮。花生秧与玉米秸秆按照15：85比例混合青贮效果最为理想，青贮饲料的粗蛋白质和粗脂肪的含量最高，维生素、胡萝卜素等含量也明显增加，营养价值和品质都得到明显提升，适口性也得到进一步改善。

2. 鱼菜种养结合共生循环绿色生产模式

鱼菜共生是一种将水产养殖、蔬菜种植及微生物发酵结合在一起的生态系统，利用这种模式的最大优势是养鱼、小龙虾等鱼塘的水无需经常更换、种植的蔬菜不需单独施肥。在共生系统中，水产鱼虾类的排泄物以及残留的饲料在水体环境中分解会产生氮磷等元素，这些元素可以经好氧微生物的作用转化为其自身可以充分吸收利用的盐类，经过循环利用被植物根系吸收；而植物在吸收氮元素等营养元素快速生长后，池塘水质因氨氮等有害物质被消除得到净化和优化，为鱼虾生存提供更为良好的生长环境，实现大量优质生长繁殖；同时，鱼虾的排泄物又为植物生长提供营养元素，如此循环往复，在池塘内形成“鱼肥水—菜净水—水养鱼”的园区生态内循环系统，达到鱼菜和谐共生的理想状态。该模式绿色环保、经济实惠，适合于多种类型的作物、蔬菜和鱼种共生，资源利用率高、经济生态效益好。

（1）池塘水产养殖技术要点。

① 鱼塘设计。首先池塘场地必须要有充足的水源，池塘设计时要注意增强池塘的保水性，池塘的深度、大小及其水质等要符合养殖的需求。池塘面积一般在 10～20 亩，东西走向，长宽比约 25：1最为适宜。鱼池的深度根据培养的鱼类不同而略有不同，鱼种池塘的深度应在 1.5 米左右，鱼苗池塘深度在 1.0 米左右。池塘应具备良好的水体循环和排泄系统，包括进水、出水和废水处理。

② 鱼虾养殖。鱼虾养殖一般按主养和搭养品种以 80：20 比例投种，采用混合养殖模式。优良的鱼虾苗是养鱼高产的基础，品种纯正、来源一致、规格整齐、体质健壮、无伤病的优质鲫鱼、草鱼、斑点叉尾鮰、团头鲂、泥鳅、翘嘴红、黄颡鱼等通常作为主养品种。应注意选择适合该地区气候和水质的鱼种，同时应注意鱼种的抗病性、适应性和市场需求等因素。鱼类养殖，水温对鱼类生长十分重要，最适合为 20～32 摄氏度，但此水温也是鱼类发生病毒病和细菌病传染性最强的温度，因此也应特别注意做好池塘的消毒防病措施。池塘水质要求：水质透明度应保持在 20～30 厘米，pH 保持 7.5～8.0 的微碱性条件；水中溶解氧在每天 24 小时中，必须有 16 小时大于 5 毫克/升，任何时候不得低于 3 毫克/升，亚硝酸盐浓度应低于 0.1 毫克/升等。池塘养鱼虾饲料投喂必须坚持定质、定量、定位即“三定”原则：定质是指饲料必须新鲜，绝对不能采用腐败的饲料投喂，并应根据鱼种的体质和生长的快慢来选配饲料；水质必须符合鱼类生长的要求，必要时进行消毒，饲养的鱼类应符合鱼肉鲜、嫩、活、适的原则，在鱼患病期间，对饵料也要进行必要的消毒。定量是指投喂的饲料数量要合适，鱼的大小、数量和饵料质量不同，饲料投喂量也要跟着变化，一般以投喂后 3～4 小时吃完为度。定位是指投喂地点固定在一个位置，这样就可以形成鱼儿定位吃食的习惯，一到投喂时鱼就游到食台边等待投喂。在病害防治方面，日常预防工作应做好。在养殖后期，可以根据养殖池底质和水质情况确定是否使用环境改良剂，一般来说，每月可使用环境改良保护剂 1～2 次。合理地养殖并搭配养殖品种，可以保持养殖水体中正常微生物群的生态平衡，从而有效预防传染性、暴

发性疾病。当病害发生时，应按照《兽药管理条例》《无公害食品渔药使用准则》等要求使用渔药，不得使用禁用药。在流行病季节（一般为3～9月），可以每隔半个月使用生石灰30克/米^{3}等消毒，并加强体内预防，如使用中草药，每100千克鱼用大黄30克、黄芩24克、黄柏16克、小苏打306克，粉碎后拌饲投喂。此外，应控制好鱼虾类养殖密度，养殖密度过大，容易引发水质污染和病害，而鱼类养殖密度小，会影响池塘养殖整体产量。

（2）池塘蔬菜栽培技术要点。在"鱼菜共生"种养模式运行过程中，在正常鱼虾养殖的前提下，在池塘水面种植蔬菜。根据蔬菜种植面积占鱼塘水面的比例，常见有三种模式，即蔬菜种植面积分别为20%、15%和10%。蔬菜品种根据节气一般夏季选择空心菜、丝瓜、苦瓜等，冬春季种植西洋菜、生菜、水芹等，品种应符合季节生长的要求。空心菜是最常见的鱼菜共生蔬菜品种，其生长旺季与鱼类同期，是最理想搭配种植菜类。池塘运营需定期检测水质、鱼类产品和水生蔬菜质量，并做好各项数据采集、整理、对比工作，留有完整真实的记录数据。良好的鱼菜共生模式下仅能获得健康鲜美的鱼类，还能收获绿色环保的各种蔬菜，从而获得更大的生态及经济效益。通过这种混合种养模式，实现了园区农业生产零排放和绿色低碳环境改良，以及产业规模化、生态环境的可持续化。

7.2.4 "秸秆-畜禽粪污-沼气利用/有机肥-农作物"综合利用模式

沂蒙山区的农业废弃物肥料化技术主要根据种植业、养殖业产业规划布局，以及废弃物产生的具体路径，结合不同地区土壤及不同作物的实际养分需求，统筹资源调配和环境制约因素，逐渐形成了三类四个主要模式：一是适用于规模场与散户的"三沼肥料化高效利用技术模式"；二是适用于农业示范园等种养复合区的"种养废弃物联合堆肥技术模式"，包括适宜设施蔬菜集约化生产区的"尾菜集中堆肥技术模式"和适用于规模养殖区域的"养殖粪污轻简化堆肥全量还田技术模式"；三是适用于粮田种植区的"秸秆机械化还田技术模式”。

1. 三沼肥料化高效利用技术模式

“三沼”主要指的是沼气、沼液和沼渣。如何将沼气和沼气产生过程中的附属产物沼液、沼渣合理有效地利用起来，发挥最大的综合经济效益，是一直以来研究探讨的课题。沂蒙山区根据当地农业产业特色，将三沼综合利用，用于提升居民生活水平及农牧业生产水平：沼气主要用于农村生活，如做饭、照明、取暖、发电，还可以为当地大棚、养蚕、孵化等产业提供加温的能源，是一种高效、清洁的新型能源；沼液、沼渣等处理后可以作为生物肥料，用于农业生产可降低农业生产成本，提升生态和社会效益。近年来，地方主管部门根据当地实际状况，研究发展生态循环农业新模式，包括改造特大型沼气工程和有机肥生产车间，建立区域废弃物收储运输系统，农业联合处理畜禽粪污、农作物秸秆以及病死的畜禽等废弃物，建立面向乡村产业和农民的清洁能源供应系统，用于生产沼气、生物质天然气和生物质发电等，满足当地乡村生活生产需求；通过对沼液、沼渣进行精细处理，以满足粮食作物和设施蔬菜种植生产的需求。

沼气的综合利用：沼气最主要成分是 CH_4，其次是 CO_2 气体，两者占到了沼气组成的 90%以上，此外还含有少量 CO、H_2S 等混合气体。CH_4、CO 和 H_2S 等都是可以用来燃烧的气体。通过管路，将沼气运送至农户家中，可以通过燃烧获得能量，此外可以用于蔬菜种植、养蚕、发电等。通过沼气燃烧可以为不同容积的大棚增温保温提供热量，一般燃烧每立方米沼气可以释放 2.3×10^3 千焦的热量。也可以利用沼气中大量的 CO_2 为大棚蔬菜提供 CO_2 气肥，CO_2 气体是植物进行光合作用的重要原料，大棚蔬菜作物如果处于 CO_2 供应不足的环境，就会限制蔬菜的光合作用从而制约其生长发育，蔬菜的产量和品质会大大降低，增施 CO_2 气肥，可大幅度提高大棚蔬菜产量，改善蔬菜品质，增加大棚生产的经济效益。目前，许多国家和地区，都将增施 CO_2 气体作为日光温室种植中农作物增产的重要措施，称 CO_2 气体为“气体肥料”。CO_2 气体增施技术越来越受到广大菜农的关注，它作为一种实现蔬菜高产、优质、抗病的重要技术措施，广泛应用于蔬菜大棚种植过程中。需要注意的是，沼气中含有 CO、H_2S 等有毒气体，同时也是易燃易爆气体，使用不当会造成人畜中毒，以及火灾的发生，严重的会造成死亡，必须安全正确使用沼气，杜绝安全事故的发生，减少财产损失。因此在沼气使用过程中，沼气池必须加防护盖，严禁随意揭开防护盖；严禁在沼气池边和输气管道上使用明火，保持定期检查输气系统，防止漏气着火；严禁随意开关阀门等。沼气肥是沼气发酵后的副产物，主要是沼渣和沼液的混合物，沼气肥营养丰富，在沼气发酵过程中，经过微生物的作用，氮、磷、钾三元素的含量明显提高，尤其氮肥极为丰富，可以满足农作物对氮素营养的需要。沼气肥中的有机质含量比畜禽粪污等高 3～6 倍，全氮、全磷、全钾的含量也都高于农村农业粪污，肥料化使用可以使土壤增加腐殖质，促进土壤肥力提高和地力提升，提升农作物生产水平。

沼气肥的利用方式主要有三种：一是作为普通肥料直接用于农业种植生产。农作物场地有喷灌设备的，可将沼气水肥澄清液（无沉渣的发酵液）用于喷施，这种方法由于用机械操作，喷施的效率高、省工省力，一般用于农作物追肥，每亩施用沼肥量为 1 500～2 500千克。无喷灌设备的可以把沼气水肥装入粪罐车进行农田撒施，并立即进行翻耕，这样有利于水肥与土壤较快结合，养分被土壤吸收，同时防止肥分损失。有灌溉条件的农田、菜园，可结合农田灌溉浇施沼气水肥，这种方法的特点是沼肥养分与水结合在一起，能均匀分布灌到土壤中，有利于农作物快速吸收，节省施肥用工。二是沼气水肥与秸秆配合堆沤发酵制备新型肥料。沼气肥水出料前，先将农作物秸秆铡成 6～10 厘米长，然后，提取沼气肥水与秸秆混合堆沤或进行高温堆肥。三是沼液浸种。利用沼液中含有的生理活性物质和营养成分，在适宜的温度下，对种子进行播种前处理，优于单纯的温汤浸种、药物浸种，具有出芽率高、幼苗生长旺盛、防治病虫害、有效提升产量和品质等优点。

2. 种养废弃物联合堆肥技术模式

通过建设规模化有机肥厂，将园区内的畜禽粪污、作物秸秆、尾菜收集处置，同时可接纳周边区域的种养废弃物进行集中处理。通过优化堆肥处理技术工艺，生产生物有机肥、菌肥等高值农资产品，实现农业生态总物质量的稳碳保氮除害，同时减少温室气体排放。

（1）尾菜集中堆肥技术模式。在集约化蔬菜产区建立设施尾菜和农牧废弃物集中收储体系的基础上，建设与收集规模和废弃物产生规模相匹配的有机肥生产厂，采用就近、就地、原位处理利用原则，完善尾菜秸秆及有机肥置换运营机制，逐步解决尾菜运输过程中的难题，促进畜禽粪污和尾菜秸秆高质量就地还田。尾菜集中堆肥技术分为尾菜的破碎和压榨、好氧发酵、二次发酵等流程。首先，利用大型锤片式粉碎机将尾菜粉碎成 3 厘米以下的粉状或糊状物料以增加其流动性，之后进入螺旋压榨机进行挤压，使菜渣与菜汁充分分离，同时进一步破坏尾菜秸秆的纤维结构，调节发酵原料水分在 60%～70%，发酵原料的碳氮比为（25～35）∶1；其次，压榨后得到的菜渣运送到有机肥原料堆场，与畜禽粪污等水分含量较低的原料混合，尾菜渣与牛羊粪便配比为（1.0～1.2）∶1，其中牛羊粪污的含水量为 30%左右、尾菜渣的含水量为 85%。调节发酵原料水分以及碳氮比，送入发酵槽进行好氧发酵；最后，再调整尾菜渣与牛羊粪便配比，使尾菜的添加量达到 50%以上，再加入一定量的发酵菌剂进行二次发酵，以加快好氧发酵处理的速度和效率。

（2）养殖粪污轻简化堆肥全量还田技术模式。畜禽粪污还田是最常见、最经济的粪便处理方式，适用于农村、有足够农田消纳养殖场粪污的地区或养殖场集中的区域。配套建设粪污环保堆存及处理装置，采用粪污物堆积发酵，根据作物种类优化配置消纳田地，集成有机肥替代化肥减施技术，通过轻简处理、就地消纳、以地定养、以养肥田，实现粪污简易处置、就地就近利用，建立闭环式种养结合生态体系。粪污堆肥技术主要是将农作物的秸秆、枝叶和养殖场畜禽的粪污堆在一起，加入适量水在自然环境的作用下发酵，从而生产肥料的过程。畜禽养殖粪污堆肥技术主要由粪污预处理、好氧发酵、后处理等几个环节组成，其中固液分离是预处理的一项工艺，通过机器装置和物理或者化学方法，将粪污中的液体和固体分开。采用固液分离技术可以有效剔除粪污中的悬浮物、长纤维和杂草，可降低COD含量14%～16%。经过固液分离处理过的粪污更易于运输和后续处理。其中，固态物质被用于堆肥处理，而液态物质则适用于沼气处理等。当前固液分离主要有化学沉淀、机械筛分、螺旋挤压和卧式离心脱水等方法。好氧堆肥一般分为两个发酵阶段。第一次发酵以杀灭病原微生物和寄生虫卵而达到无害化处置，一般堆肥周期为 7～10 天，在此期间控制堆肥温度保持在 55 摄氏度以上。完成第一阶段后，材料的含水量可以降低至 45%，使有机物质开始分解和矿化、物料变得松软。第二阶段继续分解大分子有机物，周期一般在 2～4 周左右，堆体温度逐渐走低并稳定，此时堆肥就基本完成了腐熟阶段。堆肥的类型分为自然堆肥、条垛式堆肥、槽式堆肥和反应器堆肥。后处理为堆肥完成后要对堆肥进行检测，主要包括无害化指标、感官指标、含水量、腐熟度等，满足标准的相关规定后即可全量还田。此外，堆粪场要求做好防渗防溢流措施，不得对土地、地下水造成次生污染，做好配套防雨和排水系统。

3. 秸秆机械化还田技术模式

因地制宜利用机械化还田的方法来推广各种秸秆利用技术，如全量深翻还田、覆盖还田、腐熟还田以及炭化还田等，优化农机农艺配套技术，推动秸秆科学还田，提升还田效率及效果。以玉米秸秆还田为例，可以分为摘穗及粉碎、旋耕或耙茬、秸秆还田等多个步骤。其中，及时摘穗对于玉米生长至关重要，而在摘穗时，必须同时拎起秸秆和苞叶，而不能等到秸秆割断后才进行摘穗，以避免影响后续的粉碎操作。摘收玉米后，建议立即进行粉碎作业，可选用大型秸秆粉碎机将秸秆切成长5～6厘米的细小颗粒，细碎效果越好越佳。接下来，将粉碎后的秸秆深埋在10厘米以下的土壤中，使用重型圆盘锄进一步切碎，然后进行深翻和压实，以提高土壤的保水性。为确保均匀地分布并避免养分流失，建议将秸秆、肥料和土壤充分混合均匀，覆盖在土层的10厘米以内范围内，在播种前进行耙平作业能提高播种效率。鉴于还田量过高会影响农作物的根系生长，建议玉米秸秆的还田用量控制在9千克/米^{2}左右，不宜随意增加。经过秸秆还田后，及时施用速效氮等肥料促进土壤的碳氮比下降，进而激活微生物群落活动，可利于幼苗吸收氮素，同时也有助于加速秸秆的分解。为了获得更高的种植收益，还可以在还田前每平方添加30克尿素、37.5克过磷酸钙和15克硫酸钾，并对农田进行翻耕处理。

7.3 沂蒙县域现代生态农业循环模式典型案例应用

沂蒙山区作为省内特色农业种植、养殖的重要发展区域，在农业快速发展的同时每年也会产生大量的有机废弃物资源。数据显示，平均每提升0.1%的有机质，每亩可增产35千克粮食，粮食稳产性可提高10%～20%。因此，整县域推进废弃物资源化利用对助推沂蒙山区耕地质量提升、农业绿色发展意义重大。根据当前农业废弃物资源特点和循环利用方向，以无害化、减量化、资源化为原则，利用秸秆综合利用、畜禽粪污资源化、种养结合、立体生态农业等为纽带，通过县域推进、科技引领、样板示范，着力打造“产业小循环，园区中循环，县域大循环”的废弃物综合利用模式。同时顶层设计、整体推进、科技先行，通过建设县域范围秸秆收储全覆盖、建立农业废弃物收储信息平台数据库，结合不同地区土壤普查结果和作物实际养分需求，优化整县域废弃物综合利用全产业链布局，打通种植、养殖、加工产业循环堵点，加环组链，形成全县农业废弃物全量循环与闭环管理，提高产业附加值，因地制宜实现废弃物资源化和耕地质量提升联动发展，打造科技引领型的整县域废弃物综合利用大循环模式样板（图7-1）。有力推动现代农业高质量发展和绿色低碳转型，为山东省农业绿色高质量发展和全面推进乡村振兴提供了可借鉴的模式和经验。

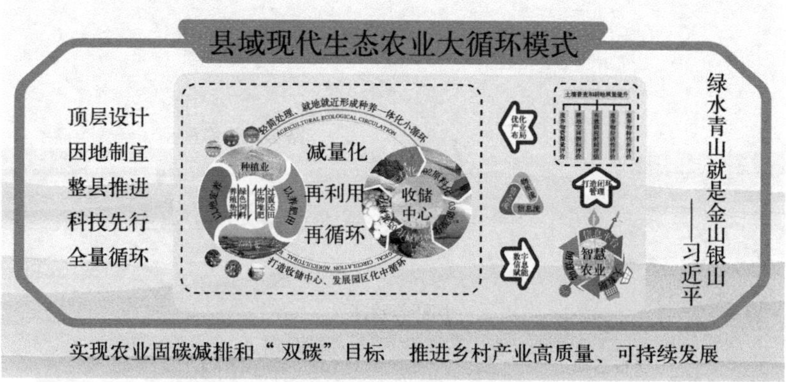

图7-1　沂蒙县域现代生态农业大循环模式图

7.3.1　费县润宝生态农业科技示范园

山东润宝农业科技有限公司位于山东省临沂市费县大田庄乡，是一家集农作物、蔬菜、水果、食用菌和水产品生产销售，农科院生产和技术服务，园艺产品种植与休闲观光、体验式拓展活动等业务于一体的公司。经与山东省农业科学院等多家科研单位规划共建，费县润宝生态农业科技示范园占地面积1 600亩，产业园建有农业大棚种植区、林果采摘区、畜牧养殖区、淡水养殖区等六大区域。围绕农业种植业和养殖业废弃物循环利用，优化集成绿色种养循环先进模式，打造了农业科技产业园区全量自循环种养结合模式样板。园区内建设连栋智能温室2栋、光伏发电示范大棚6栋、日光蔬菜大棚40余栋、常规温室设施大棚10余栋，冷藏保鲜库4座、速冻库1座，农产品包装、初级加工车间各1个。同时开发建设稻虾、藕虾养殖区100余亩，工程化循环水养殖区50余亩、休闲鱼池 40 余亩。此外还有林下养殖 50 余亩、果园 700 余亩等，科技示范园产业布局规划图如图 7-2 所示。

图 7-2　费县润宝生态农业科技示范园鸟瞰图

该科技园区模式样板适合集约化种植、养殖复合区域，通过合理布置物质和能量的多级利用，提高区域环境承载力，防控面源污染。该模式样板可为碳减排做出巨大贡献，并将在地区现代农业的绿色可持续发展中起到引领作用。目前，园区内主要集成创新构建了四种农业废弃物循环利用技术模式，主要包括：

（1）种养废弃物联合堆肥技术模式。园区规划建设万吨级规模化有机肥厂，实现了园区内的畜禽粪便、作物秸秆、尾菜等全量收集处理，同时还能接纳处理周边 15～20 千米区域的农业种养废弃物。通过优化堆肥处理技术生产生物有机肥、菌肥等高值产品，实现废弃物稳碳保氮除害，同时减少温室气体排放。在集约化蔬菜产区，建立设施尾菜和农牧废弃物集中收储体系，建设与废弃物产生规模匹配的有机肥厂，基于就近、就地、原位处理利用原则，探索创新尾菜秸秆及有机肥置换运营机制，促进解决尾菜远距离运输难题和高质量就地还田等。目前园内实现年资源化处置畜禽粪污1.2万吨，尾菜、秸秆1.1万吨，通过高效堆肥和其他应用技术生产生物有机肥数千余吨，实现园区废弃物全量自循环、果蔬平均增产6%～10%，节省化肥成本数十万元、温室气体减排1 200余吨。

（2）养殖肥水精准还田零排放技术模式。通过建设轻简化低成本粪污处理工程，将沼液用于园区果树灌溉和蔬菜种植，针对不同作物需求和土地承载力进行沼液精准施用，实现园区废水零排放。同时，集成有机肥替代化肥技术，配合生物防治等绿色防控技术，生产高品质农产品，促进农业提质增效。

（3）林草废弃物高值栽培食用菌技术模式。果树种植区产生的大量果木枝条、杂草经过适当处理作为食用菌栽培基质，充分利用园区林下阴凉湿润的小气候和散射光栽培大球盖菇、黑木耳、羊肚菌、香菇等菌类产品，所获产品营养品质优良，且管理成本低，实现亩产大球盖菇、地栽杏鲍菇、黑木耳等3 000～5 000千克。

（4）鱼菜共生循环生态种养循环模式。渔业养殖产生的排泄物，经过微生物的分解为植物提供营养，而养殖废水经过植物吸收实现水质过滤。通过种养结合形成鱼虾、蔬菜、微生物的生态循环产业链。同时，在稻田藕池周边排水沟内进行小龙虾养殖。养殖小龙虾和养鱼排出来的养殖尾水，经过排水管道进入藕池和稻田，为藕池和稻田补充微量元素和肥料。此外，养殖尾水还可通过增压泵提升灌入山顶蓄水池，经水肥一体化设备用于园区果树和大棚蔬菜的灌溉，具体布局如图7-3所示。

园区鱼塘设计采用陆基圆桶养殖模式，主要养殖品种包括罗非鱼、鲇鱼、草鱼、加州鲈等。该养殖系统由圆桶养殖池、进排水系统、气提推水系统、微孔曝气增氧系统、发电机组等组成。养殖池为直径6～12米，水深1.2～1.8米的不锈钢材质锥形底圆桶，采取流水养殖方式。养殖池通过调节排水管的高度控制水位，通常由养殖池上方进水，在饲料投喂1小时左右由池底中间排污。采用该

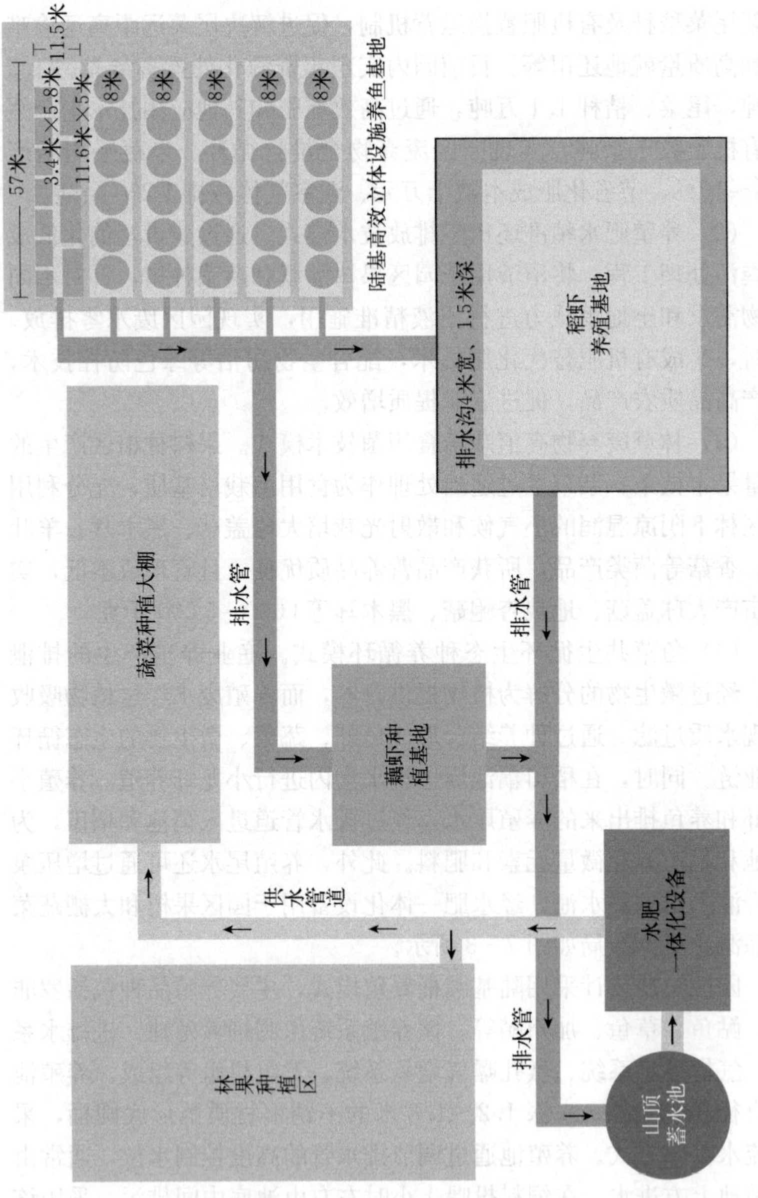

图7-3 生态循环种养模式示意图

养殖模式在保持 30～50 千克/米^3 鲜鱼产量的同时，能使净化处理后的养殖尾水达到排放标准。养殖尾水经人工湿地（沟渠）等处理后循环使用或直接用于浇灌蔬菜、水果。通过配套建设的集污区和岸上集污池，可收集 70%以上的残饵和鱼类粪便，养殖尾水净化处理过程的沉积物经过发酵转化为肥料，用于蔬菜果树，可降低肥料成本 60%以上。项目技术模式改造藕池 17 000 米^2，稻田湿地 10 000米^2，用于稻虾、藕虾种植养殖，形成了优势互补的生物链。陆基圆桶养殖模式具体情况如图 7-4 所示。

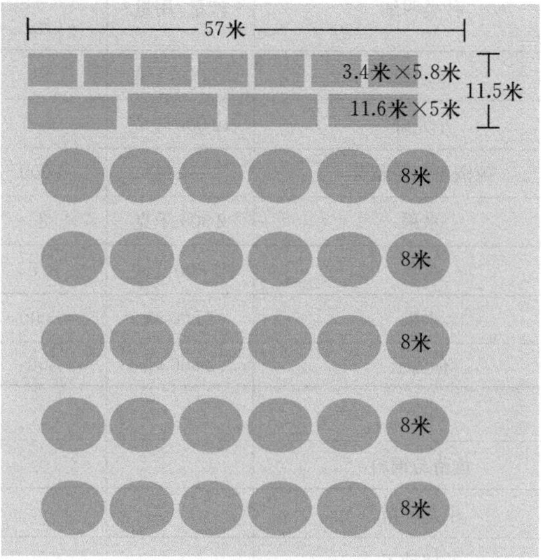

图 7-4　陆基高效立体设施养鱼示意图

园区形成集渔业养殖、稻虾藕虾种养、蔬菜林果种植于一体的高效生态循环种养体系。陆基高效养鱼每 100 米^3 水可养殖 4 500 尾美国加州鲈或其他鱼种，平均 4 个月可养成出售，每年可出产两批成鱼，平均年产鱼量 8.5 万千克。按售价 40 元/千克，年产值效益可达 340 万元以上。养殖尾水排出后用于稻虾藕虾养殖，可年出产稻虾藕虾 10 000 千克，按售价 40～60 元/千克，年产值平均 50

万元以上。养殖尾水用于水稻、莲藕种植，可年产优质稻米2 500千克、莲藕20 000千克，年产值在15万元以上。经稻田和藕塘净化后的尾水用于大棚和林果种植灌溉，实现四季无间歇性生产，可年产生态蔬菜750吨、特色果桑菌类2 500余吨；同时，种养产业融合发展将会带动园区蔬果采摘、捕鱼捕虾、实践劳动等研学观摩、科普培训等项目的有力发展，可显著提升企业的综合经济效益和生态、社会效益。见表7-1。

表7-1　2022年润宝科技示范园投入产出明细表

项目	种类明细	产量/用量	单价（元）	合计（万元）
收益	淡水鱼	85 000千克	40	340
	小龙虾	10 000千克	50	50
	辣椒番茄等蔬菜	750吨	4 000	300
	水稻	2 500千克	8	2
	莲藕	20 000千克	6.5	13
	水果	2 500吨	6 000	1 500
	有机肥	2 500吨	500	125
	小计			2 330
成本	鱼苗与饲料			200
	小龙虾苗			5
	种植种子			70
	有机肥、化肥、农药			400
	水电费、人工、物料消耗、管理费用、折旧摊销、财务费用、生产相关成本			1 150
	合 计			1 825
年利润	505.00万元			

7.3.2　山东启阳清能生物能源有限公司

山东启阳清能生物能源有限公司（简称启阳清能）位于山东省临沂市费县费城街道办事处新居村，是一家专门从事生物质能源生产、有机肥研发销售、病死畜禽综合处理、污水处理、生猪繁育销售等业务的公司，公司占地6.5万米^2，由沼气生产区、有机肥生产区、沼气提纯区等业务功能区组成。公司经过多年积累创新在农业废弃物资源化综合利用方面采取的技术模式主要包括：

（1）大型沼气生产及生物天然气提纯。由于企业的厌氧发酵工艺设计以及发酵物料主要为养殖粪污，其沼气发酵生产存在厌氧发酵罐内物料分层、沉积，造成底部淤积大量未发酵粪污，罐体整体死区大、运行效率低等问题；同时，单一鸡粪等原料造成铵态氮和挥发性脂肪酸累积，造成设备运行不稳定等问题。沼气提纯采用的沼气变压吸附净化工艺存在CH_4回收率低的问题。针对上述问题，山东省农科院专家团队创新提供高负荷厌氧搅拌系统和工艺技术、安装配套沼气净化与沼液脱氨碳化一体装置，有效提升了厌氧系统的能源生产效率、提高了CH_4的回收率，为提高公司经济效益、降低化石能源消费量和碳排放量提供技术支撑。

农村厨余垃圾及病死畜禽等有机废弃物的无害化处理。公司厨余生活垃圾废弃物无害化日处理能力在80吨左右，各类餐厨垃圾经过分类筛选处理后进行厌氧发酵，对其中的废油脂进行生物柴油的提炼，脱水后的物料进行厌氧发酵产生沼气、沼渣用来生产燃料和沼肥。此外，公司每天无害化处理病死畜禽80余吨，其中病死鸡日处理能力25吨、病死猪日处理能力40余吨。具体的养殖粪污及病死畜禽无害资源化处理流程如图7－5所示。

（2）沼液沼渣高效利用。沼肥作为一种优良的有机肥料可以部分或全部代替化学肥料。沼肥作为优质有机肥料与化肥或其他有机肥相比，能显著提高作物的产量和品质，并防病抗逆，是无公害栽培的首选肥料，可以用作基肥、追肥和叶面肥。在厌氧发酵结束后，沼气会从厌氧发酵罐的顶部排出，剩下原始的沼液中的固体将

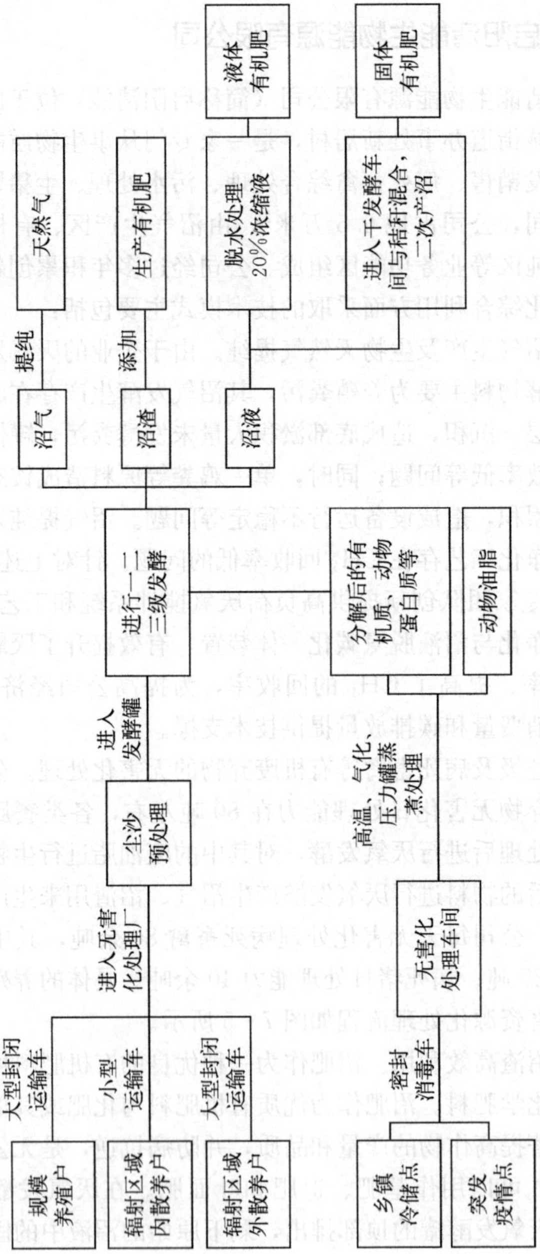

图7-5 病死畜禽无害资源化处理流程

会被做成有机肥、液体部分做成液态肥。其中，原始沼液的含固率只有6%～8%，若将其直接作为固态肥，则含水量过高，反之作为液态肥，其含固率又过高，在喷灌过程中会造成管道的堵塞等问题，因此，在利用前需要先进行固液分离。公司创新设计精细固液分离和脱氨单元，解决原始沼液氮磷养分含量过高，直接使用容易造成土壤表层残留大量沼渣结壳、易烧苗，导致沼液消纳困难、配套还田土地面积大、成本高等技术难题。开发出沼液固形物精细脱除和沼液脱氨脱磷新工艺，通过新材料技术进行压滤、浓缩去胶质，进行液体沼肥生产，处理后的发酵粗沼液可满足滴灌、喷灌等要求，大幅提高单位面积耕地的沼液消纳量。把固体和液体进行较为彻底的分离后，分离出来的物质含固率达到40%，再进行好氧发酵，就可以生产出颗粒或者粉末状态的有机肥。此外，采用畜禽粪污、餐厨垃圾等原料进行厌氧发酵后，分离出来的沼液中铵态氮含量很高，如果直接进入到污水处理单元将造成极大的资源浪费的问题，而创新铵态氮回收工艺主要采用沼气产生的高纯度CO_2与脱氨塔脱氨阶段产生的氨水反应生成碳酸氢铵等关键生产技术，对铵态氮进行回收处理，回收后的铵态氮可以转化生产硝酸铵、硫酸铵、氯化铵、碳酸氢铵等不同形式的氮肥，大大提高了资源利用效率。

2022年公司累计投入8 000余万元建设省内首个集农业生物质能源化、肥料化，秸秆粪污综合利用及病死畜禽无害化处理等于一体的废弃物资源化综合利用典型示范样板，年综合处理各类农业农村废弃物70万吨，年产沼气3 700万米^3、提纯天然气2 100万米^3，年产有机肥15余万吨、沼液30余万吨，沼液脱氨联产碳酸氢铵7 000多吨，全县亩均化肥使用量降低7.64千克，每年温室气体排放减少20万吨CO_2当量，解决了周边20余万户居民用气问题，实现销售收入9 837.4万元、利润收益1 638.4万元，逐步形成了完整的生物有机质废弃物处理和资源化综合利用集成模式，为进一步实现沂蒙特色农业全链固碳减排和“双碳”目标，推进建设和美乡村生态振兴和产业高质量发展提供有力支撑。2022年度公司具体投入产出见表 7－2。

表 7－2　2022 年山东启阳清能生物能源有限公司投入产出明细表

项目	明细	产量（用量）	单价（元）	合计（万元）
收益	生产沼气	3 700 万米^3		
	提纯天然气	2 100 万米^3	2.4	5 040
	有机肥原料	15 万吨	240	3 600
收益	餐厨废渣	1 000 吨	100	10
	餐厨废油	30 吨	3 800	11.4
	病死畜禽提炼油脂	150 吨	4 000	60
	病死畜禽政府补贴	165 553 头、6 027 吨		1 116
	小计			9 837.4
成本	收购粪污（运输费）	700 000 吨	40	2 800
	收购尾菜	3 000 吨	20	6
	沼液运输			65
	收购病死畜禽			253
	水电费、人工、物料消耗、管理费用、折旧摊销、财务费用、生产相关成本。			5 075
	合计			8 199.00
利润	1 638.4 万元			

第 8 章

关于推进实施乡村振兴战略的思路和对策

全面实施乡村振兴战略是建设新时代中国特色社会主义新农村，全面建成小康社会的重大历史任务，是新时代“三农”工作的总纲领。本文从特色产业兴旺、生态环境宜居、村容村风文明、农村人才迭代和三农资金投入五个方面提出建议。特色产业兴旺是乡村振兴的突破点，生态环境宜居是乡村振兴的目标，人才培养迭代是乡村振兴的基础，村容村风文明是乡村振兴的保障，持续充足的资金投入机制是乡村振兴的手段。新时代农业农村厚积薄发，迎来了重大战略发展机遇，农业逐步成为有奔头的产业，农民逐步成为有吸引力的职业，农村逐步成为安居乐业的美丽家园。

8.1 实施重点特色产业突破，发挥乡村振兴旗帜引导效应

习近平总书记强调，“产业振兴是乡村振兴的重中之重，要坚持精准发力，立足特色资源，关注市场需求，发展优势产业，促进一二三产业融合发展，更多更好惠及农村农民。”在现代科技的支持下，特色产业的发展是科学调整农业产业结构的需要，是实现农民共同富裕，推动社会就业和经济发展的需要，是实施乡村全面振兴的关键所在，特色产业是经济发展的竞争力，特色产业是一村一品的竞争力，特色产业的兴旺发展是乡村振兴的要义和重点，能够为乡村振兴系统性工程提供强有力的物质保障。

1. 加快建立“科技+”特色农业支撑体系

2013 年 11 月，习近平总书记在山东省农业科学院视察时提出“给农业插上科技的翅膀”重要指示，2018 年，习近平总书记给山东提出“打造乡村振兴齐鲁样板”重要指示精神，以总书记的重要指示为根本遵循，山东强化科技研发和创新，充分发挥高校和科研机构作用，建设一批农业重点实验室、技术创新中心等科技创新平

台，建立农业科技成果转化数据库和信息定期发布制度，加速农业科技成果转移转化，全面提升农业科技创新能力和核心竞争力。2020年6月省农业科学院启动实施“三个突破”战略，与费县携手打造乡村振兴科技引领型齐鲁样板示范县。坚持把科技核心要素和乡村振兴其他要素紧密融合，以院地共建科技示范园为引领，以新型农业经营主体培育为点，以全产业链一体化发展为线，以整县域农业科技现代化为面，形成乡村振兴科技引领型齐鲁样板“1＋N”费县模式。即实施一产种养殖技术提升工程，探索“科研所＋镇（村）”产业兴镇（村）模式；实施二产农产品加工业培育工程，探索“科技＋农业加工企业”科技兴业模式；实施三产农业服务业创建工程，探索一二三产融合发展的“科技＋服务组织”全产业链模式。费县12个乡镇农业主导产业，实施“链长制”，按照“一镇一业”和“三链重构”，以现代农业产业园建设为抓手，扎实推进粮食、果树、蔬菜等10大全产业链建设，培优培强镇域优势特色产区，打造一批主导产业突出、产业链条深度融合、创新创业活跃的农业产业强镇。费县优农科技孵化产业园、东蒙镇蔬菜新产业孵化中心、上冶镇西葫芦产业园等10个特色示范园建设，形成“1＋10”科技园区引领现代农业发展新格局，推动了区域经济发展，产生了良好的社会效益，探索出一条特色产业发展道路。

2. 大力推进“数字化＋”特色农业信息体系

秉承数字化发展理念，大力推进“数字化＋”特色农业行动，实施一二三产业跨界深度融合，实现农业产业发展的规模效应、范围效应与集聚效应。一是农业生产经营主体利用互联网平台及时、准确地获取农产品价格、销售数量和市场需求变化等信息，并有针对性地调整农业生产结构和农产品销售策略，实现农业生产、交易、服务环节的联通，减少农产品无效供给，实现农产品价值增值。二是利用各种先进技术手段建设数字化农业科技平台，将人工智能、物联网、大数据等现代数字技术引入农业育种、生产、加工、销售、服务全链条全过程，建立农业数据智能化自动化采集、处理、应用、服务、共享体系。三是依靠科技创新和庞大资金支持等加快数字技术研发，实现农业经济产供销管理一体化，打造特色农业智慧化示范样板，提升特色农业竞争力。

3. 突出构建“市场＋”特色农业新业态

发挥市场的基础性配置作用，构建特色农业市场主体体系。着力引进培育一批大型特色农业主体，加快开发特色农产品市场，加强特色农产品配送，加快建立特色农产品物流体系，建立特色农产品品牌、市场品牌、区域品牌。费县构建“政府引导——科技支撑——园区引领——龙头带动”的优势特色产业发展模型，形成农业产业规模化发展的“费县模式”。通过推进农产品区域品牌建设，构建起地域特色鲜明、承载乡村价值、创新创业活跃、利益联结紧密的区域品牌建设体系，打造费县名片。依托“1＋10”区域品牌培育模式，获批费县山楂、费县甘薯等全国名特优新农产品 9 个，三品一标达到 129 个，其中国家农产品地理标志 2 个，“胡阳番茄”“蒙山板栗”“费县山楂”“费县核桃”过亿元区域公用品牌 4 个，亿元级企业品牌 2 个，“胡阳番茄”区域公用品牌价值由 2017 年度的 5.39 亿元提升至 2021 年度的 24.14 亿元，被农业农村部评为“全国乡村特色产品”。

4. 积极引导“农业＋”产业生态体系

重视旅游观光、休闲农业发展等农业附属产业的开发和建设，有效拓展农业产业链，壮大农村集体经济，加快农旅融合，依托生态旅游资源、特色农业资源和乡村文化资源，大力发展特色农业、休闲观光、生态旅游、文化创意等元素融合的特色镇、特色村，实现生产、生活、生态深度融合。发挥农业观光功能，促进“农业＋旅游”产业融合；发挥农业体验功能，围绕“耕、采、做、尝”，建设农耕博物馆、农耕劳动体验、亲子菜园、采摘园等，促进“农业＋体验”产业融合；发挥农业文化功能，深挖风土人情，促进“农业＋文创”产业融合，打造“一村一品、一村一景、一村一韵”

的特色乡村。

8.2 打造生态环境宜居乡村，发挥乡村振兴目标引导效应

“绿水青山就是金山银山”，在农村人居环境上提档升级，注重分类施策、循序渐进、长效运行，让山青、水绿、天蓝、土净成为最美底色，让乡村成为宜居宜业的美丽家园，是全面推进乡村振兴的重要一环，也是乡村振兴的首要目标。

1. 持续推进升级改造农村基础设施

既要在城乡融合发展上提档升级，以县域为重要切入点，加快推动城市基础设施向农村延伸、公共服务向农村覆盖；又要坚持以“整洁、美丽、和谐、宜居”为目标，聚焦农民群众急难愁盼问题，集中开展农村生活垃圾、污水和厕所等的治理，加强农村污染治理，完善农业废弃物资源化利用制度，建立健全乡村环境治理长效机制，持续改善农村生产生活条件。

2. 处理好经济发展和生态保护的关系

经济发展必须让位于生态保护，决不能以减少基本农田面积、破坏生态环境为代价，在绿水青山下搞生态农业，守住“生态美”这块阵地，让乡村山清水秀、天蓝地绿，积极推进农村生产方式、生活方式和消费方式的绿色化、生态化，发展绿色产业，培育“美丽经济”。费县实行种养循环，以废弃物资源化利用高新企业为实施主体，构建整县域农业废弃物综合利用大循环模式，推动乡村生态绿色化。院县共建了农牧循环技术与装备产业技术研究院，推动9家农业废弃物资源化利用主体同挂职专家签约组建利益共同体，系统构建农业废弃物无害化、减量化、资源化利用体系，全县畜禽粪污综合利用率达到90%以上，农作物秸秆综合利用率达到95%，废旧农膜回收率达到90.5%以上，助力费县创建山东省农业绿色

发展先行县、全省农作物秸秆综合利用重点县。

8.3 提升乡村文明水平，发挥村容村风文明乡村振兴保障作用

根据“看得见山，望得见水，记得住乡愁”的要求，深入发掘乡村背后的故事和文化基因，扎实开展乡村文明行动、移风易俗治理、乡村法治建设、农村“信用+”试点，让农村既充满活力又稳定有序，不断焕发文明新气象，真正把乡村建设成为农民群众的精神家园、人文家园、和谐家园。

1. 促进村民形成好风气

广泛开展“文明人、文明户、文明村”等评选活动，宣传展示基层群众身边好风气的典型模范。同时要进一步丰富活动载体，引导农民群众自觉摒弃不良风气。健全公共服务体系，实现物质与精神的双脱贫。利用孝文化传统进行爱国爱党、孝老爱亲教育。利用广播电视、微信等开展政策宣传、法制宣传、感恩教育、风气培养等。

2. 加强农村法治建设

引导广大农民群众自觉学法、守法、尊法、用法，能够用法律维护自身权益。弘扬我国优秀传统文化和文明风尚，依托村规民约、教育惩戒等褒扬善行义举、贬斥失德失范，逐渐形成“文明和谐、友爱诚信、互帮互助、尊老爱幼”的良好风尚。

3. 立足本地特色，打造文化产业品牌

在“文化传承”上下工夫，努力打造农村文化品牌，深入挖掘地域历史文化遗产和文化资源，加大文化旅游产品开发力度，着力打造一批文化旅游胜地。注重传承非物质文化遗产，挖掘本地特色文化，保留历史遗址、红色遗址、民族风俗等各个村落独特的文

化，展示乡村地方民俗风物和各类民间文化，留住农村特有的乡愁。

4. 深入开展构建农村“信用+”体系

以农村基层党建为引领，以提升农民群众道德素质为根本，以完善村规民约为切入点，统筹推进美德山东和信用山东建设试点，完善信用激励约束机制，充分调动农民群众参与乡村治理的积极性，推动文明乡风、良好家风、淳朴民风建设，为打造乡村振兴齐鲁样板提供有力保障。2023 年以来，费县以社会主义核心价值观为引领，以村民自治为基础，以积分制为抓手，实行“美德+信用+金融”治理模式，探索善治化育美德、美德转化信用、信用促进发展的路径，形成“产业兴旺、生态宜居、乡风文明、治理有效、生活富裕”有机融合、一体贯通的实践样本。截至目前，已在 358 个村庄开展试点，美德信用贷款个人授信户数 243 户，总计 2 320 万元，贷款户数 83 户，总计 1 179 万元，美德企业授信 4 户，总计 780 万元。

8.4　加强人才培养迭代，稳固乡村振兴导向

乡村振兴，农民是主体，人才是关键，高素质农民是希望。要通过积极培养本土人才，鼓励乡贤返乡，鼓励大学生村官扎根等措施，激励各类人才在广阔、美丽的农村大地上大展才华、大显身手，逐步建设起一支强大的乡村振兴人才队伍。

1. 用好职称评审“指挥棒”，打破基层人才发展天花板

在基层教育、卫生、农业等领域，建立专门面向基层的专属评价标准，让基层人才参加属于自己“主场”的职称评审，评价结果定向在基层使用。建立高素质农民职称制度，落实相关待遇，有效激励“田秀才”“土专家”“乡创客”脱颖而出，扎根基层，奉献基层。

2. 推出能力提升“培训包”，厚植乡村人才成长潜力

聚焦现代农业转型发展的人才需求，山东省农业科学院与费县人民政府共建了“山东省农业科学院乡村人才学院费县分院”，联合印发了《乡村人才培养行动实施方案》，依托山东省农业科学院人才、技术、成果、平台优势，以提升农民综合素质、职业技能、增收致富能力为核心，以培养造就一支懂农业、爱农村、爱农民的“三农”工作队伍为目标，聚焦乡村振兴人才需求，开展全县域覆盖培训，打造“政府＋科研院所＋培训机构”的乡村人才培育“费县模式”，实现农业主推品种和有效技术县域全覆盖、实用技术培训生产过程县域全覆盖，快速建立起规模宏大、结构合理、素质优良的乡村人才队伍，加速构建起体制机制完善、充满活力、富有效率的人才培育支撑体系。

3. 破解农村人才“紧箍咒”，优化农村人才管理模式

坚持正确导向，健全管理机制，给予强力政策支持，吸引人才转移到农村，深入到基层。深入实施“引凤还巢”工程，打造一批创新创业园区、创业孵化基地、创客服务平台，引导农民工、高校毕业生和各类人才返乡下乡创业就业，培养一批乡村本土人才，形成推动乡村振兴的合力。鼓励引导工商资本参与农村振兴，鼓励社会各界人士投身乡村建设。发挥群团组织和各类协会聚才优势，推进“巾帼行动”“青春建功”服务乡村振兴，汇聚乡村振兴磅礴力量。费县按照“头雁引领、归雁带动、鸿雁示范、雁阵聚合”的要求，深入实施“四雁”工程，激励农村各类人才创业创新。通过政策扶持、金融助力，全县培育“四雁”人才 500 人以上，村党支部领办合作社达到 300 家，市级以上家庭农场、农民专业合作社达到 330 家，建设 10 处“四雁”工程创业实践基地，加快培育多元化新型经营主体和农业服务主体，带动形成群雁齐飞的生动局面。

8.5 健全资金投入机制，发挥资金保障作用

乡村振兴涵盖了乡村的基础设施建设、人居环境改造和农村义务教育等，资金需求量极大，各地应多渠道筹集资金。首先，必须改革完善财政支农投入机制，加强财政资金的使用效能。要把主要精力放在资金的创新使用方式和提高支农效能方面，充分发挥财政资金的引导作用。通过以奖代补贴息、担保等方式，发挥财政资金的杠杆作用，使资金更多地投向乡村。其次，要拓宽资金筹集渠道，鼓励社会资本投向乡村，创新社会资本参与乡村建设机制。加强产权保护，稳定投资者预期。最后，要不断健全适合农业农村特点的金融体系，逐步提高金融服务水平。强化金融服务农业、农村、农民方式的创新，加大对乡村振兴中长期信贷支持。制定金融机构服务乡村振兴考核评估办法，对涉农业务达到一定比例的金融机构实行差别化监管和考核。支持符合条件的涉农企业发行上市、新三板挂牌和融资、并购重组。

乡村振兴是一项系统而持久的伟大工程，需要保持定力，久久为功，一张蓝图干到底，真正实现乡村产业持续健康成长，让农业成为有奔头的产业，让农民成为有吸引力的职业，让农村成为安居乐业的家园。

参 考 文 献

曹荣利，王萍，刘钰，等.2020.临沂市食用菌产业现状浅析及发展探究.中国农技推广，36（3）：10－12.

代飞，黄兴琴，徐铭，等.2010.烤烟房食用菌开发利用研究.现代农业科技（20）：116－117.

邓春海，池景良.2021.香菇L808栽培管理技术.中国食用菌，40（4）：150－153.

光喜萍.2020.恶臭气体评价及控制措施探讨.节能与环保（11）：44－45.

郝丽芬.2022.地栽黑木耳高产栽培技术.农村科技（3）：56－59.

贾庆虎.2023.高垄覆膜花椰菜、西葫芦、丝瓜轮套作栽培技术.蔬菜（2）：68－71.

刘海英，康俊，岳素清，等.2022.大棚早春豆角-夏豆角-秋菠菜-冬生菜4种4收高效栽培模式.蔬菜（7）：72－74.

刘顺根.2013.富邦双孢蘑菇周年化栽培模式的配套技术.食药用菌，21（6）：332－336.

刘宇阳.2007.杏鲍菇覆土高产栽培技术.河北农业科技，319（4）：50.

任鹏飞，王玉贵，任海霞，等.2014.中国北方地区双孢蘑菇栽培新技术.中国食用菌，33（5）：21－24.

司亚娜，孙学增.2016.秋大棚杏鲍菇废菌棒二次覆土栽培技术.现代农村科技（9）：19.

宋莹，刘娜，张季军，等.2020.申香系列香菇新品种在辽宁地区的生长特性.中国食用菌，39（11）：22－25，30.

田龙，谭琦，章炉军，等.2023.桃木基质生产香菇综合评价.菌物研究，21（4）：1－7.

王思伟，李魁英，张海娜，等.2019.花生秧、全株玉米不同混合比例及添加剂对青贮发酵品质和营养价值的影响.草业科学，36（9）：2413－2422.

夏建红，汪宏亮，郭菊梅，等.2022.北方地区香菇棚栽越夏出菇技术.北方园艺，508 (13)：152-156.

阎淑滑，郑云峰，郝晓昭，等 . 2019. 濮阳市双孢蘑菇周年栽培技术 . 食用菌，41 (5)：55-57.

张奎华，曹佑锋，李培习 . 2019. 山东临沂食用菌产业现状及发展建议 . 现代化农业 (8)：48-50.

张美彦，于海龙，尚晓冬，等 . 2018. 香菇新品种'申香 1513'. 园艺学报，45 (S2)：2777-2778.

张希云，郭世乾 . 2018. 一种尾菜规模化生产有机肥工艺 . 甘肃：CN108191475A. 06-22.

张忠伟，刘俊杰，魏立敏，等 . 2014. 香菇新品种辽抚 4 号 (0912) 选育技术//第十届全国食用菌学术研讨会 . 北京 .

Sun HY，Kim IH. 2020. Effect of yeast culture (Saccharomyces cerevisiae) and garlic (Allium sativum) product mixture on growth performance，nutrient digestibility，faecal microflora，faecal noxious-gas emission and meat quality in finishing pigs. Animal Production Science，60 (16)：1911-1917.

图书在版编目（CIP）数据

沂蒙山区特色农业产业发展模式与案例 / 李文刚等著．—北京：中国农业出版社，2024．12

ISBN 978-7-109-31762-8

Ⅰ．①沂… Ⅱ．①李… Ⅲ．①山区—特色农业—农业发展—案例—费县 Ⅳ．①F327．524

中国国家版本馆 CIP 数据核字（2024）第 048014 号

中国农业出版社出版

地址：北京市朝阳区麦子店街 18 号楼

邮编：100125

责任编辑：郭银巧　张　利

版式设计：书雅文化　　责任校对：周丽芳

印刷：中农印务有限公司

版次：2024 年 12 月第 1 版

印次：2024 年 12 月北京第 1 次印刷

发行：新华书店北京发行所

开本：880mm×1230mm　1/32

印张：7．75

字数：216 千字

定价：48．00 元